Uwe Vollmer

Arbeitslosigkeit in sozialistischen Planwirtschaften

Schriften zum Vergleich von Wirtschaftsordnungen

Herausgegeben von

Prof Dr. G. Gutmann Köln
Dr. H. Hamel, Marburg
Prof. Dr. K. Pleyer, Köln
Prof. Dr. A. Schüller, Marburg

Unter Mitwirkung von

Prof. Dr. D. Cassel, Duisburg
Prof. Dr. H. G. Krüsselberg, Marburg
Prof. Dr. J. H. Thieme, Düsseldorf
Prof. Dr. U. Wagner, Pforzheim

Redaktion: Dr. Hannelore Hamel

Band 44: Arbeitslosigkeit in
sozialistischen Planwirtschaften

SEMPER BONIS ARTIBUS

Gustav Fischer Verlag · Stuttgart · Jena · New York · 1994

Arbeitslosigkeit in sozialistischen Planwirtschaften

Uwe Vollmer

SEMPER BONIS ARTIBUS

Gustav Fischer Verlag · Stuttgart · Jena · New York · 1994

Anschrift des Verfassers:

PD Dr. Uwe Vollmer
Ruhr-Universität Bochum
Fakultät für Wirtschaftswissenschaften
Gebäude GC 3/146
Universitätsstr. 150
44801 Bochum

Für Anthea, Brigitte, Ilse und Perdita

Die Deutsche Bibliothek - CIP-Einheitsaufnahme

Vollmer, Uwe:
Arbeitslosigkeit in sozialistischen Planwirtschaften / Uwe Vollmer. - Stuttgart ; Jena ;
New York : G. Fischer, 1994
    (Schriften zum Vergleich von Wirtschaftsordnungen ; Bd. 44)
    ISBN 3-437-50375-8
NE: GT

ISSN 0582-0243

© Gustav Fischer Verlag · Stuttgart · Jena · New York · 1994
Wollgrasweg 49 · 70599 Stuttgart

Gesamtherstellung: Franz Spiegel Buch GmbH, Ulm
Printed in Germany

Vorwort

Ähnlich wie das Inflationsphänomen galt lange Zeit auch unfreiwillige Arbeitslosigkeit als systemtypische Erscheinung in Marktwirtschaften. Spätestens seit Karl Marx' Analyse kapitalistischer Produktionsweise wurde Arbeitslosigkeit als zentrales Phänomen gesellschaftlicher Entwicklung begriffen: Ihr zwangsläufiger Anstieg, das Entstehen einer "industriellen Reservearmee" als Folge zunehmender Kapitalakkumulation und -konzentration wurde zum dominanten Argument bei der Begründung des Postulats, die kapitalistische Produktionsweise durch eine radikale Systemtransformation zu überwinden.

In jenen Ländern des administrativen Sozialismus, in denen das vermeintlich gelungen schien, war denn auch der am häufigsten genannte Vergleichsmaßstab die dauerhafte Vollbeschäftigung der Arbeitskräfte, mit der die Überlegenheit einer zentralen Planwirtschaft in einer sozialistischen Gesellschaft ohne privates Produktionsmitteleigentum gegenüber den Marktwirtschaften der westlichen Welt demonstriert wurde. Unabhängig davon, daß - wie wir heute wissen - auch massiv mit statistischen Manipulationen bei diesem "Beweis" nachgeholfen wurde, ist von theoretischem Interesse, ob und inwieweit unter den Ordnungsbedingungen einer zentralen Planwirtschaft tatsächlich bessere Voraussetzungen für die Lösung des in jeder Gesellschaft immer aktuellen Beschäftigungsproblems existieren.

U. Vollmer geht diesen Fragen am Beispiel der sozialistischen Planwirtschaft in der ehemaligen DDR und in einzelnen anderen Ländern des administrativen Sozialismus nach. Analysiert werden das System der zentralen Arbeitseinsatzpläne, die Entscheidungsspielräume der Arbeitsnachfrager und -anbieter, die Arbeitsmärkte in einzel- und gesamtwirtschaftlicher Sicht. Dabei werden jene Faktoren freigelegt, die in dramatischer Weise die existente, gleichwohl versteckte Arbeitslosigkeit in den Ländern des administrativen Sozialismus verursacht haben. Hervorzuheben sind insbesondere die dem zentralen Planungs- und Kontrollsystem immanenten Faktoren, weil durch sie die in jeder dynamischen Gesellschaft relevante kurzfristige Friktionsarbeitslosigkeit in ökonomische Dauerarbeitslosigkeit umgewandelt wird. Wie schmerzhaft es ist, diese ökonomische Dauerarbeitslosigkeit in transitorische Friktionsarbeitslosigkeit rückzuwandeln, zeigen die Transformationsprozesse in den Reformländern eindrucksvoll. Insofern gibt die Arbeit wichtige Anhaltspunkte dafür, daß staatliche, zentralistische Planungsmethoden in einer komplexen Welt aus prinzipiellen Gründen ungeeignet sind, das Beschäftigungsproblem dauerhaft zu lösen - eine Botschaft, die gegenwärtig in den Transformationsländern, aber auch in den traditionellen Marktwirtschaften nicht immer begriffen wird.

Düsseldorf, im September 1993   H. Jörg Thieme

Inhaltsverzeichnis

IV

Abbildungsverzeichnis

Tabellenverzeichnis

Übersichtsverzeichnis

Verzeichnis der im Text verwendeten Symbole

A   = totale Faktorproduktivität

AL   = Zahl der registrierten Arbeitslosen

B   = tatsächlicher Prämienfonds

B^P = geplanter Prämienfonds

B^V = (von der Planzentrale) vorgeschlagener Prämienfonds

C   = Konsumgüterangebot

E   = Erwerbsbevölkerung

FT   = Nichterwerbstätigkeit ("Freizeit")

G   = Staatsverbrauch

H   = Arbeitszeitvolumen

I   = (Nutzen-)Indifferenzkurve

K   = Kapitaleinsatz; Einsatz an materiellen Produktionsmitteln

N   = Beschäftigung

NT   = Erwerbstätigkeit

OS   = Zahl der offenen Stellen

P   = (erwerbsfähige) Gesamtbevölkerung

T   = zur Verfügung stehende Zeit

V   = Nichterwerbseinkommen

W   = Lohnfonds

Y   = Volkseinkommen / Nationaleinkommen

e   = durchschnittliche Erwerbsquote

h   = Arbeitszeit pro Beschäftigtem

n   = Beschäftigtenquote

p	=	Güterpreis
ps	=	Arbeitsstundenproduktivität
r	=	Zinssatz
t	=	Zeitindex
u	=	Quote der registrierten Arbeitslosen
w	=	Lohnsatz
w^R	=	Anspruchslohn
x	=	Güterproduktion
x^p	=	Planwert von x
x^v	=	(von der Planzentrale) vorgeschlagener Wert von x
x_c	=	Konsumgüterbündel
π	=	Gewinn

$^n K$	=	Produktionselastizität des Kapitals
$^n N$	=	Produktionselastizität der Arbeit
Pr	=	Wahrscheinlichkeit

Einführung

In einem sozialistischen Gemeinwesen stehen die Produktionsmittel im Eigentum und der Verfügungsgewalt der Gesellschaft, und die Produktion von Gütern und Diensten wird von der Verteilung der dabei entstehenden Einkommen getrennt. Die Gesellschaft als solche ist jedoch ein Abstraktum, das nicht selbständig planen, entscheiden und handeln kann; hierzu bedarf sie eines Willensträgers, der fortan als zentrale Planbehörde, Planzentrale, Plankommission oder einfach als Zentrale bezeichnet werden soll. Die Planzentrale organisiert, leitet und beaufsichtigt die Produktionsprozesse und verfügt die Verteilung der in der Produktion erzielten Einkommen. Sie kann aber selber weder Güter produzieren noch die produzierten Güter nutzen; Produktion und Nutzung erfolgen vielmehr durch die die Gesellschaft formenden Individuen. Damit dies auf wirtschaftliche Weise geschieht, hat die Planbehörde dafür zu sorgen, daß die ihr zur Verfügung stehenden Mittel zweckmäßig und sparsam, also so verwendet werden, daß mit ihnen ein möglichst großer Erfolg bewirkt wird, was nichts anderes als Umschreibungen des Rationalprinzips in seinen beiden Ausprägungen sind:[1] Wirtschaftliches Handeln erfordert einerseits, Güter gemäß der Rangordnung der Wichtigkeit der Ziele zu produzieren, d.h. unter den zahlreichen Verwendungsmöglichkeiten der Güter jene auszuwählen, durch die der angestrebte Zweck am besten erfüllt wird (Allokations- oder Lenkungsproblem). Wirtschaftliches Handeln erfordert darüber hinaus aber auch, das gewählte Güterbündel mit dem geringsten technisch möglichen Aufwand an Produktionselementen zu produzieren bzw. mit den gegebenen Quantitäten an Produktionselementen den technisch-ökonomischen größtmöglichen Erfolg zu erzielen. Für den Einsatz des Faktors Arbeit bedeutet das, ihn in die Produktion jener Güter zu lenken, die zur Bedürfnisbefriedigung am besten geeignet sind, und die menschliche Arbeitskraft nicht dadurch zu vergeuden, daß ein Teil unbeschäftigt bleibt (Beschäftigungsproblem).

Die wissenschaftliche Erforschung sozialistischer Planwirtschaften beschäftigt sich schon seit langem mit der Frage, ob und inwieweit es der Planbehörde gelingen kann, das wirtschaftliche Lenkungsproblem zu lösen und ein den Präferenzen der Planträger entsprechendes Güterbündel zu produzieren. Dazu wurde in idealtypischen Planungsmodellen gezeigt, daß dies theoretisch nur unter sehr engen Voraussetzungen möglich ist und daß, selbst wenn diese Voraussetzungen erfüllt sind, die Planzentrale praktisch nur in der Lage wäre, das Alloka-

---

[1] Zu den beiden Aspekten des Rationalprinzips vgl. u.a. MENGER (1871), S. 72 ff.; CASSEL (1918), S. 3 ff.; PREISER (1943), S. 4 ff.; HENSEL (1954), S. 2 ff.

tionsoptimum allenfalls zu approximieren. Dies führte zu der Vermutung, daß sozialistische Planwirtschaften typischerweise unter erheblichen Fehlallokationen leiden und nicht in der Lage sind, ein in der Zusammensetzung mit den Wertschätzungen der jeweiligen Planträger übereinstimmendes Güterbündel zu erzeugen, so daß von einigen Gütern zuviel, von anderen Gütern dagegen zuwenig produziert wird. Dabei wurde jedoch unterstellt, daß die Planbehörde imstande ist, alle verfügbaren Produktionselemente zu nutzen und an der Grenze der Produktionsmöglichkeiten zu operieren, so daß von der Existenz eines eigenständigen Beschäftigungsproblems abgesehen wurde. Dies wurde begründet mit der Annahme, daß es der Planzentrale mit Hilfe von Anreizen und Kontrollen gelingen könne, die Entscheidungs- und Handlungsspielräume der staatlichen Betriebe und privaten Haushalte derart einzuengen, daß sie sämtliche verfügbaren Ressourcen - einschließlich der menschlichen Arbeitskraft - der Verfügungsgewalt der Planbehörde überstellen und ihre volle Leistungsfähigkeit entfalten. Unberücksichtigt blieb dabei, daß diese Einzelwirtschaften im sozialistischen Gemeinwesen faktisch über erhebliche Entscheidungs- und Handlungsspielräume verfügen, die sie zur Durchsetzung ihrer eigenen Zielsetzungen nutzen werden, so daß die Wirtschaftsabläufe nicht nur mit Hilfe planungstheoretischer Modelle, sondern unter Verwendung des Instrumentariums der mikro- und makroökonomischen Prozeßtheorie erklärt werden können. Diese Zielsetzungen sind darauf ausgerichtet, Leistungsreserven zu schaffen, die dadurch vor dem Zugriff durch die Planzentrale geschützt werden, daß sie vor ihr versteckt werden, so daß die Planbehörde auch nicht mit einer Reduktion der monetären Gegenleistung reagieren kann. Dies hat die Vermutung begründet, daß sozialistische Planwirtschaften unter erheblichen monetären Steuerungsproblemen leiden, die in der Vergangenheit auch diagnostiziert und mit Hilfe des geldtheoretischen Instrumentariums erklärt werden konnten. Darüber hinaus besteht aber auch die Vermutung, daß in sozialistischen Planwirtschaften erhebliche Teile des Produktionspotentials unausgelastet bleiben und vor allem der Faktor Arbeit unterbeschäftigt ist. Bislang fehlt jedoch eine Analyse, die diese Unterbeschäftigung begründet und empirisch nachweist und die Beschäftigungsprobleme sozialistischer Planwirtschaften zum Gegenstand macht.

In dieser Arbeit wird der Versuch unternommen, diese Lücke zu schließen, d.h. die Existenz von Arbeitslosigkeit in sozialistischen Planwirtschaften nachzuweisen und sie mit Hilfe des Instrumentariums der mikroökonomischen Arbeitsmarkt- und makroökonomischen Beschäftigungstheorie als Ergebnis eines unter den gegebenen Ordnungsbedingungen rationalen Verhaltens der staatlichen Betriebe und privaten Haushalte zu erklären. Unter sozialistischen Planwirtschaften werden nachfolgend Wirtschaftssysteme mit überwiegend zentraler Planung und Lenkung der Wirtschaftsprozesse bei weitgehend staatlichem Eigentum an Produktionsmitteln verstanden, wie sie in der Vergangenheit in der ehemaligen Sowjetunion und den übrigen Volkswirtschaften Osteuropas verwirklicht waren. Im Gegensatz zum Idealtyp einer Zentralverwaltungswirtschaft handelt es sich hierbei um Realtypen, in denen faktisch Formelemente verschiedener Wirtschaftsordnungen nebeneinander existieren, d.h. neben zentralen auch dezentrale Entscheidungs- und Verfügungsrechte bestehen. Dabei erfolgt die Analyse vor dem Hintergrund der Erfahrungen, die in der ehemaligen CSFR, der ehemaligen DDR, in Polen, Ungarn und der ehemaligen UdSSR gemacht wurden. Nicht beachtet werden Albanien, Bulgarien und Rumänien, für die die Quellen kein ausreichendes Datenmaterial liefern, und Jugoslawien, dessen Wirtschaftssystem sich grundlegend von dem anderer sozialistischer Länder unterscheidet und dessen Eigentums- und Unternehmensverfassung Arbeitslosigkeit begründet, die in dieser Form in anderen sozialistischen Volkswirtschaften nicht auftreten kann. Unberücksichtigt bleiben zudem außereuropäische Volkswirtschaften, da typische Probleme der Entwicklungsländer die systemspezifischen Probleme sozialistischer Planwirtschaften überdecken oder verfälschen können.

Der erste Teil der Arbeit gibt einen knappen dogmengeschichtlichen Überblick über die bisherige Behandlung des Arbeitslosigkeitsproblems in sozialistischen Planwirtschaften und prüft, warum in den bisherigen Planungsmodellen die Existenz einer nennenswerten Unterbeschäftigung des Faktors Arbeit bestritten wurde. Diese Modelle basieren auf einigen idealtypischen Voraussetzungen, die in der Realität nicht erfüllt sein dürften. Deshalb soll im zweiten Teil von der idealtypischen auf die realtypische Ebene übergegangen und untersucht werden, inwieweit sich Arbeitslosigkeit in den hier betrachteten Volkswirtschaften diagnostizieren läßt. Dazu wird gefragt, welche Definition des Arbeitslosenbegriffs für sozialistische Planwirtschaften zweckmäßig ist, in welcher Erscheinungs- und Erfassungsform die so definierte Arbeitslosigkeit auftreten kann und inwieweit sich diese Unterbeschäftigung des Faktors Arbeit in der Vergangenheit in den hier betrachteten Volkswirtschaften nachweisen läßt. Die Analyse der Ursachen dieser Probleme mit Hilfe des Instrumentariums der theoretischen Analyse setzt die Kenntnis des realisierten Ordnungsrahmens voraus. Deshalb soll im anschließenden dritten Teil untersucht werden, inwieweit die Beschäftigungs- und Entlohnungssysteme in den hier betrachteten Volkswirtschaften dem Idealtyp einer Zentralverwaltungswirtschaft entsprechen und über welche Entscheidungs- und Handlungsspielräume staatliche Betriebe und private Haushalte

4

im Realtyp einer sozialistischen Planwirtschaft verfügen. Hierauf aufbauend kann dann im vierten Teil untersucht werden, welche spezifischen Verhaltensweisen unter diesen Formelementen von den bei der Planaufstellung und -durchführung beteiligten Wirtschaftssubjekten zu erwarten sind, d.h. welche Faktoren den Bedarf eines repräsentativen Betriebes und das Aufkommen an Arbeitsleistungen eines repräsentativen Haushalts determinieren. Vor diesem Hintergrund wird dann abschließend im fünften Teil geprüft, welche Ansätze die Arbeitslosigkeit in sozialistischen Planwirtschaften erklären können und auf welche Ursachen die eingangs diagnostizierte Arbeitslosigkeit zurückzuführen ist. Ausgenommen aus der Analyse bleiben die mit dem jetzt überall in Osteuropa eingeleiteten Übergang zu einem marktwirtschaftlichen System verbundenen Beschäftigungsprobleme. Solch eine Transformation ist ein dynamischer Prozeß, in dem einzelne Formelemente der bestehenden Wirtschaftsordnung durch andere ersetzt und damit die Anwendungsvoraussetzungen der hier vorgestellten Theorien verändert werden. Um die damit verbundenen Beschäftigungsprobleme zu analysieren, wäre es erforderlich, entweder für jede in der Transformationssequenz erreichte neue Kombination von Ordnungselementen eine eigenständige positive Beschäftigungstheorie zu entwickeln oder normativ eine diese Beschäftigungsprobleme minimierende "optimale" Transformationssequenz vorzustellen. Beides kann hier nicht geleistet werden.

Die vorliegende Arbeit wurde im Sommer 1992 abgeschlossen und im Wintersemester 1992/93 unter dem Titel "Beschäftigungsprobleme in sozialistischen Planwirtschaften" von der Fakultät für Wirtschaftswissenschaft als Habilitationsschrift angenommen. Sie wurde von Herrn Prof. Dr. H. Jörg Thieme betreut, dem ich dafür herzlich danke. Dank schulde ich auch Herrn Prof. Dr. Wim Kösters und seinen Mitarbeitern für die freundliche Aufnahme an seinem Lehrstuhl, Frau Ulrike Michalski für die sorgfältige Anfertigung des Manuskripts, Herrn Dipl.-Vw. Ansgar Belke für die Hilfe bei der Anfertigung der Abbildungen und natürlich meiner Familie, die immer zu mir gehalten hat.

I. Das Arbeitslosenproblem in sozialistischen Planwirtschaften aus dogmengeschichtlicher Sicht

Arbeit ist nach marxistischer Auffassung der einzig produktive Faktor, der die aus der Natur gewonnenen Ressourcen umformt und einen Mehrwert schafft, der weit über den zur Erhaltung der menschlichen Arbeitskraft erforderlichen Verbrauch an Gütern hinausgeht. Dieser Mehrwert wird in einer auf Sondereigentum an den Produktionsmitteln beruhenden kapitalistischen Wirtschaft von den Kapitaleigentümern angeeignet, mit der Konsequenz einer tendenziell sinkenden Profitrate, steigender Massenarbeitslosigkeit und einer krisenhaften Entwicklung der kapitalistischen Wirtschaft, die schließlich zwangsläufig auf ein ihr entgegengesetztes - sozialistisches - Wirtschaftssystem übergehen wird.[1] In diesem sozialistischen Wirtschaftssystem ist das Problem der Arbeitslosigkeit gelöst, jedoch bleibt die Frage, warum dies so sei und wie dieses neue Wirtschaftssystem funktionieren solle, von den Klassikern des Marxismus, Marx und Engels, von wenigen Anmerkungen abgesehen, unbeantwortet.[2] Hierfür mögen insbesondere drei Gründe maßgebend gewesen sein: Erstens mag Marx das warnende Beispiel der Utopisten vor Augen gehabt haben, die - ohne zu wissen, wann der Sozialismus kommen und auf welchen Voraussetzungen er aufbauen würde - ihre Wunschträume ausmalten, ohne die Funktionsweise des Sozialismus zu analysieren. Zweitens ist anzunehmen, daß Marx den Zeitpunkt des Übergangs zum Sozialismus noch für so weit entfernt liegend hielt, daß er es späteren Generationen überließ, über dessen Funktionsmechanismen nachzudenken. Und drittens mag Marx gar nicht in der Lage gewesen sein, die möglichen Probleme eines sozialistischen Gemeinwesens zu überblicken.[3] Vor allem das erste Argument, die Furcht vor dem Beinamen "Utopist", hinderte viele Marxisten daran, den Marx'schen fragmentarischen Bemerkungen über den Sozialismus etwas hinzuzufügen. Allein Kautsky unternahm erste Versuche, sich mit den Problemen des Sozialismus auseinanderzusetzen, wenngleich auch er es für einen "Rückfall in die Denkweise des Utopismus" hielt, "wenn ich heute über Vorschriften für einen Moment nachsinne, von dem wir noch

---

[1] Für eine ausführlichere Darstellung der marxistischen Krisentheorie vgl. SCHUMPETER (1965), passim, insbesondere S. 793 ff.; S. 912 ff.; S. 1071 ff.; S. 1372 ff.

[2] Diese Anmerkungen finden sich insbesondere bei MARX in seinen "Randglossen zum Gothaer Programm" und im zweiten Band des Kapitals, wo er die Notwendigkeit einer zentralen Planung andeutet; vgl. MARX (1875), S. 24 ff.; DERS. (1885), S. 108.

[3] Zu dieser Einschätzung vgl. TISCH (1932), S. 1.

gar nicht wissen, wann und unter welchen Bedingungen er eintreten wird".[4] Deshalb unternahm auch er keine Analyse der Funktionsmechanismen des Sozialismus (oder gar seiner Funktionsprobleme), sondern behandelte lediglich einige mit dem Übergang zum Sozialismus verbundene Fragen.[5] Ähnlich verhielten sich auch andere marxistische Autoren, was Von Mises in einer zusammenfassenden Darstellung dieser Beiträge zu der Bemerkung veranlaßte, daß "... die Beschäftigung mit den Problemen der sozialistischen Gesellschafts- und Wirtschaftsordnung ... vom Marxismus mit einem strengen Verbot belegt worden (war). ... Man durfte den Sozialismus preisen, man durfte jedoch nicht über ihn nachdenken."[6]

Aus diesen Gründen blieb es vor allem "bürgerlichen Autoren", die der sozialistischen Idee zumeist skeptisch gegenüber eingestellt waren, überlassen, sich dieser Aufgabe zu stellen und die Möglichkeiten einer rationalen Wirtschaftsführung und eines rationalen Arbeitskräfteeinsatzes im Sozialismus zu untersuchen.[7] Ausgehend vom Modell eines isolierten Wirtes in einer "Robinson-Crusoe-Wirtschaft" zeigte Von Wieser, daß der Begriff des Wertes und seine Ableitungen, wie Preise, Löhne, Zinsen usw., keine spezifisch kapitalistischen Merkmale aufweisen, so daß die grundlegenden Prinzipien der Preisbildung Elemente einer ganz allgemeinen wirtschaftlichen Logik sind, die sich in einer sozialistischen Wirtschaftsordnung sehr viel leichter als in einer kapitalistischen Wirtschaftsordnung herausarbeiten läßt.[8] So wie Robinson Crusoe in der Lage sei, die von ihm wahrgenommenen Knappheiten auf die verfügbaren Produktionsmittel zu übertragen und einen konsistenten Plan aufzustellen, müsse auch die Planbehörde in einem sozialistischen Gemeinwesen dazu imstande sein, sofern sie alle erforderlichen Daten des Entscheidungskalküls kennt. Formal reduziert sich das Problem dann auf den Beweis, daß die Zahl der unbekannten Preise mit der Zahl der unabhängigen Gleichungen übereinstimmt, so daß das Gleichungssystem mit Hilfe des mathematischen Instrumentariums lösbar ist. Das Verdienst dies zu zeigen, kommt Barone zu, der - nachdem er ein wal-

---

[4] KAUTSKY (1902), S. 67.

[5] Vgl. KAUTSKY (1902), S. 67 ff.; DERS. (1922), S. 64 ff.

[6] MISES (1924), S. 488; Klammerzusatz vom Verfasser.

[7] Zusammenfassende Würdigungen der nachfolgend genannten Arbeiten bieten u.a. HAYEK (1935), S. 24 ff.; LIPPICOTT (1938), passim; BERGSON (1948), passim; SCHUMPETER (1965), S. 1197 ff.; WAGENER (1979), S. 80 ff.; SCHNEIDER (1992), S. 113 ff.

[8] Vgl. WIESER (1899), passim; ähnlich auch CASSEL (1918), S. 118.

rasianisches Gleichungssystem für eine kapitalistische Wirtschaft aufgestellt hat
- ein analoges Gleichungssystem für eine sozialistische Wirtschaft formuliert,
wobei jede Gleichung Angebots- und Nachfragefunktionen für jedes ökonomische Gut beschreibt.[9] Barone zeigt, daß die Zahl der unabhängigen Gleichungen mit der Zahl der Unbekannten übereinstimmt, so daß das Gleichungssystem
für die Zentralbehörde eindeutig lösbar ist, und kommt zu dem Ergebnis, daß
die Planzentrale *theoretisch* dieselbe rationale Faktorverwendung wie durch den
Marktmechanismus erreichen könne.

Allerdings weist Barone ausdrücklich darauf hin, daß die Aufgabe für die Zen-
tralbehörde angesichts der ungeheuer großen Anzahl der simultan zu lösenden
Gleichungen *praktisch* nicht durchzuführen ist.[10] Selbst unter der heroischen
Annahme, die Zentrale kenne alle Daten des Problems, d.h. ihr seien sämtliche
Nutzeneinschätzungen jedes Haushalts bekannt und sie wäre über die möglichen
Produktionsbedingungen für jedes Gut informiert, ist die Zahl der simultan zu
lösenden Gleichungen viel zu groß, um die Rechenaufgabe technisch bewälti-
gen zu können.[11] Noch viel schwerer wiegt jedoch der Einwand, daß die
soeben getroffene Annahme, die Zentralbehörde kenne alle erforderlichen Daten, wirklichkeitsfremd ist, und daß das eigentliche ökonomische Problem nicht
in der Informations*verarbeitung*, sondern in der Informations*beschaffung* liegt.
Dies ist der zentrale, durch Von Mises erhobene Kritikpunkt an der Wirtschaftsführung im sozialistischen Gemeinwesen:[12] Von Mises stellt fest, daß
in jedem Gemeinwesen das Knappheitsproblem nur lösbar ist, wenn sämtliche
individuelle Werturteile über den subjektiven Gebrauchswert aller Güter und
das subjektive Arbeitsleid in die Wirtschaftsrechnung eingehen. Beide Werturteile sind jedoch rein individuelle Erscheinungen und mit den subjektiven Ge-
brauchswertschätzungen und dem subjektiven Arbeitsleid anderer Individuen
nicht vergleichbar und damit auch nicht erfaßbar. Sie werden es erst im
Tauschverkehr, durch den das intensive Werturteil in ein extensives Preisurteil
umgewandelt wird, sofern sämtliche wirtschaftliche Güter in den Tauschverkehr einbezogen sind und ein (üblicherweise als "Geld" bezeichnetes) allgemeines Rechen- und Tauschmedium existiert, das im Tauschverkehr mit allen anderen Gütern in Berührung tritt. Diese Bedingung ist aber für ein sozialistisches

---

[9] Vgl. BARONE (1908), insbes. S. 265 ff.; ein ähnlicher Beweis findet sich auch bei TISCH (1932),
S. 26 ff.

[10] Vgl. BARONE (1908), S. 287 f.

[11] Ähnlich argumentiert auch ROBBINS (1935), S. 151.

[12] Zum folgenden vgl. MISES (1920), S. 93 ff.

Gemeinwesen ex definitione nicht erfüllt, wo die materiellen Produktionsmittel unveräußerliches Gemeineigentum und vom Tauschverkehr ausgeschlossen sind. Deshalb können sich für sie keine Tauschpreise bilden, so daß es für die Zentrale unmöglich wird, die Wertschätzungen der Individuen für die Konsumgüter (Güter erster Ordnung) auf die materiellen Produktionsmittel (Güter höherer Ordnung) auszudehnen. Konsequenz ist, daß in einer sozialistischen Gesellschaft eine rationelle Verwendung der Produktionsmittel und der übrigen Produktionsfaktoren unmöglich wird. "Sobald man die freie Geldpreisbildung der Güter höherer Ordnung aufgibt, hat man rationelle Produktion überhaupt unmöglich gemacht. Jeder Schritt, der uns vom Sondereigentum an den Produktionsmitteln und vom Geldgebrauch wegführt, führt uns auch von der rationellen Wirtschaft weg."[13]

Um dieses durch Von Mises angesprochene Problem der Informationsbeschaffung zu lösen, wurden in der Vergangenheit verschiedene Planungsmodelle entwickelt, die sich in zwei Gruppen unterteilen und danach unterscheiden lassen, auf welchem Idealtyp eines sozialistischen Gemeinwesens sie basieren.[14] Bei diesen Idealtypen handelt es sich nicht um Abbilder der wirtschaftlichen Wirklichkeit, sondern um gedankliche Konstruktionen, in denen einzelne Aspekte des wirtschaftlichen Lebens hervorgehoben werden. Die erste Gruppe von Planungsmodellen beruhte auf dem Idealbild einer sozialistischen Gesellschaft, in der sämtliche materielle Produktionsmittel Eigentum der Gesellschaft sind und die gesamte Produktion einheitlich durch eine zentrale Behörde geleitet wird, in der jedoch freie Konsumwahl und freie Arbeitsplatzwahl fortbestehen, d.h. die Haushalte die Konsumgüterproduktion lenken und über die Höhe und Struktur ihres Arbeitsangebots selbst entscheiden. Dieser Idealtypus wird als Konkurrenz- oder Marktsozialismus bezeichnet.[15] Er ist in seinem Kern

---

[13] MISES (1920), S. 99; ähnlich auch WEBER (1921), S. 55 f.; HAYEK (1935), S. 26, weist zudem darauf hin, daß dieser Kritikpunkt schon fast ein Jahrhundert zuvor von einem der Vorläufer der modernen Grenznutzenschule, H.H. Gossen, vorweggenommen wurde, den er wie folgt zitiert: "Dazu folgt aber ..., *dass nur durch Feststellung des Privateigenthums der Massstab gefunden wird zur Bestimmung der Quantität, welche den Verhältnissen angemessen am zweckmäßigsten von jedem Gegenstand zu produzieren ist.* Darum würde dann die von Communisten projectierte Zentralbehörde zur Verteilung der verschiedenen Arbeiten sehr bald die Erfahrung machen, dass sie sich eine Aufgabe gestellt haben, deren Lösung die Kräfte einzelner Menschen weit übersteigt." GOSSEN (1854), S. 231; im Original hervorgehoben.

[14] Zum Begriff des Idealtypus eines Wirtschaftssystems und der Abgrenzung zum Realtypus vgl. EUCKEN (1939), passim, insbes. S. 41 f.

[15] Zum Begriff vgl. beispielsweise WAGENER (1979), S. 112. Der Konkurrenzsozialismus korrespondiert mit dem marxistischen Sozialismus-Begriff und unterscheidet sich begrifflich vom Kommunismus, wo nicht nur die Produktionsmittel, sondern auch alle anderen Güter im Gemeineigentum stehen und eine zentrale Arbeitskräftelenkung erfolgt. Vgl. HAYEK (1935), S. 19; LIPPICOTT (1938), S. 9.

weiterhin eine Tauschwirtschaft, in der sich Konsumgüterpreise und Lohnsätze auf Märkten bilden und die individuellen Werturteile über Gebrauchsnutzen und Arbeitsleid widerspiegeln, so daß ein Teil des Informationsbeschaffungsproblems, das Von Mises anspricht, gelöst ist. Gleichwohl existieren für die sich im Staatseigentum befindlichen Produktionsmittel keine Tauschbeziehungen, so daß sich auch keine Marktpreise bilden können. Damit bleibt die Frage, wie die Konsumgüter mit einem Preis belastet werden sollen, der ihren vollen Produktionskosten entspricht, weiterhin unbeantwortet. Zur Lösung dieses Problems wurde von Taylor und Lange ein iteratives (Trial-and-error-)Verfahren vorgeschlagen, bei dem die Zentralbehörde den Preisbildungsprozeß für die Produktionsmittel in einer Wirtschaft mit Sondereigentum "simulieren" sollte, ohne darauf angewiesen zu sein, Tausende von Gleichungen simultan lösen zu müssen.[16] Hierbei gibt die Planzentrale den Betrieben dieselben Verhaltensregeln vor, die diese auch bei vollständiger Konkurrenz in einer kapitalistischen Wirtschaft bei Festlegung der Faktorkombinationen, des Produktionsvolumens und der Produktionsstruktur zu beachten hätte - nämlich Kostenminimierung und Übereinstimmung der Grenzkosten mit dem (von der Zentrale parametrisch festgelegten) Preis - und übernimmt ansonsten die Funktion des walrasianischen "Auktionators": Sofern für ein Produktionsmittel eine Überschußnachfrage (ein Überschußangebot) beobachtet wird, erhöht (senkt) sie dessen Preis, bis ein Vektor von Gleichgewichtspreisen erreicht wird, bei dem die Überschußnachfrage (das Überschußangebot) für jedes Produktionsmittel gleich Null ist. Auf diese Weise sollte es der Zentralbehörde gelingen, das Informationsbeschaffungsproblem zu lösen, d.h. die subjektiven Werturteile über den Gebrauchswert der Konsumgüter und das Arbeitsleid mittels der beobachtbaren Fehl- oder Überschußmengen auf die Produktionsmittel zu übertragen.

Die zweite Gruppe von Planungsmodellen beruht auf einem anderen Idealbild einer sozialistischen Wirtschaft und versteht hierunter eine Wirtschaft, in der überhaupt keine verkehrswirtschaftlichen Elemente mehr existieren und nicht nur der Produktionsprozeß zentral geleitet wird, sondern auch freie Konsumwahl und freie Arbeitsplatzwahl nicht mehr bestehen, so daß die Haushalte die Konsumgüter von der Planbehörde zugewiesen erhalten und einer Arbeitspflicht und zentralen Arbeitsplatzzuweisung unterliegen. Dieser Idealtypus wird als Zentralverwaltungswirtschaft bezeichnet.[17] Er ist keine Tauschwirtschaft mehr, sondern eine bloße Zuweisungs- und Beschaffungswirtschaft, so daß die

---

[16] Zum folgenden vgl. TAYLOR (1929), passim; LANGE (1936/37), insbes. S. 72 ff.

[17] Zum Begriff vgl. EUCKEN (1939), S. 80.

Wirtschaftsrechnung, die im Modell des Konkurrenzsozialismus noch auf dem Preismechanismus beruhte, nach anderen Prinzipien erfolgen muß. Die Rechenmaschine, die den Wirtschaftsprozeß im Modell der Zentralverwaltungswirtschaft überschaubar macht, die die gesamtwirtschaftlichen Knappheiten anzeigen kann und die den Preismechanismus ersetzt, ist der "Planmechanismus":[18] Da keine Konsumentensouveränität mehr unterstellt ist, ergibt sich der Bedarf an wirtschaftlichen Gütern aller Ordnungen aus den von der Regierung als allein maßgeblichem Planträger gesetzten politischen Zielen. Diese legt damit Art und Anforderungsmenge der Güter erster Ordnung fest, vergleicht sie mit den aus der Vorperiode vorhandenen Beständen (und einem angestrebten Sollbestand am Jahresende) und errechnet das während der Planperiode erforderliche Produktionssoll. Dieses Produktionssoll kann dann in Anforderungsmengen an Gütern zweiter und höherer Ordnung umgerechnet werden, indem das Produktionssoll mit den technischen Koeffizienten - also den zur Herstellung der Güter niedriger Ordnung erforderlichen Einsatzmengen an Gütern höherer Ordnung - multipliziert wird, die nach Maßgabe der zur Zeit der Planung für die Planperiode erwarteten Leistungsstandards gewonnen werden. Daraus ergeben sich dann die Anforderungsmengen für die Güter zweiter Ordnung, aus denen - nach Korrektur um geplante Bestandsveränderungen - die Produktionsmengen ermittelt werden. Mit Hilfe der technischen Koeffizienten können dann wiederum die zur Produktion dieses Solls benötigten Anforderungsmengen an Gütern dritter und höherer Ordnung festgestellt werden; dieser Umrechnungsprozeß ist so lange fortzusetzen, bis jene Güter ermittelt worden sind, die für die Planperiode als Engpaßgüter oder Güter höchster Ordnung anzusehen sind. Da sich die Fehlmengen dieser Güter nicht mehr auf höhere Stufen weiterwälzen lassen, zeigen sie die bestehenden gesamtwirtschaftlichen Knappheitsgrade an, die sich nur noch durch Korrektur der Produktionsmengen in den vorgelagerten Plänen beseitigen lassen. Durch Rückwälzung der Fehlmengen auf niedrigere Stufen können diese Knappheitsgrade dann in den Bilanzen der Güter erster Ordnung sichtbar gemacht werden. Dann ist es Aufgabe der politischen Führung auf Grundlage ihrer Nutzeneinschätzung zu entscheiden, welche Güter erster Ordnung in welchen Mengen hergestellt werden sollen. Das allgemeine Plangleichgewicht ist erreicht, sobald die (aus der Sicht der politischen Führung gesehen) Grenznutzen der Güter in allen Verwendungsrichtungen gleich sind, d.h. die zentrale Leitung keine Möglichkeit mehr sieht, durch Änderung der Verwendungsentscheidung eine Nutzensteigerung zu erreichen.

---

[18] Zum Begriff vgl. HENSEL (1954), S. 163. Zur nachfolgenden Darstellung des Planmechanismus vgl. EBENDA, S. 111 ff.; GUTMANN (1965), S. 13 ff.

Beiden Planungsmodellen gelingt es damit, das wirtschaftliche Knappheitsproblem zu lösen, sofern die genannten idealtypischen Voraussetzungen gegeben sind und die Planbehörde die ihr zugewiesenen Aufgaben sorgfältig erfüllt, d.h. im Modell des Konkurrenzsozialismus die Produktionsmittelpreise unverzüglich an wahrgenommene Ungleichgewichte anpaßt oder im Modell der Zentralverwaltungswirtschaft den Wirtschaftsprozeß natural vollständig durchplant. Dann ergibt sich jeweils ein Allokationsoptimum, das allerdings in beiden Modellen unterschiedlich definiert ist, weil die Knappheit der Güter im Konkurrenzsozialismus durch die Wertschätzungen der Haushalte, in der Zentralverwaltungswirtschaft durch die Wertschätzung der Planzentrale bestimmt wird. In beiden Modellen ist vor allem das Beschäftigungsproblem gelöst, und eine dauerhafte Unterbeschäftigung des Faktors Arbeit ist nicht möglich: Im Modell des Konkurrenzsozialismus erfahren die Betriebe zwar Veränderungen ihres Absatzes, sofern die Bedürfnisstruktur der Haushalte sich ändert und die Nachfrage nach den von den staatlichen Betrieben hergestellten Produkten variiert; solche Nachfrageverschiebungen haben jedoch keine andauernde Arbeitslosigkeit zur Folge, sofern die Planbehörde die parametrischen Preise schnell genug an die veränderten Nachfragebedingungen anpaßt. Im Modell der Zentralverwaltungswirtschaft kann die vollständige Auslastung des Faktors Arbeit noch leichter hergestellt werden, weil die Haushalte keine Konsumentensouveränität besitzen, d.h. Variationen in der Nachfragestruktur für die Produktionsentscheidungen der Betriebe bedeutungslos sind. Solche Veränderungen in den Produktionsentscheidungen ergeben sich nur infolge technischer Veränderungen oder durch eine veränderte Wertschätzung der Güter erster Ordnung durch die Planzentrale; diese können aber von der Planbehörde vorhergesehen werden, auf die sie mit einer Umbesetzung der Arbeitskräfte zwischen den betreffenden Sektoren reagieren kann. Deshalb kommt Lange zu dem Ergebnis, daß in seinem Modell des Marktsozialismus "... full employment for all factors of production would be always maintained";[19] und auch Pigou stellt fest, daß "... for tackling the problem of unemployment, a socialist system, with central planning, has definite advantages over a capitalist one."[20] Für das Modell der Zentralverwaltungswirtschaft glaubt Eucken, daß "Vollbeschäftigung ... verhältnismäßig leicht hergestellt (wird), und Depressionen mit Arbeiterentlassungen fehlen".[21] Ähnlich äußert sich auch Schumpeter, der festhält, daß "... in

---

[19] LANGE (1936/37), S. 106.

[20] PIGOU (1937), S. 67.

[21] EUCKEN (1952), S. 107; Klammerzusatz vom Verfasser.

einer sozialistischen Gesellschaft weniger Arbeitslosigkeit herrschen wird - hauptsächlich infolge der Beseitigung der Depressionen -, und daß, wo sie vorkommt - hauptsächlich infolge technischer Verbesserungen -, das Produktionsministerium in der Lage sein wird (gleichgültig, was es wirklich tut), die Menschen in andere Beschäftigungen zu überführen, die in jedem Fall für sie bereitstehen, wenn die Planung auch nur einigermaßen ihren Möglichkeiten nachkommt."[22]

Diese Ergebnisse besitzen jedoch nur so lange Gültigkeit, wie die bereits genannten idealtypischen Voraussetzungen erfüllt sind, die garantieren, daß Betriebe oder Haushalte auf von ihnen wahrgenommene Ungleichgewichte nicht reagieren. Im Modell des Konkurrenzsozialismus befinden sich die Haushalte zwar im Gleichgewicht, weil ihre subjektiven Werturteile über den Gebrauchsnutzen der Güter und das Arbeitsleid in die Preis- und Lohnbildung eingehen; dafür ist ein einzelwirtschaftliches Gleichgewicht der Betriebe wegen des Trial-and-error-Verfahrens weder angestrebt noch möglich:[23] Da die Planbehörde nur mit einer Anpassung der parametrischen Preise reagieren kann, nachdem die bestehenden Ungleichgewichte von den Betrieben gemeldet, von der Zentrale beurteilt und entstehende Widersprüche beseitigt worden sind, erfolgt der Ausgleich von Aufkommen und Bedarf an Produktionsmitteln nur verzögert; darüber hinaus wird die Planzentrale die Preise auch niemals entsprechend den vielfältigen Qualitäten und den zeitlichen und regionalen Unterschieden der individuellen Güter differenzieren können. Konsequenz ist, daß die Betriebe für zahlreiche Produktionsmittel entweder Überschuß- oder Fehlmengen registrieren und die Planbehörde die Produktionsmittel in den Zeiten zwischen den Preisanpassungen rationieren muß.

Im Unterschied hierzu ist das Modell der Zentralverwaltungswirtschaft durch eine entgegengesetzte Gleichgewichtslosigkeit charakterisiert: Sofern der Wirtschaftsprozeß natural vollständig durchgeplant ist, befinden sich die Betriebe im Gleichgewicht und können ihre Produktionspläne wie vorgesehen ausführen; demgegenüber ist aber ein einzelwirtschaftliches Gleichgewicht des Haushalts weder angestrebt noch möglich.[24] Die fehlende Konsumentensouveränität bedingt vielmehr, daß die zentrale Behörde niemals ein Konsumgüterangebot be-

---

[22] SCHUMPETER (1950), S. 314.

[23] Zum folgenden vgl. HAYEK (1940), insbes. S. 135 ff.

[24] Vgl. EUCKEN (1950), S. 80 f.; KRELLE (1953), S. 150 und S. 154.

reitstellen kann (und will), das in Höhe und Zusammensetzung den individuellen Werturteilen der Haushalte entspricht, so daß für die privaten Haushalte ein Ausgleich der Grenznutzen nicht stattfindet und das zweite Gossen'sche Gesetz nicht gilt. Darüber hinaus bedingen Arbeitspflicht und zentrale Arbeitskräftelenkung, daß die Zentrale niemals die mit dem Arbeitseinsatz individuell verbundene Unlust richtig einzuschätzen in der Lage ist und den Wert der Arbeit ausschließlich nach dem Nutzen der durch sie erzeugten Güter bemessen wird. Diese Ungleichgewichte bleiben jedoch sowohl im Modell des Konkurrenzsozialismus als auch im Modell der Zentralverwaltungswirtschaft ohne Konsequenzen, weil angenommen wird, daß die Planzentrale in der Lage sei, "... ihren politischen Willen auch nach unten durchzusetzen ..." und die Einzelwirtschaften gewillt sind, "... unter Zurückstellung eigener Ambitionen im Interesse der Verwirklichung der von der zentralen Leitung angestrebten Ziele vernünftig zusammenzuarbeiten."[25]

Mögliche Konsequenzen solcher Ungleichgewichte müssen jedoch berücksichtigt werden, sofern die getroffenen idealtypischen Annahmen im Realtyp der hier betrachteten sozialistischen Planwirtschaften nicht erfüllt sind und Betriebe oder Haushalte faktisch über erhebliche Entscheidungs- und Handlungsspielräume verfügen, die sie zur Durchsetzung eigener Zielsetzungen nutzen können. Unter diesen Bedingungen wäre es unrealistisch anzunehmen, daß die Planzentrale ständige Veränderungen der Nachfragebedingungen zulassen könnte, ohne daß die Betriebe auf die bei unzureichend flexiblen Preisen entstehenden Rationierungen im Produktionsmittelbereich mit Zwangssubstitutionen in Richtung auf eine überhöhte Arbeitsnachfrage reagieren werden. Ebenso unrealistisch wäre es zu erwarten, daß die Planbehörde die Konsumgüterzuteilung auf ein Versorgungsminimum beschränken und die Struktur des Konsumgüterangebots unabhängig von den individuellen Wertschätzungen der Haushalte festlegen könnte, ohne daß diese ihre Leistungsbereitschaft einschränken werden. Beide Reaktionen mögen für den Realtyp eines planwirtschaftlichen Systems allenfalls für eine Kriegswirtschaft ausgeschlossen sein, in der alle nationalen Kräfte auf die Verwirklichung militärischer Zielsetzungen ausgerichtet sind und Versorgungsengpässe von der Bevölkerung zumindest temporär hingenommen werden - wenngleich die historischen Erfahrungen selbst aus der deutschen Kriegswirtschaft zeigen, daß dies nicht grenzenlos der Fall ist.[26] Für

---

[25] HENSEL (1954), S. 112.

[26] Vgl. beispielsweise GALBRAITH (1947), S. 290, der zeigt, daß die Erwerbsbeteiligung vor allem von weiblichen Arbeitnehmern in den Jahren 1939 bis 1943 angesichts wachsender Versorgungsschwierigkeiten zurückgegangen war.

den Realtypus einer sozialistischen Planwirtschaft ohne militärische Notlage sind diese Reaktionen jedoch kaum zu verhindern, selbst wenn die Zentralbehörde diese durch Maßhalteappelle, durch Versprechen einer in der fernen Zukunft verbesserten Versorgungslage und durch Gewährung von Prämien, Verleihung von Orden und durch Verhängen hoher Strafen zu vermeiden versucht. Diese Probleme wären nur zu lösen, wenn die an der Planaufstellung und -ausführung beteiligten Einzelpersonen durch materielle Anreize dazu angeregt würden, die Anliegen der zentralen Planung zu ihrem eigenen Anliegen zu machen, oder wenn die Zentralbehörde über eine hinreichend hohe Macht verfügte, um eine totale Subordination der Einzelwillen unter den zentralplanerischen Willen zu erreichen.[27] Gelingt dies nicht, legen Arbeitsnachfrageverhalten der Betriebe und Arbeitsangebotsverhalten der Haushalte die Vermutung nahe, daß es in sozialistischen Planwirtschaften zu einer Unterauslastung des vorhandenen Arbeitskräftebestandes und damit zu Arbeitslosigkeit kommt. Aus diesem Grunde ist es zweckmäßig, sich von der dogmengeschichtlichen Betrachtung einzelner Idealtypen ab- und sich der wirtschaftsgeschichtlichen Betrachtung sozialistischer Planwirtschaften zuzuwenden und zu untersuchen, ob und inwieweit sich solch eine Unterbeschäftigung im Realtyp der hier untersuchten Volkswirtschaften nachweisen läßt.

---

[27] EUCKEN (1939), S. 81, spricht deshalb von der "Staatssklaverei", die er als zentrale Form des Arbeitsverhältnisses in der zentralgeleiteten Wirtschaft bezeichnet.

II. Begriff, Erscheinungs- und Erfassungsformen sowie Indikatoren der Arbeitslosigkeit in sozialistischen Planwirtschaften

Nach offizieller Auffassung in sozialistischen Planwirtschaften war das Fehlen jeder Art von Arbeitslosigkeit eine der größten "Errungenschaften des Sozialismus", die diesen deshalb besonders für unterentwickelte Länder zu einem attraktiven Wirtschaftsystem machte.[1] Als Beleg wurde auf die offiziellen Statistiken verwiesen, die in der ehemaligen Sowjetunion (seit 1930), in der ehemaligen CSFR und in Ungarn über Jahrzehnte hinweg keine Arbeitslosenzahlen auswiesen. Dies galt auch für die ehemalige DDR, die in der ersten Dekade nach ihrer Gründung zwar noch erhebliche, allerdings schnell abnehmende Arbeitslosenzahlen veröffentlichte, seit 1960 jedoch offiziell keine Arbeitslosigkeit mehr kannte. Eine Ausnahme bildete vor allem Polen, das zwar seit der kommunistischen Machtübernahme ständig Arbeitslosigkeit auswies, deren Höhe jedoch weit unter 1 Prozent der Erwerbstätigen lag. Damit schien Arbeitslosigkeit eine typische Erscheinung allein kapitalistischer Wirtschaftssysteme zu sein, die im Sozialismus vollständig und dauerhaft abgeschafft wurde.

Diese Sichtweise, wonach Arbeitslosigkeit im Realtyp sozialistischer Planwirtschaften nicht existiere oder zumindest deutlich geringer als in Marktwirtschaften sei, wird auch in Teilen der jüngeren nicht-sozialistischen ökonomischen Literatur geteilt.[2] Dies wird damit begründet, daß die fehlende Gewinnorientierung es einem sozialistischen Betrieb erlaube, auch Personen zu beschäftigen, deren Grenzwertprodukt unter ihren Löhnen liegt. Zudem unterlägen die Betriebe keinerlei Nachfragebeschränkungen und seien deshalb nicht gezwungen, wegen fehlender Absatzmöglichkeiten Beschäftigte entlassen zu müssen; vielmehr ermöglichten hohe Investitionsausgaben sogar eine Absorption bislang beschäftigungsloser Personen. Darüber hinaus könnten die Planbehörden durch Änderung der Schulpflicht oder des Pensionsalters die Zahl der Erwerbstätigen direkt regulieren und durch Ausbildungsplatzzuweisungen sowie durch administrative Kontrollen überregionaler Wanderungen die sektorale und regionale Verteilung der Erwerbstätigen unmittelbar beeinflussen.[3] All diese Faktoren

---

[1] Vgl. beispielsweise MATHO, MÖLLER, SCHILLING (1979), S. 5; AUTORENKOLLEKTIV (1982), S. 99 f.; AUTORENKOLLEKTIV (1987), S. 21.

[2] Vgl. beispielsweise ELLMAN (1979), S. 498 ff., der schreibt: "If, in the capitalist world 'full employment' exists when unemployment as measured in the country concerned is only, say 3 percent, then the situation normally existing in the state socialist countries can, in my opinion, reasonable be described as 'full employment' ... . The prospects of suddenly loosing ones job ... which is a permanent source of worry and anxiety for much of the labour force in capitalism, simply does not exist under state socialism."

[3] Vgl. EBENDA.

führten nicht zu einem Überschuß, sondern zu einem Mangel an Arbeitskräften: "The problem of a socialist economy ... is, instead of underutilization, 'overheating'; instead of the comparatively low level of aggregate demand, its comparatively high level; instead of unemployment, labor shortage; and so on."[4] Dieser Arbeitskräftemangel zeigt sich statistisch in einer weit über der offiziellen Arbeitslosenzahl liegenden Zahl der offenen Stellen und wird als entscheidender Faktor für das abnehmende wirtschaftliche Wachstum und die verschlechterte Leistungsfähigkeit der osteuropäischen Volkswirtschaften vor allem seit Beginn der 80er Jahre angesehen.[5]

Die nicht-sozialistische ökonomische Literatur beschäftigt sich vor allem mit den Ursachen dieses Arbeitskräftemangels und läßt die Möglichkeit einer gleichzeitigen Unterbeschäftigung des Faktors Arbeit weitgehend unberücksichtigt. Diese Vernachlässigung des Arbeitslosenproblems ist allerdings bedingt durch eine spezielle Definition des Arbeitslosenbegriffes, die nicht mit der in der nicht-sozialistischen ökonomischen Theorie verwendeten übereinstimmt. Deshalb ist zu prüfen, wie sich der Arbeitslosenbegriff zweckmäßig definieren läßt, in welcher Erscheinungsform die so definierte Arbeitslosigkeit in sozialistischen Planwirtschaften auftritt und mit Hilfe welcher Indikatoren sie sich nachweisen läßt.

A. Der Arbeitslosenbegriff in der sozialistischen und nicht-sozialistischen ökonomischen Theorie

Um die Existenz von Arbeitslosigkeit in sozialistischen Planwirtschaften nachweisen zu können, ist es erforderlich, den Arbeitslosenbegriff eindeutig und statistisch operabel zu definieren. Arbeitslosigkeit ist ein unscharfer sozialwissenschaftlicher Begriff, der sich nicht allgemeingültig präzisieren läßt. Eine eindeutige Definition ist nur im Hinblick auf ein bestimmtes Untersuchungsziel möglich.[6] Nach der Art des gewählten Untersuchungszieles lassen sich mehrere Definitionen unterscheiden. In der wirtschaftsstatistischen Praxis vieler Länder herrschen Symptomdefinitionen vor, die ausschließlich auf das äußere Erscheinungsbild der Arbeitslosigkeit abstellen: Als arbeitslos gelten dabei Personen, die einen vorgegebenen Merkmalkatalog erfüllen. Dieser sieht in der Regel

---

[4] KORNAI (1980a), S. 5.

[5] Vgl. OXENSTIERNA (1990), S. 15 ff. und die dort zitierte Literatur.

[6] "There is no single unambigous definition of unemployment. Different purposes call for different definitions." GORDON (1968), S. 52.

vor, daß sie ein spezifiziertes Mindestalter erreicht haben, zur Vermittlung in einen neuen Arbeitsplatz verfügbar sind und in einer bestimmten Referenzperiode überhaupt nicht oder weniger als eine vorgegebene Höchstarbeitszeit beschäftigt waren.[7] Diese Symptomdefinition ist jedoch nur dann problemadäquat, wenn sie in allen relevanten Merkmalen mit dem hier interessierenden Tatbestand korrespondiert und jede denkbare Erscheinungsform des Arbeitslosenproblems genau erfaßt. Dies ist jedoch weder für marktwirtschaftliche Systeme noch für sozialistische Planwirtschaften der Fall. Unberücksichtigt bleiben beispielsweise in marktwirtschaftlichen Systemen solche Fälle, in denen entweder eine nichtbeschäftigte Person zwar Arbeit wünscht, aber nicht aktiv danach sucht, in denen eine Person zwar mehr als die zulässige Höchstarbeitszeit beschäftigt ist, aber zusätzliche Arbeit wünscht, oder in denen eine Person zwar ständig über ein formales Beschäftigungsverhältnis verfügt, faktisch jedoch nicht produktiv tätig ist (beispielsweise ein Kurzarbeiter). Ähnlich läßt sich auch in sozialistischen Planwirtschaften nach dieser Symptomdefinition keine Arbeitslosigkeit diagnostizieren, weil die Planungsinstanzen sicherstellen, daß für jede Arbeitskraft ein Arbeitsplatz vorhanden ist, selbst wenn sie unterhalb ihres Qualifikationsniveaus eingesetzt oder nach ökonomischen Kriterien im Produktionsprozeß nicht benötigt wird. Obwohl diese Erscheinungen auf Arbeitslosigkeit schließen lassen, sind sie in obigem Symptomkatalog nicht enthalten und fallen danach nicht unter den Arbeitslosenbegriff. Um sie zu erfassen, müßte der Merkmalkatalog um weitere Merkmale ergänzt werden. Dies setzt jedoch die Antwort auf die Frage nach dem Inhalt des Arbeitslosenbegriffs schon voraus, so daß man sich dem Definitionsproblem auf andere Weise als durch eine Symptomdefinition nähern muß.[8]

Als denkbare Alternative bietet es sich an, ursachen- und belastungsorientierte Arbeitslosendefinitionen zu unterscheiden und Arbeitslosigkeit im Hinblick auf ihre Gründe oder auf ihre Konsequenzen zu definieren. Unter ursachenorientierten oder Kausaldefinitionen versteht man solche, in denen eine mögliche

---

[7] Vgl. beispielsweise die von der Bundesanstalt für Arbeit, der ILO oder der OECD verwendeten Definitionen.

[8] In ähnlicher Weise lassen sich auch die in bezug auf das Inflationsproblem herrschenden Symptomdefinitionen kritisieren, in denen Inflation als anhaltende, über eine bestimmte Marge hinausgehende Preisniveausteigerungen verstanden werden. Auch diese Definition enthält einen zu engen Merkmalkatalog und schließt mögliche andere Erscheinungsformen der Inflation definitorisch aus. Sie ist dann nicht zweckmäßig, wenn Preisniveausteigerungen durch administrative Eingriffe in den Preisbildungsprozeß verhindert werden, wie das in sozialistischen Planwirtschaften der Fall ist, wo die zentralen Planbehörden die Preise festlegen und über längere Zeiträume unverändert lassen. Zu dieser Kritik der vorherrschenden Symptomdefinitionen vgl. THIEME (1977/78), S. 291 ff.; DERS. (1980a), S. 46 ff.

Ursache als begriffskonstituierend angesehen wird. Sie implizieren damit jedoch allein monokausale Erklärungsansätze, schließen alternative Kausalzu-
sammenhänge sprachlich aus und engen den Problemhorizont von vornherein
ein. Solche Kausaldefinitionen sind deshalb unzweckmäßig, wenn man alternative Ursachen des Arbeitslosenphänomens unterscheiden will, vor allem dann,
wenn dessen möglichen Ursachen in sozialistischen Planwirtschaften noch nicht
erforscht sind. Damit verbleibt als letzte Alternative, den Arbeitslosenbegriff
belastungsorientiert und im Hinblick auf seine individuellen und volkswirtschaftlichen Konsequenzen zu definieren. Da Arbeitslosigkeit als eine Situation
"fehlender Arbeit" umschrieben werden kann, setzt dieser Weg die inhaltliche
Klärung des Begriffs der Arbeit voraus.

Je nachdem, wie dieser Begriff inhaltlich ausgefüllt wird, lassen sich unterschiedliche Definitionen der Arbeitslosigkeit ableiten:[9]

- Sieht man Arbeit produktionstheoretisch als Einsatzfaktor im Produktionsprozeß (Faktorinput) an, herrscht Arbeitslosigkeit, wenn die zu den herrschenden
  Bedingungen verfügbaren Arbeitskräfte entweder unvollständig oder überhaupt nicht in den Produktionsprozeß eingegliedert sind und Wachstumsverluste durch unausgelastetes Humanvermögen entstehen (unabhängig davon, ob
  diese Arbeitskräfte über ein formales Beschäftigungsverhältnis verfügen oder
  nicht).

- Interpretiert man demgegenüber Arbeit einkommenstheoretisch als Quelle der
  individuellen Einkommenserzielung, herrscht Arbeitslosigkeit, wenn ein Teil
  der üblicherweise ihren Lebensunterhalt durch abhängige Arbeit bestreitenden
  Personen hierzu nicht in der Lage ist, weil er über kein formales Beschäftigungsverhältnis verfügt und deshalb kein Arbeitseinkommen erzielen kann.

In der sozialistischen ökonomischen Literatur werden die Begriffe Arbeit und
Arbeitslosigkeit üblicherweise einkommenstheoretisch im Sinne der zweiten
Begriffsabgrenzung verstanden. Arbeit ist hier definiert als "Verausgabung
körperlicher und geistiger Kräfte des Menschen als bewußte, zweckmäßige Tätigkeit zur *Erlangung seiner Existenzmittel* ...".[10] Dementsprechend ist Arbeitslosigkeit eine dem Sozialismus von seinem innersten Wesen her fremde,
durch die zentrale Planung und Lenkung des Wirtschaftsprozesses beseitigte so-

---

[9] Zu den verschiedenen inhaltlichen Aspekten des Arbeitslosenbegriffs vgl. SEN (1975), S. 5 ff.; ILO
(1982), S. 31 ff.

[10] AUTORENKOLLEKTIV (1982), S. 39; Hervorhebung vom Verfasser.

ziale Erscheinung, die in der sozialistischen Praxis durch soziale Sicherheit und Vollbeschäftigung abgelöst worden ist.[11] Diese einkommenstheoretische Interpretation des Arbeitslosenbegriffs schlägt sich nieder in einem Recht auf Arbeit, das nach sozialistischer Rechtsauffassung zu den grundlegenden Menschenrechten zählt und in der ehemaligen DDR und in anderen sozialistischen Ländern bislang den Status eines verfassungsgemäß garantierten Grundrechts hatte.[12] Es wird garantiert "durch das sozialistische Eigentum an den Produktionsmitteln, durch die sozialistische Planung und Leitung des gesellschaftlichen Produktionsprozesses, durch das stetige und planmäßige Wachstum der sozialistischen Produktivkräfte und der Arbeitsproduktivität, durch die konsequente Durchführung der wissenschaftlich-technischen Revolution, durch die ständige Bildung und Weiterbildung der Bürger und das einheitlich sozialistische Arbeitsrecht."[13] In der nicht-sozialistischen (westlichen) ökonomischen Theorie werden die Begriffe Arbeit und Arbeitslosigkeit jedoch in der Regel produktionstheoretisch im Sinne der ersten Interpretation verwendet. Arbeitslosigkeit wird hier verstanden als Unterauslastung des Produktionsfaktors Arbeit, bei der ein Teil der arbeitsfähigen und arbeitswilligen Personen (freiwillig oder unfreiwillig) nicht in den Produktionsprozeß eingegliedert ist; Arbeitslosigkeit bedeutet einen Verzicht auf Produktion. Erkenntnisziel ist dabei, welchen Umfang die durch solche Unterauslastungen des Produktionspotentials verbundenen Wachstumsverluste einer Volkswirtschaft einnehmen, auf welche Ursachen sie zurückgeführt werden können oder durch welche (ordnungs- oder prozeßpolitischen) Instrumente Arbeitslosigkeit beseitigt werden könnte.[14]

In der vorliegenden Arbeit soll der Arbeitslosenbegriff im Sinne dieser in der westlichen ökonomischen Theorie üblichen Definition verwendet und auf das Erkenntnisobjekt sozialistische Planwirtschaften angewendet werden. Diese Begriffsbildung erscheint zweckmäßig, weil es in allen Volkswirtschaften dem

---

[11] Vgl. AUTORENKOLLEKTIV (1987), S. 22.

[12] So beispielsweise nach Art. 24, Abs. 1 der Verfassung der ehemaligen DDR vom 8.4.1968 und Art. 14 und 68 der Verfassung der VR Polen vom 22.7.1957 i.d.F. vom 16.2.1976. Hierbei handelt es sich aber auch in den sozialistischen Ländern um kein subjektives, gegen den Staat oder einen Betrieb einklagbares Recht, sondern lediglich um ein objektives Recht, das den Staat bindend zur Garantie der Vollbeschäftigung verpflichtet, dem Bürger aber keinen durchsetzbaren Anspruch auf Einhaltung und Erfüllung dieses Rechts gibt; vgl. zur Rechtslage in der ehemaligen DDR FUCHS (1979), S. 165 ff., und ähnlich - bezogen auf die UdSSR - GRANICK (1987), S. 92 f.

[13] Art. 24, Abs. 3 der Verfassung der ehemaligen DDR vom 8.4.1968, zitiert nach FUCHS (1979), S. 164.

[14] Vgl. PIGOU (1933), S. 11 ff.; FRANZ (1991), S. 331 f.

Staat leicht möglich wäre, registrierte Arbeitslose durch Arbeitsbeschaffungs-
maßnahmen, administrative Verkürzungen der individuellen Arbeitszeit oder
durch Übernahme in den Staatsdienst formal zu beschäftigen und damit die
vorhandene Arbeitslosigkeit scheinbar schnell zu beseitigen. Dies würde zwar
die soziale Komponente des Arbeitslosenproblems lösen, den Auslastungsgrad
des Produktionspotentials jedoch unverändert lassen und die vorhandene Arbeit
lediglich umverteilen. Legt man dagegen den produktionstheoretischen Arbeitslosenbegriff zugrunde, dürfte auch in sozialistischen Planwirtschaften
durchaus Arbeitslosigkeit zu diagnostizieren sein, weil das "sozialistische Eigentum an den Produktionsmitteln, die sozialistische Planung und Leitung des
Produktionsprozesses" und die anderen in Art. 24, Abs. 3 der Verfassung der
ehemaligen DDR genannten Garantievoraussetzungen des Rechts auf Arbeit lediglich die formale, nicht jedoch die materielle Beschäftigung garantieren. Dies
wird durchaus auch in der sozialistischen ökonomischen Literatur anerkannt,
wo ein nur unvollständiger und teilweiser Arbeitskräfteeinsatz beklagt wird,
wenngleich diese Erscheinungen nicht als Arbeitslosigkeit, sondern als noch
nicht ausgelastete Arbeitsreserven bezeichnet werden, die mit Hilfe der Planung
noch erschlossen werden müssen.[15] Dies belegt, daß es auch in sozialistischen
Planwirtschaften zu einer Unterauslastung der menschlichen Arbeitskraft
kommt, die allerdings in anderer als der in kapitalistischen Marktwirtschaften
üblichen Erscheinungsform auftritt und statistisch kaum erfaßt wird.

B.   Erscheinungs- und Erfassungsformen der Arbeitslosigkeit

Nach der hier verwendeten Definition besteht Arbeitslosigkeit, wenn ein Teil
des vorhandenen Produktionsfaktors Arbeit ungenutzt bleibt und die Volkswirtschaft dadurch auf bestehende Produktionsmöglichkeiten verzichtet. In Marktwirtschaften drückt sich diese Unterauslastung des Produktionsfaktors Arbeit in
einer hohen Zahl von Personen aus, die zum herrschenden Reallohnsatz zwar
zusätzliche Beschäftigung wünschen, jedoch kein formales Beschäftigungsverhältnis finden. Hier läßt sich der Umfang der tatsächlich vorhandenen Arbeitslosigkeit zumeist durchaus sachgerecht durch die Zahl der registrierten Arbeitslosen erfassen. Diese Begrenzung der zu messenden Arbeitslosigkeit auf
die Zahl der registrierten Personen ohne formales Beschäftigungsverhältnis ist
jedoch in jenen Fällen nicht mehr problemadäquat, in denen eine Abnahme der
Beschäftigung durch wirtschaftspolitische Eingriffe in den Allokationsmecha-
nismus - beispielsweise durch Kündigungsschutz- oder Mitbestimmungsregeln -

---

[15] Vgl. AUTORENKOLLEKTIV (1987), S. 39 ff.

unterdrückt wird oder in denen beschäftigungslose Personen sich nicht als arbeitslos melden. Vor allem in den hier interessierenden sozialistischen Planwirtschaften läßt sich dann kaum Arbeitslosigkeit diagnostizieren, wenn die Betriebe an einer Freisetzung von unbenötigten Arbeitskräften materiell nicht interessiert (oder hieran durch staatliche Regulierungen gehindert) sind oder wenn aus dem Produktionsprozeß ausscheidende Arbeitnehmer keine Möglichkeit haben, sich arbeitslos zu melden.

Will man diese Begrenzung der erfaßten Arbeitslosigkeit auf die Zahl der Personen ohne formales Beschäftigungsverhältnis vermeiden, empfiehlt es sich, von dem durch jede Arbeitslosigkeit verursachten Outputverlust auszugehen und diesen in einzelne Teilkomponenten zu zerlegen: Der in einer Periode insgesamt tatsächlich erzeugte Strom Y an Waren und Dienstleistungen setzt sich multiplikativ zusammen aus verschiedenen Komponenten, die in der folgenden Definitionsgleichung erfaßt sind:[16]

$$(\text{II-B.1}) \qquad Y = Y/H \cdot H/N \cdot N/E \cdot E/P \cdot P = ps \cdot h \cdot n \cdot e \cdot P,$$

wobei H das Arbeitszeitvolumen, N die Gesamtzahl der beschäftigten Personen, E die Erwerbsbevölkerung, P die (erwerbsfähige) Gesamtbevölkerung, ps die Arbeitsstundenproduktivität, h die Arbeitszeit pro Beschäftigtem, n den Anteil der Beschäftigten an den Erwerbspersonen (Beschäftigtenquote) und e die durchschnittliche Erwerbsquote (d.h. den Anteil der Erwerbspersonen an der erwerbsfähigen Bevölkerung) bezeichnen. Der in einer Periode potentiell erzeugbare Output Y* - das Produktionspotential - ergibt sich, wenn ps, h, n und e ihre Potentialwerte annehmen, welche jeweils mit einem Sternchen bezeichnet sind.[17] Arbeitslosigkeit liegt dann vor, wenn der Auslastungsgrad des Produktionspotentials:

$$(\text{II-B.2}) \qquad Y/Y^* = ps/ps^* \cdot h/h^* \cdot n/n^* \cdot e/e^*,$$

Werte kleiner Eins bzw. die Outputlücke:[18]

$$(\text{II-B.3}) \qquad (Y^*-Y)/Y^* = (ps^*-ps)/ps^* + (h^*-h)/h^* + (n^*-n)/n^* + (e^*-e)/e^*,$$

[16] Zum folgenden vgl. RIESE (1986), S. 86 und die dort zitierte Literatur.

[17] Zum Begriff des Produktionspotentials vgl. OKUN (1962).

[18] Die Outputlücke ergibt sich durch Logarithmierung von (II-B.2), wobei beispielsweise gilt: ln (Y/Y*) ≈ -(Y*-Y)/Y*, sofern die Werte von Y/Y* in der Nähe von Eins liegen; Entsprechendes gilt für die Terme auf der rechten Seite von Gleichung (II-B.2).

Werte größer Null annimmt, wobei die Summanden auf der rechten Seite der Gleichung (II-B.3) die entsprechenden Abweichungen bei der Arbeitsproduktivität, der durchschnittlichen Arbeitszeit, der Beschäftigtenquote und der Erwerbsquote von ihren Potentialwerten bedeuten. Da die Beschäftigtenquote n und die Quote der registrierten Arbeitslosen u sich zu Eins addieren, läßt sich Gleichung (II-B.3) auch darstellen als:[19]

(II-B.4) $\quad$ $(Y^*-Y)/Y = (ps^*-ps)/ps^* + (h^*-h)/h^* + (u - u^*) + (e^*-e)/e^*$.

Jeder Rückgang des tatsächlichen Outputs Y relativ zum Produktionspotential Y^* (Outputlücke) muß sich damit entweder in einem Rückgang der Arbeitsstundenproduktivität (Produktivitätslücke), der individuellen Arbeitszeit pro Beschäftigtem (Arbeitszeitlücke), der Beschäftigtenquote (Beschäftigtenquotenlücke) oder der durchschnittlichen Erwerbsquote (Erwerbsquotenlücke) relativ zu ihren Potentialwerten niederschlagen: Im ersten Fall erzeugt die gleiche Anzahl von Arbeitskräften weniger, als bei gegebener Produktionstechnik möglich wäre, ohne daß die Zahl der Arbeitsstunden sinkt. Der zweite Fall unterscheidet sich vom ersten durch ein Herabsetzen der Arbeitsstundenzahl (Kurzarbeit). Im dritten Fall sinkt bei unveränderter Arbeitsstundenproduktivität und gleicher Arbeitszeit die Zahl der beschäftigten Personen. Die Zahl der Erwerbstätigen bleibt jedoch unverändert, da sich die beschäftigungslosen Personen als arbeitslos registrieren lassen. Der vierte Fall unterscheidet sich vom dritten dadurch, daß sich die beschäftigungslosen Personen nicht als arbeitslos melden, wodurch die Anzahl der Erwerbstätigen sinkt.

Betrachtet man (II-B.3) bzw. (II-B.4) von der linken Seite her, läßt sich jede Outputlücke als potentielle Arbeitslosigkeit interpretieren, die je nach institutionellen Gegebenheiten und individueller Anpassungsfähigkeit und -willigkeit in anderer Form realisiert werden kann.[20] Damit lassen sich verschiedene Erscheinungsformen der Arbeitslosigkeit unterscheiden: In einer Volkswirtschaft ohne institutionelle Arbeitsplatzgarantie und ohne kurzfristige Anpassungsfriktionen, in der die Unternehmen kein Interesse haben, unbenötigte Arbeitskräfte längerfristig zu halten, wird die potentielle Arbeitslosigkeit letztlich von einem Rückgang der Beschäftigtenzahlen begleitet. Sinkt - aus welchen Gründen auch

---

[19] Wegen n = 1-u gilt $(n^*-n)/n^* = [(1-u^*)-(1-u)]/(1-u^*) = (u-u^*)/(1-u^*) \approx u-u^*$.

[20] Insofern besteht wiederum eine Analogie zum Inflationsproblem, wo jedes über die Produktionsmöglichkeiten einer Volkswirtschaft hinausgehende Geldmengenwachstum ein "Inflationspotential" legt, das je nach den institutionellen Rahmenbedingungen anders erscheint und entweder durch allgemeine Preisniveausteigerungen, Verlängerungen der Kassenhaltungsdauer oder beides ausgelastet wird; vgl. CASSEL, THIEME (1976), S. 101 ff.; CASSEL (1980), S. 260 f.

immer - das tatsächliche relativ zum potentiellen Outputvolumen, werden die Betriebe die Zahl ihrer Beschäftigten reduzieren, so daß in Gleichung (II-B.3) entweder die Beschäftigtenquote n oder die Erwerbsquote e unter ihren Potentialwert sinkt: $(n^*-n)/n^* > 0$; $(e^*-e)/e^* > 0$. Da die hiervon betroffenen Personen den Betrieb verlassen müssen und dann außerhalb eines formalen Beschäftigungsverhältnisses stehen, kann diese Erscheinungsform als "externe Arbeitslosigkeit" bezeichnet werden.[21] Werden die Betriebe jedoch durch zentralistisch-administrative Beschränkungen am Abbau der Beschäftigtenzahlen gehindert oder sind sie hieran nicht materiell interessiert, kann Arbeitslosigkeit nur als Rückgang der Arbeits(stunden)produktivität oder als Rückgang der individuellen Arbeitszeit relativ zu ihren Potentialwerten, also in einem Anstieg der ersten beiden der auf der rechten Seite von Gleichung (II-B.3) erscheinenden Summanden, $(ps^*-ps)/ps^* > 0$; $(h^*-h)/h^* > 0$, auftreten. Da die hiervon betroffenen Arbeitnehmer im Betrieb verbleiben, weil eine Abnahme des Beschäftigtenstandes verhindert wird, liegt es nahe, diese Erscheinungsform als "interne Arbeitslosigkeit" oder auch als "unemployment on the job" zu bezeichnen.[22] Eine gemischte Arbeitslosigkeit als dritte Erscheinungsform liegt immer dann vor, wenn der Rückgang der Beschäftigtenzahlen nur teilweise behindert wird. Dann zeigt sich Arbeitslosigkeit in einem gleichzeitigen Abbau der Beschäftigten, einem Rückgang der individuellen Arbeitszeit und einem Absinken der Arbeitsproduktivität relativ zu ihren Potentialwerten.

Beide Erscheinungsformen der Arbeitslosigkeit lassen sich nach dem Grad ihrer statistischen Erfassung weiter in einen sichtbaren und einen unsichtbaren Teil unterscheiden.[23] Sichtbar wird die Arbeitslosigkeit, wenn ihr Umfang direkt an arbeitsmarktstatistischen Größen ablesbar und deshalb auch von anderen als den betroffenen Personen wahrnehmbar ist. Unsichtbar ist jene Arbeitslosigkeit, deren Höhe nicht direkt an arbeitsmarktstatistischen Größen ablesbar und deshalb für nicht betroffene Personen nicht erkennbar ist. Externe und interne Arbeitslosigkeit können sowohl einen sicht- als auch einen unsichtbaren Teil enthalten. Der sichtbare Teil der externen Arbeitslosigkeit umfaßt die als arbeitslos gemeldeten Personen, die von der Arbeitsmarktstatistik erfaßt werden. Insofern entspricht dies der herrschenden Symptomdefinition. Unsichtbar ist demgegenüber derjenige Teil der externen Arbeitslosigkeit, der nicht als arbeitslos regi-

---

[21] Zu dieser Bezeichnung vgl. KORNAI (1980a), S. 33.

[22] Zu diesen Begriffen vgl. WILLEKE (1956), S. 306; KORNAI (1980a), S. 254. In der Literatur findet sich auch die Bezeichnung dieser internen Form der Arbeitslosigkeit als "soziale Beschäftigung"; vgl. THIEME (1985), S. 304.

[23] Zu den Begriffen sicht- und unsichtbare Arbeitslosigkeit vgl. wiederum WILLEKE (1956), S. 309.

striert und deshalb nicht in der offiziellen Arbeitsmarktstatistik erfaßt ist.[24] Auch die interne Arbeitslosigkeit kann einen sichtbaren Teil umfassen, wenn der Rückgang des tatsächlichen Outputs gegenüber dem Produktionspotential als Arbeitszeitlücke erscheint und die verkürzte Arbeitszeit statistisch ausgewiesen wird.[25] Dennoch dürfte der überwiegende Teil der internen Arbeitslosigkeit statistisch nicht ausgewiesen und deshalb unsichtbar sein. Er umfaßt insbesondere jenen Teil der Outputlücke, der zu einem Rückgang der Arbeits(stunden)produktivität relativ zu ihrem Potentialwert führt und dessen Höhe nicht direkt ersichtlich ist.

Kombiniert man diese möglichen Erscheinungs- und Erfassungsformen miteinander, und faßt man die beiden denkbaren Fälle interner Arbeitslosigkeit zusammen, ergeben sich die in Übersicht II-B.1 dargestellten Formen der Arbeitslosigkeit. Sie werden in der Literatur mit unterschiedlichen Begriffen belegt. Die sich auf industrialisierte Marktwirtschaften beziehende Literatur unterscheidet die möglichen Formen der Arbeitslosigkeit vor allem nach ihrer Erfassung; dabei wird der Fall (1.3) interner Arbeitslosigkeit meistens vernachläßigt und der Fall (1.1) statistisch erfaßbarer externer Arbeitslosigkeit als "offene", der Fall (1.2) statistisch nicht erfaßter externer Arbeitslosigkeit (die "stille Reserve") als "versteckte Arbeitslosigkeit" bezeichnet.[26] Demgegenüber werden in der systemvergleichenden Literatur die möglichen Formen der Arbeitslosigkeit vor allem nach ihrem Erscheinungsbild unterteilt und die Fälle externer Arbeitslosigkeit (1.1 und 1.2 in Übersicht II-B.1) als offene, die interner Arbeitslosigkeit (Fall 1.3) als versteckte Arbeitslosigkeit (oder Unterbeschäftigung) benannt. "The openly unemployed are seeking jobs but cannot find them. Disguised unemployment - or underemployment - occurs when workers

---

[24] In der westlichen Arbeitsmarktliteratur wird dieser unsichtbare Teil der externen Arbeitslosigkeit als "stille Reserve" bezeichnet, die sich aus einem aktiven und passiven Teil zusammensetzt. Zum aktiven Teil der stillen Reserve zählen nichtbeschäftigte Personen, die aktiv nach (zusätzlicher) Beschäftigung suchen, dabei aber die Arbeitsämter nicht einschalten und deshalb nicht erfaßt sind. Bei der passiven stillen Reserve handelt es sich um Personen, die sich nach vergeblicher Suche nach einem Arbeitsplatz zwar vom Arbeitsmarkt zurückgezogen haben, jedoch grundsätzlich nach wie vor eine Erwerbstätigkeit anstreben. Vgl. BRINCKMANN, KLAUDER, REYHER, THON (1987), S. 388.

[25] Dieser sichtbare Teil der internen Arbeitslosigkeit würde dann in Form der Kurzarbeiterzahlen in der Arbeitsmarktstatistik erscheinen.

[26] Vgl. beispielsweise RÜRUP, CREMER (1981), S. 117.

have jobs but are underutilized...".[27] Zusätzlich werden die möglichen Arten externer Arbeitslosigkeit nach ihrer Erfassung in registrierte (Fall 1.1) und nicht registrierte (Fall 1.2) offene Arbeitslosigkeit unterschieden.[28] Dieses zweite Begriffssystem ist in der Übersicht II-B.1 zugrunde gelegt und soll nachfolgend verwendet werden.[29]

Übersicht II-B.1: Erscheinungs- und Erfassungsformen der Arbeitslosigkeit

Erfassungsform Erscheinungsform	statistisch erfaßt	statistisch nicht erfaßt
extern	1.1 offene registrierte Arbeitslosigkeit	1.2 offene unregistrierte Arbeitslosigkeit
intern	1.3 versteckte Arbeitslosigkeit	

---

[27] BORNSTEIN (1985), S. 340. Ähnlich erfolgt die Begriffsabgrenzung auch u.a. bei FEIWEL (1974), S. 347; FOX (1977), S. 8 f.; GUTMANN (1979), S. 135; PARASKEWOPOULOS (1979), S. 147; PORKET (1984), S. 16; DERS. (1985), S. 19. Der Begriff der versteckten Arbeitslosigkeit geht zurück auf ROBINSON (1936), S. 236, die hierunter "... the adaption of inferior occupations by dismissed workers ..." versteht.

[28] So bei PORKET (1989), S. 17 f.

[29] Die inhaltliche Parallelität mit den verschiedenen Erscheinungs- und Erfassungsformen der Inflation legt darüber hinaus eine dritte Begriffsabgrenzung nahe: Inflation ist in jedem Wirtschaftssystem stets Folge einer übermäßigen Geldmengenexpansion und kann entweder als allgemeiner Preisniveauanstieg oder als ungewünschte Zunahme der privaten Kassenhaltung erscheinen. Die Preisinflation kann darüber hinaus an geeigneten Preisindices statistisch sichtbar gemacht oder durch qualitative Produktverschlechterungen statistisch versteckt werden. In der modernen Inflationstheorie werden diese beiden Fälle statistisch erfaßter und nicht erfaßter Preisinflation als offene und versteckte Inflation bezeichnet, während der dritte Fall einer Akkumulation ungewünschter Kassenbestände als zurückgestaute Inflation benannt wird; vgl. beispielsweise NUTI (1989), S. 109 ff. Dementsprechend könnte man die Fälle statistisch erfaßter externer Arbeitslosigkeit als offene, die statistisch nicht ausgewiesene externe Arbeitslosigkeit als versteckte und die interne Arbeitslosigkeit als "zurückgestaute Arbeitslosigkeit" definieren. Dieser Begriffsabgrenzung soll hier jedoch nicht gefolgt werden, einerseits weil dann zusätzlich zu den vorhandenen neue Begriffe in die Literatur eingeführt werden, andererseits weil dann Arbeitslosigkeit nicht im Sinne einer Unterauslastung der Produktionsfaktoren, sondern einkommenstheoretisch als Mangel an Erwerbsmöglichkeiten verstanden werden muß.

C. Indikatoren der Arbeitslosigkeit

Um Daten über das Ausmaß der Arbeitslosigkeit in sozialistischen Planwirtschaften zu erhalten, bieten sich zwei Quellen an. Einmal kann man versuchen, die dort in verschiedenen Veröffentlichungen findbaren oder durch Befragung von Emigranten erhältlichen direkten Hinweise auf die Existenz nicht- oder unterbeschäftigter Personen zusammenzutragen und zu systematisieren. Eine andere Möglichkeit besteht darin, Datenmaterial beispielsweise über die Entwicklung der Arbeitsproduktivität zu nutzen, um so die Höhe der Arbeitslosigkeit indirekt zu ermitteln. Beide Verfahren sind jedoch nicht unproblematisch: Das erste liefert zwar direkte Informationen, jedoch sind Herkunft und Güte des verwendeten Datenmaterials nur schwer zu überprüfen. Zudem lassen sich so kaum für verschiedene Länder zusammenhängende Zeitreihen ermitteln, so daß man weder Aussagen über die zeitliche Entwicklung der Arbeitslosigkeit in den einzelnen Ländern machen noch Ländervergleiche erstellen kann. Diese Nachteile vermeidet zwar das zweite Verfahren; es setzt aber voraus, daß man sich über den funktionellen Zusammenhang zwischen dem verwendeten Datenmaterial und den gesuchten Werten für die Arbeitslosigkeit Klarheit verschafft, was oft nicht ohne besondere Annahmen beispielsweise hinsichtlich der Produktionsfunktion möglich ist. Wegen dieser Probleme läßt sich das Ausmaß der Arbeitslosigkeit nicht exakt bestimmen, sondern nur grob schätzen.

1. Registrierte offene Arbeitslosigkeit

Offene Arbeitslosigkeit wurde in der ehemaligen UdSSR und den meisten anderen hier betrachteten osteuropäischen Volkswirtschaften zunächst nur in den Jahren nach dem Übergang zum neuen System zentraler Planung und Lenkung registriert. Die Erfassung erstreckte sich auf Personen, die bei den Arbeitsämtern als arbeitslos gemeldet und zum Bezug von Arbeitslosenunterstützung berechtigt waren. Nach Abschluß der Übergangsphase, die in den einzelnen Ländern unterschiedlich lange andauerte, entfiel die Zahlung eines Arbeitslosengeldes oder wurden die Arbeitsämter geschlossen. Damit konnte die offene Arbeitslosigkeit nur noch unvollständig erfaßt werden, weil für beschäftigungslose Personen ein Anreiz zur Registrierung entfiel oder gar keine Möglichkeit mehr bestand, sich arbeitslos zu melden.

Tabelle II-C.1 gibt die Höhe der in der ehemaligen Sowjetunion während der zwanziger und frühen dreißiger Jahre registrierten offenen Arbeitslosigkeit wieder. Sie zeigt, daß dort die offiziell registrierte Arbeitslosigkeit nach der

Machtergreifung der Sowjets nicht gesunken, sondern sogar noch angestiegen war: Waren Anfang 1922 lediglich 160 Tausend Personen als arbeitslos registriert, nahm ihre Zahl bis zu Beginn des Jahres 1930 auf etwa 1,3 Millionen Personen zu.[30] Im Verlaufe desselben Jahres konnte diese Zahl jedoch erheblich reduziert werden, und seit Oktober 1931 kannte die ehemalige UdSSR offiziell keine Arbeitslosigkeit mehr. Dieser drastische Abbau vollzog sich zu einem Zeitpunkt, in dem fast alle westlichen Industrienationen infolge der Weltwirtschaftskrise unter Massenarbeitslosigkeit und -armut litten. Frühe Beobachter schreiben die Entwicklung in der ehemaligen Sowjetunion vor allem der rapiden wirtschaftlichen Expansion während des ersten Fünfjahresplanes (1928 bis 1932) zu, die zu einer hinreichend großen Zunahme der Arbeitskräftenachfrage geführt habe, um die steigende Erwerbsbevölkerung zu beschäftigen. Diese Expansion der Produktion zusammen mit einer relativ hohen Investitionsquote schien auszureichen, um Vollbeschäftigung zu garantieren[31]: Tatsächlich wuchs das produzierte Nationaleinkommen mit einer Rate zwischen 5 und 10 Prozent jährlich und die Beschäftigung stieg zwischen 1924/25 und 1929 stark genug an, um die vorhandene arbeitsfähige städtische Bevölkerung vollständig absorbieren zu können. Allerdings nahm gleichzeitig die Landflucht so stark zu, daß die Expansion der sowjetischen Volkswirtschaft lediglich ausreichte, um den Anstieg der Arbeitslosigkeit zu bremsen, jedoch nicht, um die vorhandene Arbeitslosigkeit absolut zu senken, so daß im Wirtschaftsjahr 1928/29 die Zahl der registrierten Arbeitslosen immer noch wesentlich höher war als im Jahr zuvor.[32] Der dramatische Rückgang der Arbeitslosigkeit war damit nicht nur Folge einer starken Expansion der Arbeitskräftenachfrage, sondern auch solcher arbeitsmarktpolitischer Maßnahmen, die in erster Linie darauf abstellten, offene Arbeitslosigkeit statistisch zu verdecken oder in versteckte Arbeitslosigkeit umzuwandeln: Per Dekret vom 9. Oktober 1930 wurde die Zahlung der Arbeitslosenunterstützung eingestellt und jedem Arbeitslosen ein Arbeitsplatz zugewiesen, selbst wenn dessen Anforderungsprofil der Berufsausbildung des Arbeitslosen nicht entsprach. Jeder, der die Annahme eines zugewiesenen Arbeitsplatzes ohne Rechtfertigung (körperliche Untüchtigkeit) verweigerte, wurde aus den Arbeitslosenregistern gestrichen. Das galt auch für

---

[30] Damit lag die offizielle Arbeitslosigkeit deutlich höher als vor der Machtergreifung der Sowjets im Jahre 1917, als durchschnittlich 400 bis 500 Tausend Arbeitslose registriert waren; vgl. DAVIES (1986), S. 23.

[31] Zu dieser Sichtweise vgl. MAYNARD (1942), S. 344 und S. 354; DOBB (1948), S. 191; EASON (1957), S. 390 f.

[32] Vgl. DAVIES (1986), S. 21 ff.

Personen, die als "Klassenfeinde" eingestuft wurden oder die einen Arbeitsplatz in einem Sektor suchten, in dem es keine Beschäftigungsmöglichkeiten gab. Darüber hinaus wurde per Dekret vom 20. Oktober desselben Jahres angeordnet, daß Personen, die ohne Erlaubnis ihren Arbeitsplatz wechselten ("Deserteure"), für einen Zeitraum von sechs Monaten das Recht auf Arbeit und damit verbundene Sozialleistungen (Renten- und Urlaubsansprüche) verloren.[33] Der Abbau offener städtischer Arbeitslosigkeit ging zudem einher mit einer verstärkten Kollektivierung der sowjetischen Landwirtschaft, die dazu beitrug, die während der 20er Jahre beobachtbare massive Landflucht zu stoppen, indem bisher besitzlosen Landarbeitern die Aussicht auf Einkommenserhöhungen zugesichert wurde.[34] Tatsächlich waren der Abbau offener Arbeitslosigkeit während der Jahre 1930/31 und die Zunahme des Anteils der kollektivierten Agrarbevölkerung eng miteinander verbunden.[35] Dies läßt vermuten, daß zumindest ein Großteil der potentiellen offenen Arbeitslosigkeit in versteckte Arbeitslosigkeit im Agrarsektor umgewandelt wurde.

Tabelle II-C.1: Registrierte offene Arbeitslosigkeit in der ehemaligen UdSSR, 1922-1931[a)]

Jahr	Tsd. Personen
1922	160
23	641
24	1.240
1925	952
26	951
27	1.310
28	1.352
29	1.616
1930	1.316
31	236

[a)] Bei Arbeitsämtern registrierte Personen; jeweils zum 1. Januar.

Quelle: DAVIES, WHEATCROFT (1986), S. 43.

---

[33] Vgl. BARBER (1986), S. 61; DAVIES (1986), S. 29 ff.; DAVIES, WHEATCROFT (1986), S. 36 f.

[34] Die Kollektivierung erhöhte sicherlich die Landflucht der bisherigen Grundbesitzer ("Kulaken"), deren Zahl jedoch zu gering war, um einen signifikanten Zustrom in die Städte auszumachen.

[35] Vgl. HUTCHINGS (1962), S. 40.

Auch die ehemalige DDR und Ungarn wiesen in den ersten Jahren nach dem
Übergang zu einem sozialistischen System noch eine beträchtliche offene Arbeitslosigkeit aus, die in Tabelle II-C.2 dargestellt ist: In der ehemaligen DDR
betrug die Zahl der registrierten Arbeitslosen im Jahre 1946 kriegsbedingt noch
258 Tausend Personen, war dann zwischenzeitlich gesunken, mit der Einführung des sozialistischen Planungssystems in den Jahren 1948/49 jedoch wieder
beträchtlich angestiegen. In den fünfziger Jahren erfolgte dann ein allmählicher
Abbau der offenen Arbeitslosigkeit, der sich allerdings über einen längeren
Zeitraum erstreckte und erst im Jahre 1960 abgeschlossen war. Ähnlich verlief
die Entwicklung in Ungarn, wo offene Arbeitslosigkeit sogar nur von 1946 bis
Juni 1948 ausgewiesen wurde.[36] Die Tschechoslowakei erfaßte seit Kriegsende
überhaupt keine offene Arbeitslosigkeit. Dabei scheint vieles dafür zu sprechen,
daß der Umfang der externen Arbeitslosigkeit in den ersten Nachkriegsjahren,
als noch eine bürgerliche Regierung an der Macht war, tatsächlich sehr niedrig
war, weil die ehemalige CSFR nur geringe kriegsbedingte Zerstörungen aufwies und aufgrund der Vertreibung der deutschstämmigen Bevölkerungsteile
vor allem in den tschechischen Landesteilen ein echter Arbeitskräftemangel
herrschte, der nur allmählich durch einen Zustrom zusätzlicher Arbeitskräfte
aus der Slovakei behoben werden konnte.[37] Von den hier betrachteten Volkswirtschaften ist Polen die einzige, die nach dem Kriege kontinuierlich eine offene Arbeitslosigkeit nachwies, wenn auch in nur sehr geringem Umfang. Dennoch gaben auch dort die veröffentlichten Zahlen das wahre Ausmaß der vorhandenen offenen Arbeitslosigkeit nicht korrekt wieder, da sie lediglich die
Zahl der bei den Arbeitsämtern gemeldeten Arbeitssuchenden erfaßten. Es ist
zu vermuten, daß sich nur ein kleiner Teil der arbeitssuchenden Personen bei
den Arbeitsämtern registrieren ließ, weil keine Meldepflicht bestand und wegen
fehlender Arbeitslosenunterstützung auch keine materiellen Anreize zur Registrierung existierten. Da zudem die Arbeitssuchenden befürchten mußten, vom
Arbeitsamt keinen ihren Vorstellungen entsprechenden Arbeitsplatz zugewiesen
zu bekommen, zogen viele es vor, ohne Vermittlung eine neue Beschäftigung
zu finden, zumal auch in den Betrieben die vom Arbeitsamt vermittelten Arbeitskräfte als unzuverlässig angesehen wurden.[38] Deshalb dürfte auch in
Polen die statistisch erfaßte Arbeitslosigkeit nur einen geringen Teil der offenen
(externen) Arbeitslosigkeit ausmachen und nur jene schwer vermittelbaren Per-

---

[36] Dort wird jedoch seit Ende 1982 wieder eine offene Arbeitslosigkeit registriert.

[37] Vgl. ADAM (1984), S. 95 f.; MYANT (1989), S. 140.

[38] Vgl. FOX (1977), S. 9.

sonen umfassen, die ohne die Zwischenschaltung der Arbeitsämter überhaupt keine Aussicht auf Beschäftigung haben.

Tabelle II-C.2: Registrierte offene Arbeitslosigkeit in der ehemaligen CSFR, der ehemaligen DDR, Polen und Ungarn, 1946-1983 (in Tsd. Personen)[a]

Jahr	CSFR	DDR	POLEN	UNGARN
1946	k.R.	258	79	22
47	k.R.	171	69	80
48	k.R.	249	104	119[b]
49	k.R.	373	118	k.R.
1950	k.R.	325	54	k.R.
51	k.R.	243	5	k.R.
52	k.R.	105	4	k.R.
53	k.R.	91	6	k.R.
54	k.R.	54	15	k.R.
1955	k.R.	43	31	k.R.
56	k.R.	22	38	k.R.
57	k.R.	23	32	k.R.
58	k.R.	16	31	k.R.
59	k.R.	11	43	k.R.
1960	k.R.	6	37	k.R.
61	k.R.	k.R.	41	k.R.
62	k.R.	k.R.	46	k.R.
63	k.R.	k.R.	60	k.R.
64	k.R.	k.R.	65	k.R.
1965	k.R.	k.R.	62	k.R.
66	k.R.	k.R.	58	k.R.
67	k.R.	k.R.	52	k.R.
68	k.R.	k.R.	53	k.R.
69	k.R.	k.R.	71	k.R.
1970	k.R.	k.R.	79	k.R.
71	k.R.	k.R.	82	k.R.
72	k.R.	k.R.	82	k.R.
73	k.R.	k.R.	28	k.R.
74	k.R.	k.R.	19	k.R.
1975	k.R.	k.R.	15	k.R.
76	k.R.	k.R.	14	k.R.
77	k.R.	k.R.	12	k.R.
78	k.R.	k.R.	9	k.R.
79	k.R.	k.R.	6	k.R.
1980	k.R.	k.R.	10	k.R.
81	k.R.	k.R.	26	k.R.
82	k.R.	k.R.	9	2[c]
83	k.R.	k.R.	5	2

[a] k.R. = keine Registrierung.
[b] Juni 1948.
[c] IV. Quartal 1982.

Quelle: ILO (versch. Jge.); STATISTISCHES JAHRBUCH DDR (versch. Jge.).

2. Unregistrierte offene Arbeitslosigkeit

Das weitgehende Fehlen offener registrierter Arbeitslosigkeit in sozialistischen Ländern bedeutet nur, daß es keine Personen gibt, die sich bei einem Arbeitsamt oder bei einer anderen staatlichen Stelle als arbeitslos haben registrieren lassen. Im Gegensatz hierzu war nichtregistrierte offene Arbeitslosigkeit auch in sozialistischen Planwirtschaften nicht unbekannt und wurde sowohl in der offiziellen Presse als auch von Parteiorganen zugegeben. Die nichtregistrierte offene Arbeitslosigkeit beschreibt eine Situation, in der eine beschäftigungslose Person keine Berechtigung zum Bezug eines Arbeitslosengeldes hat (und deshalb nicht erfaßt wird), obwohl sie zusätzliche Beschäftigung wünscht. Dieser Teil der offenen Arbeitslosigkeit umfaßt zwei Gruppen von Personen:[39]

- Solche, die ihren Arbeitsplatz wechseln und deshalb vorübergehend ohne Beschäftigung sind (Arbeitskräftefluktuation); und
- solche, die erstmalig oder nach einer längeren freiwilligen Unterbrechung mit der Erwerbstätigkeit beginnen.

Angaben über die Höhe der Arbeitskräftefluktuation liegen nur für die ehemalige UdSSR und für Polen vor und sind in der Tabelle II-C.3 wiedergegeben. Hieraus läßt sich die Fluktuationsarbeitslosigkeit berechnen, wenn die durchschnittliche Dauer der Arbeitslosigkeit bekannt ist. Einige westliche Autoren schätzen die durchschnittliche Zeitdauer zwischen den Arbeitsstellen auf etwa 30 Tage.[40] Daraus ergeben sich die in der Tabelle II-C.3 angegebenen Werte für die Fluktuationsarbeitslosigkeit, die für die ehemalige UdSSR und Polen bei etwa 2 Prozent der Beschäftigten liegt.[41]

Der andere Teil der offenen Arbeitslosigkeit, der nicht durch bloßen Arbeitsplatzwechsel bedingt ist, umfaßt vor allem weibliche Arbeitskräfte, die nach

---

[39] Vgl. PORKET (1985), S. 21; DERS. (1989), S. 111 f.

[40] Vgl. ADIRIM (1989), S. 451.

[41] Hiermit vergleichbar sind die Zahlen bei ADIRIM (1989), S. 444 ff., Tabelle 1, der für das Jahr 1985 in der ehemaligen Sowjetunion 25 Mio. Arbeitsplatzwechsel ermittelt, woraus sich bei einer Gesamtbeschäftigtenzahl von 117,8 Mio. Personen eine Rate der Arbeitskräftefluktuation von 21,2 Prozent ergibt (hiervon sind 40 Prozent Jugendliche, die ihren ersten Arbeitsplatz suchen); bei einer durchschnittlichen Verweildauer von einem Monat ergibt sich dann eine Quote der Fluktuationsarbeitslosigkeit von 1,8 Prozent (ohne Jugendliche 1,1 Prozent). Ähnliche Werte ermitteln für die ehemalige UdSSR auch frühere Studien; vgl. WILES (1971/72), S. 626, für die Jahre 1962 und 1963; GRANICK (1987), S. 81, für die späten 70er Jahre; GREGORY, COLLIER (1988), S. 625, für die Jahre 1974 bis 1979.

Tabelle II-C.3: Arbeitskräftefluktuation in der ehemaligen UdSSR und in Polen, 1950-1985

Jahr	ehemalige UdSSR Arbeitskräfte-fluktuation[a]	ALQ[b]	POLEN Arbeitskräfte-fluktuation[a]	ALQ[b]
1950	15,0	1,3		
51				
52				
53				
54				
1955	19,0	1,6		
56	38,0	3,2		
57				
58				
59	19,6	1,6		
1960	19,0	1,6		
61	20,0	1,7		
62	19,9	1,7		
63				
64				
1965	21,0	1,8		
66	21,7	1,8		
67	22,1	1,8	22,3	1,9
68	22,0	1,8		
69	21,0	1,8		
1970	21,0	1,8	21,9	1,8
71	20,5	1,7		
72	19,8	1,7		
73	19,0	1,6		
74	19,4	1,6		
1975			21,7	1,8
76			21,7	1,8
77			22,5	1,9
78	18,2	1,5	21,7	1,8
79	17,6	1,5	21,0	1,8
1980	15,4	1,3	18,3	1,5
81	13,2	1,1	15,7	1,3
82			20,1	1,7
83			18,2	1,5
84				
1985	19,2	1,6	19,0[c]	1,6

[a] Arbeitsplatzwechsel in Prozent der jahresdurchschnittlichen Beschäftigung.
[b] Bei Annahme einer durchschnittlichen Dauer der Arbeitslosigkeit von 30 Tagen.
[c] Neueinstellungen dividiert durch totale Beschäftigung.

Quelle: FESHBACH, RAPAWAY (1973), S. 539; MALLE (1987), S. 361: UdSSR; FALLENBUCHL (1982), S. 43; WORLD BANK (1987), S. 153: Polen.

längerer Unterbrechung wieder ins Erwerbsleben eintreten wollen, ehemalige Militärangehörige und Schulabgänger.[42] Durch Auswertung sowjetischer Angaben läßt sich die Zahl dieser Nichterwerbstätigen, die eine zusätzliche Beschäftigung wünschen, auf ca. 3,5 Mio. Personen im Jahre 1985 schätzen; dies entspricht bei einer Gesamtbeschäftigung von 130,5 Mio. Personen einem Anteil von 2,7 Prozent der Beschäftigten.[43] Diese Arbeitslosenzahlen lassen sich auch auf die einzelnen Teilrepubliken aufschlüsseln; dann errechnen sich die in Tabelle II-C.4 angegebenen regionalen Arbeitslosenquoten. Die Tabelle zeigt, daß die Arbeitslosigkeit vor allem in der russischen und in der belorussischen Teilrepublik sowie in den baltischen Teilrepubliken unterdurchschnittlich ist. Hohe regionale Arbeitslosenquoten herrschen dagegen vor allem in den zentralasiatischen Republiken und in Aserbaidjan vor. Offenbar wies die ehemalige Sowjetunion hohe regionale Ungleichgewichte auf, wobei vor allem in den slawischen Teilrepubliken ein Mangel, in den übrigen Landesteilen ein Über-

Tabelle II-C.4: Unregistrierte offene Arbeitslosigkeit in der ehemaligen UdSSR, 1985

Region	Arbeitslose (in Tsd.	Beschäftigte Personen)	Arbeitslose in % der Beschäftigten
Rußland	985	72130	1,3
Baltikum	12	3919	0,3
Ukraine	736	24615	3,0
Moldaurepublik	83	2184	3,8
Belorussland	97	5004	1,9
Zentralasien	1210	16575	7,3
- Usbekistan	533	5922	9,0
- Kasachstan	352	6769	5,2
- Kirgisistan	84	1448	5,8
- Tadschikistan	170	1349	12,6
- Turkmenistan	71	1145	6,2
Transkaukasien	354	6321	5,6
- Georgien	84	2471	3,4
- Aserbaidjan	213	2367	9,0
- Armenien	57	1425	4,0
ehemalige UdSSR	3447	130748	2,6

Quelle: ADIRIM (1989), Tabellen 3 und 4.

---

[42] Vgl. PORKET (1986), S. 45, der schätzt, daß in der ehemaligen UdSSR im Jahre 1980 von ca. 2,7 Mio. Schulabgängern etwa 600 Tsd. Personen keinen weiterführenden Arbeitsplatz finden konnten und deshalb vorübergehend ohne Beschäftigung waren.

[43] Vgl. PORKET (1986), Tabelle 1.

schuß an Arbeitskräften herrschte. Diese Ungleichgewichte waren dadurch bedingt, daß die nicht-slawischen Regionen eine hohe Geburtenrate aufwiesen und eine Emigration in andere Teilrepubliken wegen kultureller Unterschiede und Sprachbarrieren schwierig war. Infolgedessen wurden dort viele Arbeitskräfte von offener Arbeitslosigkeit bedroht. Um sie zu vermeiden, wurde vor allem jungen Leuten oft ein Arbeitsplatz in der kollektivierten Landwirtschaft zugewiesen, selbst wenn sie dort nicht benötigt wurden. Dadurch wurde aber lediglich potentielle offene Arbeitslosigkeit in versteckte Arbeitslosigkeit umgewandelt.

3. Versteckte Arbeitslosigkeit und "soziale Beschäftigung"

Solche Praktiken lassen vermuten, daß die (registrierte und die unregistrierte) externe Arbeitslosigkeit in den sozialistischen Planwirtschaften gering ist und nur einen kleinen Teil der gesamten Arbeitslosigkeit umfaßt. Der größere Teil, die interne Arbeitslosigkeit oder "soziale Beschäftigung", umfaßt Personen, die über ein formales Beschäftigungsverhältnis verfügen und

- zwar während der gesamten nominellen Arbeitszeit tätig sind, jedoch unterhalb ihres Qualifikationsniveaus eingesetzt werden (qualitative interne Arbeitslosigkeit); oder
- zwar entsprechend ihrer Qualifikation eingesetzt werden, jedoch nur während eines Teils ihrer nominellen Arbeitszeit produktiv tätig sind (quantitative interne Arbeitslosigkeit).[44]

Sie bedingt, daß gesamtwirtschaftlich die Produktion bei unverändertem Arbeitskräfteeinsatz sinkt und die Durchschnittsproduktivität der Arbeit abnimmt. Interne Arbeitslosigkeit drückt sich damit in einer durchschnittlichen Arbeitsproduktivität aus, die unter der bei effizientem, vollbeschäftigungskonformem Arbeitseinsatz liegt.

Wie bei der offenen Arbeitslosigkeit läßt sich auch die Existenz der internen Arbeitslosigkeit durch Auswertung der Quellen in den sozialistischen Ländern annähernd belegen. Hier werden der Einsatz von Arbeitskräften unterhalb ihres Qualifikationsniveaus, zu späte Arbeitsaufnahme und vorzeitiges Verlassen des Arbeitsplatzes, verlängerte Pausen, Alkoholmißbrauch sowie häufiges Fehlen der Beschäftigten oftmals beklagt:[45] In der ehemaligen Sowjetunion wurde in

---

[44] Vgl. GUTMANN (1979), S. 135; PORKET (1989), S. 18.

[45] Zum folgenden vgl. PORKET (1989), S. 114 ff. und die dort zitierte Literatur.

1982 ein Drittel der Spezialisten mit höherer Schulausbildung als Produktionsarbeiter eingesetzt; 1984 betrug die Zahl der unter ihrer Qualifikation eingesetzten mehr als eine Million Personen. Die Ausbildung dieser Personen blieb damit faktisch ungenutzt. Der quantitative Teil der Arbeitslosigkeit wird in der ehemaligen Sowjetunion selbst auf 10 bis 15 Prozent der Beschäftigten im Jahre 1976 und auf 15 bis 20 Prozent im Jahre 1980 geschätzt, was bedeutet, daß etwa 13 bis 19 Mio. Arbeitnehmer faktisch ungenutzt blieben. In 1982 erreichten die Gesamtverluste an Arbeitszeit 25 bis 30 Prozent, so daß die Arbeitswoche tatsächlich nur 30 anstelle der gesetzlich vorgeschriebenen 41 Wochenstunden umfaßte. Die hohe quantitative interne Arbeitslosigkeit zeigt sich auch daran, daß sowjetische Betriebe mit höheren Beschäftigtenzahlen als vergleichbare westliche Unternehmen arbeiten; es wird berichtet, daß aus dem westlichen Ausland schlüsselfertig importierte Anlagen wesentlich mehr Personal beschäftigten als in den Erzeugerländern[46]. Diese Ergebnisse werden bestätigt durch mündliche Befragungen von in den Westen emigrierten ehemaligen Sowjetbürgern und von Angehörigen von Betrieben, Behörden und wissenschaftlichen Einrichtungen in der ehemaligen DDR. Von den befragten Emigranten aus der ehemaligen UdSSR haben etwa 75 Prozent den Eindruck, daß die Arbeitsproduktivität in ihren ehemaligen Betrieben rückläufig gewesen ist. Mehr als die Hälfte berichtet, daß die zentralen Pläne auch mit weit weniger Arbeitskräften hätten erfüllt werden können; dabei sprechen allein 11 Prozent der Befragten von einer 50-prozentigen möglichen Einsparung. Beinahe ein Drittel stellt fest, daß Absentismus und Alkoholismus am Arbeitsplatz ein oft beobachtetes Problem sind.[47]

Zu ähnlich negativen Ergebnissen führten auch im Frühjahr 1990 in der ehemaligen DDR durchgeführte Untersuchungen über den Anteil der Beschäftigten, der von den Befragten entweder als aus betriebswirtschaftlichen Gründen für die Erfüllung der Planauflagen nicht erforderlich angesehen wurde (weil er betriebsfremde soziale oder politische Aufgaben zu erfüllen hatte) oder der bei einer verbesserten betrieblichen Organisation oder gesamtwirtschaftlichen Pla-

---

[46] Direkte Angaben über die interne Arbeitslosigkeit in den anderen sozialistischen Ländern lassen sich nur für Polen für das Jahr 1949 machen; dort wird die interne Arbeitslosigkeit auf 20 bis 30 Prozent der Beschäftigten geschätzt. Vgl. FOX (1977), S. 9 und die dort angegebenen Quellen.

[47] Vgl. GREGORY (1987), S. 248 ff. Die Befragung wurde in den Jahren 1983 und 1984 unter etwa 2900 ehemaligen Sowjetbürgern durchgeführt, deren letzte reguläre Beschäftigung in der ehemaligen UdSSR 1978 oder 1979 lag. Zu ähnlichen Ergebnissen gelangt auch eine Befragung von deutschen Aussiedlern aus der ehemaligen UdSSR; vgl. GREGORY, DIETZ (1991), insbesondere S. 541 ff.

nung (wegen dann sinkender Stillstand- und anderer Ausfallzeiten) hätte entlassen werden können. Die Ergebnisse sind in der nachfolgenden Tabelle II-C.5 wiedergegeben und zeigen, daß in der ehemaligen DDR etwa 1,4 Mio. Personen als versteckt arbeitslos gelten, was einer Quote von 15 Prozent der Beschäftigten entspricht.[48] Solche Angaben von Personen, die selbst in planwirt-

Tabelle II-C.5: Versteckte Arbeitslosigkeit in der ehemaligen DDR, 1989

Wirtschafts-bereich	Beschäftigte 1989 in Tsd. Personen	Versteckte Arbeitslosigkeit in % der Beschäftigten	in Tsd. Personen
Land- und Forstwirtschaft	928	20	186
Industrie[a]	3867	18	689
Energie, Brenn-stoffe	245	18	44
Chemie	335	15	50
Metallurgie	130	22	29
Maschinen- und Fahrzeugbau	970	20	195
Elektrotechnik, Elektronik, Ge-rätebau	460	20	92
Leichtindu-strie, Textil- und Nahrungs-mittel	975	15	146
Bauwirtschaft	567	20	113
Handel, Verkehr, Dienstleistung	1835	10	184
Soziale Dienste[b]	1225	12	147
Öffentliche Dienste[c]	558	12	67
Insgesamt	8980	15	1385

[a] Einschließlich produzierendes Handwerk und Lehrlinge.
[b] Bildung, Wissenschaft, Kunst, Kultur, Gesundheit.
[c] Einschließlich Staatssicherheit, Partei, Streitkräfte.

Quelle: VOGLER-LUDWIG (1990), S. 7.

---

[48] Vgl. VOGLER-LUDWIG (1990), insbes. S. 5 ff. Die Untersuchung wurde vom Ifo-Institut in Zusammenarbeit mit dem Berliner Institut für angewandte Wirtschaftsforschung durchgeführt.

schaftlichen Systemen leben und die Verschwendung des knappen Produktionsfaktors Arbeit unmittelbar erfahren haben, belegen eindrucksvoll, daß ein erheblicher Teil der Erwerbstätigen nicht oder nur unvollkommen genutzt wird. Sie machen vergleichsweise exakte Angaben über versteckte Arbeitslosigkeit in sozialistischen Planwirtschaften, dürften jedoch deren volles Ausmaß erheblich unterschätzen, denn die Antworten können durch äußere Einflüsse (wie beispielsweise staatliche "Pressekampagnen") nach unten verzerrt sein, und es kann für einen Respondenten außerordentlich schwer sein, Fragen nach der Leistungsfähigkeit seines Betriebes (beispielsweise nach der Arbeitsproduktivität) zu beantworten, vor allem dann, wenn diese nicht absolut sinkt, sondern lediglich im Zuwachs abnimmt.[49]

Weitere deutliche Hinweise auf die Existenz versteckter Arbeitslosigkeit ergeben sich aus der Analyse makroökonomischer Daten über die Höhe der Faktorproduktivität sozialistischer Planwirtschaften im Vergleich zu westlichen Marktwirtschaften und über deren Entwicklung im Zeitablauf. Da versteckte Arbeitslosigkeit einen Verzicht auf Produktion bei gleichzeitig unveränderter Beschäftigung bedeutet, liegt die durchschnittliche Faktorproduktivität unter ihrem bei effizienter Nutzung der Arbeitskräfte potentiell erreichbaren Wert. Ein Anstieg der versteckten Arbeitslosigkeit schlägt sich zudem in einem abnehmenden Wachstum der Faktorproduktivitäten nieder. Beides zeigt sich damit in einer hohen statischen und dynamischen Ineffizienz sozialistischer Planwirtschaften, mit der diese die ihnen zur Verfügung stehenden Ressourcen zu einem gegebenen Zeitpunkt und im Zeitablauf nutzen.[50] Anzeichen für die statische Ineffizienz sozialistischer Planwirtschaften und damit für die Existenz versteckter Arbeitslosigkeit lassen sich durch Vergleich der dortigen Faktorproduktivitäten mit den Faktorproduktivitäten westlicher Marktwirtschaften ermitteln, weil in marktwirtschaftlichen Systemen interne Arbeitslosigkeit dauerhaft nicht auftreten kann und die durchschnittliche Faktorproduktivität nicht durch

---

[49] Dies räumt auch GREGORY (1987), S. 245, ein.

[50] Statische und dynamische Ineffizienz in der Faktornutzung lassen sich nur schwer einzelnen Produktionsfaktoren zuordnen und werden zumeist an der kombinierten Faktorproduktivität gemessen. Um solche Faktorproduktivitäten ermitteln zu können, müssen die Einsatzmengen von Arbeit und Kapital gewichtet werden, wobei für Studien über westliche Industrieländer als Gewichte die Lohn- und Gewinnquoten gewählt werden können. Diese Vorgehensweise ist für sozialistische Planwirtschaften aber nicht möglich, weil es keine Gewinneinkommen gibt. Deshalb werden in der Literatur "synthetische" Gewichte konstruiert, die zumeist auf den Faktoranteilen in westlichen Ländern beruhen, aber mit großen Ungenauigkeiten verbunden sind. Vgl. BERGSON (1964), S. 341 ff.; GREGORY, STUART (1980), S. 356; BUCK (1982), S. 124 ff.

eine ökonomisch überhöhte Arbeitskräftehortung untertrieben ist.[51] Dieser Vergleich wird jedoch durch den Umstand erschwert, daß sich westliche und östliche Konzepte der volkswirtschaftlichen Gesamtrechnung erheblich unterscheiden und die Produktions- und Faktoreinsatzmengen in einer gemeinsamen Werteinheit gemessen werden müssen.[52] Neben diesen technischen Problemen ist zudem zu berücksichtigen, daß sich die Faktorproduktivitäten westlicher Markt- und östlicher Planwirtschaften im konkreten Fall auch noch infolge anderer Faktoren als versteckte Arbeitslosigkeit unterscheiden können, beispielsweise durch Unterschiede in der Qualität des Faktors Arbeit und der Kapitalausstattung, der Verfügbarkeit natürlicher Ressourcen und der Produktionstechnologie. Selbst wenn man dies berücksichtigt, verbleiben jedoch noch erhebliche Divergenzen in den Faktorproduktivitäten, die vor allem durch Unterschiede in der Nutzung des Produktionsfaktors Arbeit bedingt sein müssen: So betrug die kombinierte Faktorproduktivität in der ehemaligen Sowjetunion im Jahre 1960 etwa nur die Hälfte der amerikanischen und lag erheblich unter der westeuropäischer Industrienationen; ähnlich niedrige Werte ergaben sich auch für die anderen osteuropäischen Planwirtschaften, wobei die Produktivitätsrückstände in der ehemaligen CSFR und der ehemaligen DDR noch gering im Vergleich zu denen in Ungarn und Polen waren.[53] Diese Rückstände haben sich in den Folgejahren kaum verringert und waren auch Mitte der 70er Jahre noch erheblich.[54] Sie sind Indiz für eine beträchtliche versteckte Arbeitslosigkeit unter den Erwerbstätigen.

Der weitere Anstieg dieser ohnehin hohen internen Arbeitslosigkeit in den letzten Jahren zeigt sich in einem sinkenden Wachstum der Faktorproduktivitäten, also in einer niedrigen dynamischen Effizienz sozialistischer Planwirtschaften, und ihren eingeschränkten Fähigkeiten, wirtschaftliches Wachstum durch eine verbesserte (intensivere) Nutzung der vorhandenen Produktionsfaktoren zu erreichen. Obwohl vor allem die ehemalige Sowjetunion seit ihrem Bestehen ein durchaus beachtliches wirtschaftliches Wachstum aufwies, ist dies

---

[51] Vgl. hierzu SIK (1985), S. 207 ff., der schätzt, daß in der CSFR Anfang der 80er Jahre ungefähr 12 bis 15 Prozent der Arbeitskräfte in den produzierenden Bereichen ungenutzt waren.

[52] Zu den Unterschieden zwischen beiden Sozialproduktskonzepten sowie den mit der Bewertung von Güterströmen verbundenen Problemen vgl. u.a. VON DER LIPPE (1973), S. 171 ff.; BUCK (1982), S. 133 ff.; VORTMANN (1985), S. 9 ff.

[53] Vgl. BERGSON (1964), S. 340 ff.; DERS. (1968), S. 26; BERLINER (1964), S. 486; GREGORY (1975), S. 81.

[54] Vgl. BERGSON (1987), S. 345.

- anders als in den westlichen Industrieländern - überwiegend durch eine extensive Nutzung zusätzlicher Produktionsfaktoren und nur zu einem geringen Teil durch eine erhöhte Faktorproduktivität erreicht worden. Seit Anfang der 60er Jahre weist die ehemalige UdSSR, wie alle anderen sozialistischen Planwirtschaften, einen Rückgang im Wirtschaftswachstum auf, der nicht allein durch die Erschöpfung ihrer Ressourcen, sondern vor allem durch das abnehmende Wachstum ihrer Faktorproduktivitäten bedingt ist.[55] Dieser Rückgang im wirtschaftlichen Wachstum wird in einigen Untersuchungen mit den Schwierigkeiten begründet, die sich allmählich erschöpfenden Arbeitskräftereserven durch den sich relativ vergrößernden Kapitalstock zu substituieren. Während der gesamten Nachkriegsperiode ist in der ehemaligen UdSSR und den anderen sozialistischen Planwirtschaften der Kapitalbestand schneller als der Arbeitskräfteeinsatz angestiegen. Solch eine zunehmende Kapitalintensität schlägt sich bei gleichbleibender totaler Faktorproduktivität in einem tendenziell abnehmenden Wirtschaftswachstum nieder, wenn die Produktionsbedingungen durch eine unterhalb von Eins liegende Substitutionselastizität zwischen Arbeit und Kapital gekennzeichnet sind, weil dann die Wachstumsrate des kombinierten Faktoreinsatzes abnimmt. Dabei werden die Produktionsbedingungen der Volkswirtschaft durch folgende Produktionsfunktion beschrieben, die den funktionalen Zusammenhang zwischen Outputvolumen Y und Menge, Art und Nutzungsintensität der eingesetzten Produktionsfaktoren Kapital K und Arbeit N darstellt:

(II-C.1) $Y(t) = A(t) \cdot F[K(t); N(t)]$,

wobei A die totale Faktorproduktivität und t einen Zeitindex bedeuten. Gleichung (II-C.1) läßt sich durch Differentiation nach der Zeit und Division durch Y(t) auch in Form von Wachstumsraten darstellen:

(II-C.2) $g_Y = g_A + [^n K g_K + {}^n N g_N]$,

wobei gY, gA, gK und gN die Veränderungsraten der jeweiligen Größe bezeichnen und die Gewichte $^n K$ und $^n N$ die Produktionselastizitäten der Faktoren Kapital und Arbeit beschreiben. Ist die Substitutionselastizität zwischen Arbeit und Kapital kleiner Eins, dann sinkt die Produktionselastizität $^n K$ im Zeitablauf, während die Produktionselastizität $^n N$ allmählich ansteigt, falls sich die Kapitalintensität der Produktion erhöht oder sich kapitalsparender technischer

---

[55] Zum wirtschaftlichen Wachstum in der ehemaligen UdSSR und den anderen Planwirtschaften im Vergleich zum Wirtschaftswachstum in den westlichen Industrieländern sowie seiner extensiven und intensiven Komponenten vgl. GREGORY, STUART (1980), S. 331 f. und S. 335; BUCK (1982), S. 151.

Fortschritt einstellt. Konsequenz ist, daß in Gleichung (II-C.2) die Gewichte des schneller wachsenden Inputs (K) ab- und die des langsamer wachsenden Inputs (N) zunehmen, so daß die Wachstumsrate des in der eckigen Klammer beschriebenen kombinierten Faktoreinsatzes allmählich abnimmt.[56] Diese Analysen kommen zu dem Ergebnis, daß die Verlangsamung im wirtschaftlichen Wachstum in den von ihnen untersuchten Planwirtschaften vollständig durch solch eine Abnahme im Wachstum des kombinierten Faktoreinsatzes bei konstant bleibendem Produktivitätswachstum begründet ist.[57] Sie implizieren, daß der Rückgang im Wirtschaftswachstum hauptsächlich durch technische Schwierigkeiten bei der Substitution von Arbeit durch Kapital und nicht durch eine wachsende dynamische Ineffizienz der Volkswirtschaft verursacht ist, so daß eine Unterauslastung des Produktionspotentials und damit eine steigende interne Arbeitslosigkeit nicht existieren. Vielmehr deuten sie auf einen Mangel an Arbeitskräften hin, da bei einem höheren Arbeitsangebot die Kapitalintensität nicht gestiegen und die Verlangsamung im Outputwachstum nicht eingetreten wäre.[58] "The whole point is to demonstrate that the declining rate of growth of industrial output may (partially or fully) be the consequence of growing substitution difficulties rather than the result of declining productivity performance per se."[59]

Die Annahme ausschließlich produktionstheoretischer Ursachen für die empirisch feststellbare Produktivitätsverlangsamung nach 1960 wird jedoch durch jüngere empirische Studien nicht bestätigt: Für die ehemalige UdSSR zeigen diese eine nicht signifikant von Eins abweichende Substitutionselastizität, wenn man den Beobachtungszeitraum bis auf die 70er Jahre ausweitet; zu ähnlichen Ergebnissen kommen auch zu anderen Planwirtschaften durchgeführte Untersuchungen.[60] Sie belegen, daß die Dezeleration im wirtschaftlichen Wachstum

---

[56] Zu diesen produktionstheoretischen Zusammenhängen vgl. beispielsweise BROWN, NEUBERGER (1976), S. 297 ff.

[57] Vgl. WEITZMAN (1970), S. 681; DERS. (1983), S. 185 ff.; DESAI (1976), S. 376 f., für die ehemalige UdSSR; RUSEK (1989), S. 310 ff., für die ehemalige CSFR.

[58] So schreibt z.B. WEITZMAN, daß in der ehemaligen UdSSR "... a significant transformation ... from a near labor surplus situation in the 1950s to a position now where labor scarcity is an important fact of economic life" stattgefunden habe. WEITZMAN (1970), S. 682. Und: "In the mature Soviet economy, labor scarcity appears to be a reality." EBENDA, S. 685.

[59] GREGORY, STUART (1980), S. 337.

[60] Vgl. CAMERON (1981), S. 39; DESAI (1985), S. 20, für die ehemalige UdSSR; WHALLEY (1973), S. 539 f.; KEMME (1984), S. 63; KEMME, CRANE (1984), S. 29, für Polen und WHITESELL (1985), S. 237 ff., für die ehemalige CSFR, die ehemalige DDR, Polen und Ungarn.

kaum allein durch Schwierigkeiten bei der Substitution von Arbeit durch Kapital bedingt sein kann, sondern Folge eines erheblichen Rückgangs im Wachstum der Faktorproduktivitäten ist. Solch eine Produktivitätsverlangsamung läßt sich zumindest für die ehemalige UdSSR und für die ehemalige CSFR empirisch nachweisen: Nach diesen Studien wird geschätzt, daß das jährliche Wachstum der Faktorproduktivität in der ehemaligen Sowjetunion von 1,9 Prozent während der 50er Jahre auf 0,1 Prozent während der Periode 1970 bis 1975 gesunken ist. Andere Studien schätzen den Rückgang noch höher ein, und zwar von 1,1 Prozent in der Periode 1961 bis 1965 auf -3,5 Prozent Ende der 70er Jahre. Für die ehemalige CSFR ermitteln sie einen Rückgang im Wachstum der totalen Faktorproduktivität von 1,2 Prozent während der Periode 1961 bis 1975 auf 0,3 Prozent für die Periode 1976 bis 1988.[61] Dieser Rückgang im Wachstum der totalen Faktorproduktivität ist vor allem durch einen abnehmenden Auslastungsgrad der Produktionsfaktoren begründet, der sich für die ehemalige CSFR, die ehemalige DDR, Polen und Ungarn auch empirisch nachweisen läßt.[62] Tabelle II-C.6 gibt den Auslastungsgrad des Produktionspotentials für diese Länder wieder, wobei Beobachtungszeitpunkte, in denen dieser Auslastungsgrad gleich 100 gesetzt wurde, Jahre indizieren, in denen die Volkswirtschaften die über den Beobachtungszeitraum technisch effizienteste Auslastung der Produktionsfaktoren erreicht haben. Diese Jahre bezeichnen Beobachtungszeitpunkte, in denen die Abweichungen des geschätzten Outputs vom tatsächlichen Output am geringsten waren, und unterstellen damit keine vollständige Faktorauslastung, da selbst im "besten Jahr" eine positive Faktorunterauslastung existiert haben mag. In allen anderen Jahren war die Faktorauslastung weniger effizient als in dem ermittelten "Optimaljahr", so daß Differenzen zwischen tatsächlichem und Potentialoutput Indiz für eine Veränderung im Auslastungsgrad der Produktionsfaktoren im Zeitablauf sind.[63] Tabelle

---

[61] Vgl. BERGSON (1983), S. 37; DESAI (1985), S. 14, für die ehemalige UdSSR; KLACEK (1990), Tabelle 2, für die ehemalige CSFR.

[62] Vgl. dazu BRADA (1989), insbes. S. 437 ff.; für die ehemalige UdSSR liegen keine entsprechenden Daten vor.

[63] Schätzungen des Auslastungsgrades des Produktionspotentials beruhen auf dem Versuch, die Entwicklung der totalen Faktorproduktivität einer Volkswirtschaft in eine durch Veränderungen des technischen Fortschritts und eine durch Veränderungen in der Faktornutzung verursachte Komponente zu zerlegen. Solch eine Zerlegung ist jedoch nur möglich, wenn man die in der Vergangenheit erzielte beste Input-Output-Kombination zum Maßstab wählt und schätzt, mit welcher Rate die Volkswirtschaft gewachsen wäre, wenn diese "optimale" Faktornutzung in den Folgejahren beibehalten worden wäre. Abweichungen von diesem so bestimmten Maßstab sind dann Indiz für Veränderungen im Auslastungsgrad der Produktionsfaktoren. Zu Einzelheiten vgl. NISHIMIZU, PAGE (1982), S. 920 ff.

Tabelle II-C.6: Auslastungsgrad des Produktionspotentials in sozialistischen Planwirtschaften, 1960-1985 (in Prozent)

Jahr	CSFR	DDR	Polen	Ungarn
1960	97,64	84,72	100,00	97,94
61	99,74	86,45	99,61	100,00
62	99,06	88,32	99,32	99,61
63	92,53	88,29	95,33	99,61
64	90,24	88,48	99,00	96,44
1965	91,74	91,32	96,53	95,79
66	93,84	92,88	94,37	94,90
67	96,83	94,84	94,04	95,93
68	97,48	97,05	93,50	94,54
69	97,76	100,00	93,62	93,58
1970	99,76	100,00	93,61	95,48
71	99,52	99,44	92,97	97,53
72	99,95	99,12	93,70	97,30
73	100,00	99,17	95,29	97,65
74	100,00	99,31	97,17	99,89
1975	99,69	99,36	99,45	100,00
76	97,73	98,49	100,00	98,11
77	96,53	99,61	97,83	99,72
78	94,77	100,00	95,48	100,00
79	91,86	99,57	100,00	99,46
1980	88,96	99,80	86,77	94,10
81	84,38	98,42	86,72	93,35
82	80,15	95,46	82,03	95,83
83	77,88	94,48	78,62	94,19
84	76,10	92,83	77,70	99,57
1985	74,13	/	76,29	91,60

Quelle: BRADA (1989), S. 43.

II-C.6 zeigt seit Mitte der 70er Jahre einen deutlichen Rückgang im Auslastungsgrad des Produktionspotentials, der besonders dramatisch in der ehemaligen CSFR und in Polen ausgefallen ist, während die ehemalige DDR und Ungarn einen weniger starken Rückgang erfahren haben. Sie macht deutlich, daß vor allem in den beiden zuerst genannten Ländern der Anstieg der versteckten Arbeitslosigkeit erheblich gewesen sein muß. Deren Ausmaß läßt sich jedoch nur insoweit quantifizieren, wie Daten über den Auslastungsgrad des Kapitalstocks vorliegen. Dies ist nur für die ehemalige CSFR bis 1979 der Fall, wo die konjunkturelle Arbeitslosigkeit um etwa 15 Prozentpunkte gegenüber der Mitte der 70er Jahre angestiegen ist.[64]

---

[64] Vgl. BRADA (1989), Tabelle 4, S. 445.

43

Zusammenfassend läßt sich damit feststellen, daß Arbeitslosigkeit, verstanden
als Unterauslastung des Produktionspotentials, sich empirisch in erheblichem
Umfang in den hier untersuchten osteuropäischen Volkswirtschaften nachweisen läßt und damit im Realtyp einer sozialistischen Planwirtschaft eine viel größere Bedeutung hat, als in früheren idealtypischen Planungsmodellen angenommen wurde. Sie tritt allerdings in einer systemspezifischen Erscheinungsform auf und führt nur selten zu einem Verlust des formalen Beschäftigungsverhältnisses, wobei selbst diese interne Arbeitslosigkeit kaum statistisch erfaßt
wird. Der überwiegende Teil der Arbeitslosigkeit wird versteckt und ist mit einer Abnahme der produktiven Tätigkeit der formal weiterhin Beschäftigten verbunden. "Alle Kräfte sind (formal) beschäftigt, doch die Versorgung der Bevölkerung ist schlecht, und die Tätigkeiten der Menschen greifen nicht richtig
ineinander."[65] Dies hat zur Konsequenz, daß die gesamtwirtschaftlichen Kosten der Arbeitslosigkeit nicht von den Verursachern getragen werden, weil sie
sich in einem Rückgang der Güterproduktion ausdrücken und damit
"sozialisiert" werden. Damit wird das Übel der externen Arbeitslosigkeit weniger Menschen durch das andere Übel der Unterversorgung vieler ersetzt. Um
die Ursachen dieser Unterversorgung und der sie begründenden Arbeitslosigkeit herausarbeiten zu können, ist es zunächst erforderlich, sich Kenntnisse
darüber zu verschaffen, welche Formelemente einer Wirtschaftsordnung im
Realtyp der sozialistischen Planwirtschaften realisiert sind, bevor man mit Hilfe
des prozeßtheoretischen Instrumentariums bestimmen kann, wie diese Bedingungen auf die Entscheidungen von staatlichen Betrieben und privaten Haushalten über den Einsatz von Arbeitsleistungen einwirken: "Nur wenn man
weiß, welche reinen Grundformen in einer Wirtschaftsordnung verwirklicht
waren und sind, kann man entscheiden, welche Teile des theoretischen Appa-
rats zum Einsatz gebracht werden müssen."[66]

---

[65] EUCKEN (1952), S. 109; Klammerzusatz vom Verfasser.

[66] EUCKEN (1939), S. 177; im Original hervorgehoben. Diese Forderung nach einer ordnungstheoretischen Fundierung prozeßtheoretischer Erklärungsansätze ist eines der Hauptanliegen des
ordnungstheoretischen Ansatzes von Walter Eucken und K. Paul Hensel, die deutlich machen, daß
das gesamte Wirtschaften durch die Beschaffenheit der Wirtschaftsordnung beeinflußt wird. Vgl.
dazu EBENDA, insbesondere S. 162 ff.; HENSEL (1972), S. 15 f., und - zur Neuformulierung
dieser Forderung - THIEME (1987), S. 137 ff.

III. Der Arbeitsmarkt in sozialistischen Planwirtschaften

Die Bedingungen, unter denen wirtschaftliche Entscheidungen über Aufkommen und Verwendung von Arbeitsleistungen getroffen werden, hängen stets und überall von dem durch formelle oder informelle Regeln bestimmten Ordnungsrahmen ab, der die Handlungs- und Entscheidungsspielräume der wirtschaftenden Einheiten festlegt. Dieser Ordnungsrahmen ergibt sich zu großen Teilen aus den in Verfassung, Gesetzen und Rechtsverordnungen kodifizierten Regeln der Wirtschaftsverfassung, ist aber mit diesen nicht deckungsgleich.[1] Er wird auch bestimmt durch die in Sitten und Gebräuchen erfaßten informellen Regeln; darüber hinaus hängt das tatsächliche Ordnungsgefüge einer Wirtschaft davon ab, ob und inwieweit es der Exekutive gelingt, die Einhaltung des formellen Ordnungsrahmens zu kontrollieren. Ist dies nur unzureichend der Fall, weicht das tatsächliche Ordnungsgefüge von der formellen Wirtschaftsverfassung ab und es wird schwierig zu bestimmen, unter welchen ordnungspolitischen Bedingungen das Wirtschaften tatsächlich erfolgt. Dieses Problem war gerade für sozialistische Planwirtschaften von großer Bedeutung, weil hier vieles im Verborgenen und außerhalb der Legalität ablief. Dennoch ist die Nachrichtenlage nicht so schlecht, daß keine Aussagen über das tatsächliche Ordnungsgefüge möglich wären. Diese Informationen sollen nachfolgend genutzt werden, um die für den Ablauf der Arbeitsprozesse wesentlichen Teile des Ordnungsrahmens sozialistischer Planwirtschaften herauszuarbeiten. Dazu ist es zweckmäßig, zunächst von den formellen Regeln auszugehen, die in der Wirtschaftsverfassung kodifiziert waren und die Planung und Bilanzierung des Arbeitskräfteeinsatzes betrafen, um dann anschließend die mit der Aufstellung und Durchführung zentraler Arbeitskräfteeinsatzpläne verbundenen Probleme und die Bedeutung materieller Anreize in den hier betrachteten sozialistischen Planwirtschaften darzustellen.

A. Zentrale Planung und Bilanzierung des Arbeitskräfteeinsatzes

Sozialistische Planwirtschaften waren streng hierarchisch organisiert, mit dem Politbüro als oberster und den staatlichen Betrieben als unterster Leitungsinstanz. Verantwortlich für die gesamtwirtschaftliche Planung und Koordination war die zentrale Plankommission. Sie erarbeitete auf der Basis der von den obersten politischen Entscheidungsträgern vorgegebenen Produktionsziele (i.d.R. in Form anzustrebender Wachstumsraten politisch präferierter Güter-

---

[1] Zu den Begriffen Wirtschaftsordnung und Wirtschaftsverfassung vgl. THIEME (1980b), S. 10 ff.

gruppen) und ausgehend von Erfahrungswerten den ersten Entwurf des volkswirtschaftlichen Jahresplans, der über die verschiedenen Ministerien und mittleren Leitungsinstanzen (in der ehemaligen DDR waren das die Kombinate,
Vereinigungen Volkseigener Betriebe und die Bezirksverwaltungsorgane) bis
hin zu den Betrieben aufgeschlüsselt wurde.[2] Die Betriebe erhielten damit erste
Planauflagen für den Arbeitskräfteeinsatz und das Produktionsprogramm und
waren verpflichtet, mit ihren Beschäftigten auf der Basis dieser Daten Arbeitsverträge abzuschließen. Hierauf aufbauend erarbeiteten sie dann eigene
Planentwürfe, die sie gegenüber ihren übergeordneten Instanzen zu verteidigen
hatten. Sofern diese Planentwürfe als Grundlage für die weitere Arbeit anerkannt wurden, waren sie an höhere Leitungsinstanzen bis hin zur zentralen
Plankommission weiterzuleiten. Diese aggregierte die verschiedenen Pläne und
legte den so entstandenen gesamtwirtschaftlichen Arbeitskräfteeinsatzplan den
politischen Entscheidungsträgern zur Beschlußfassung vor. Nachdem dieser (als
Teil des Volkswirtschaftsplans) als Gesetz verabschiedet worden war, erfolgte
ein erneuter Prozeß der Planaufschlüsselung bis hin zu den Betrieben, die dann
endgültige, rechtsverbindliche Planauflagen in Form von Kennziffern erhielten.[3]

Die Abstimmung der ökonomischen Aktivitäten zu einem gesamtwirtschaftlich
konsistenten Plansystem erfolgte mit Hilfe des Bilanzmechanismus, dessen Ent-
scheidungsregeln dem in der Theorie der Zentralverwaltungswirtschaft dargestellten Planmechanismus stark ähneln. Dabei wurden in Bedarfsbilanzen für
einzelne Gütergruppen Aufkommen und Verwendung gegenübergestellt und
entstehende Salden in einem iterativen Prozeß beseitigt. Zu diesen zu planenden
Gütern zählte vor allem der Produktionsfaktor Arbeit, für den in jedem Planbe-
reich und für jede Berufsgruppe Verwendungspläne aufzustellen waren. Auf
der Aufkommensseite dieser Pläne erschienen die zu Beginn der Planperiode
voraussichtlich beschäftigten Arbeitskräfte, während auf der Verwendungsseite
die für die Durchführung der Produktionsaufgaben erforderlichen Arbeitskräfte
einzutragen waren. Die sich ergebenden Salden mußten an eine zentrale Stelle

---

[2] Die nachfolgende Darstellung erfolgt primär vor dem Hintergrund der ehemaligen DDR und vernachlässigt längerfristige (über fünf oder sieben Jahre laufende) Perspektivpläne, denen erfah-
rungsgemäß allenfalls eine indikative Funktion zukommt. Theoretisch müßten zwar die Jahrespläne
aus den Vorgaben der Perspektivpläne ableitbar sein, in der Realität war dies jedoch kaum der Fall,
so daß zwischen beiden nur ein geringer Zusammenhang bestand. Vgl. GREGORY, STUART
(1980), S. 205 f., und die dort zitierte Literatur.

[3] Zu dem hier dargestellten Planungsprozeß vgl. u.a. LEIPOLD (1976), S. 199 ff.; KNAUFF (1977),
S. 72 ff.; NOVE (1977), S. 17 ff.; THIEME (1980b), S. 31 ff.; GREGORY, STUART (1980), S.
166 f.; AUTORENKOLLEKTIV (1989), S. 462 ff.

für die Vermittlung von Arbeitskräften innerhalb der Wirtschaftszweige und Regionen gemeldet werden, die ihrerseits entsprechende Pläne aufzustellen hatte. Die Aufkommensseite ihrer Arbeitseinsatzpläne setzte sich aus den Aufkommenssalden, ihre Verwendungsseite aus den Verwendungssalden der Pläne der einzelnen Produktionsbereiche zusammen. Die Salden in den Arbeitseinsatzplänen der zentralen Stelle zeigten dann die gesamtwirtschaftliche Knappheit des Faktors Arbeit insgesamt und für einzelne Berufsgruppen an. Ein hier (oder bei den anderen Engpaßgütern) entstehender Bedarfsüberschuß mußte dann entweder von der Aufkommens- oder der Verwendungsseite her zu decken versucht werden, wobei die ultima ratio aller möglichen Maßnahmen zur Beseitigung der Fehlmengen die Beschränkung der zur Verwirklichung vorgesehenen Ziele darstellte. Zu diesem Zweck mußten die an den Gütern höchster Ordnung sichtbaren Knappheiten durch Anwendung der technischen Koeffizienten auf die Güter erster Ordnung übertragen werden. Hiernach konnte entschieden werden, welche Nutzen entgingen, wenn man die Arbeitsmengen aus verschiedenen Verwendungen herauszog. Dasjenige Ziel, bei dem die Grenzeinheit Arbeit den geringsten Nutzen stiftete, mußte von der Verwirklichung ausgeschlossen werden. Diese Planauslese war solange fortzusetzen, bis die Grenznutzen der Arbeit in allen Verwendungsrichtungen ausgeglichen waren und die Fehlmenge im zentralen Arbeitseinsatzplan verschwunden war. Dann lag ein in sich geschlossener Planzusammenhang vor, und alle Bedarfsmengen konnten mit den verfügbaren Arbeitskräften (und anderen Gütern letzter Ordnung) produziert werden.

Inhaltlich stellten sich an die Planung des Arbeitskräfteeinsatzes insofern zwei Aufgaben:[4] Zunächst hatte sie für die Planperiode die Entwicklung der Zahl der Berufstätigen und damit des Arbeitskräfteaufkommens für die Volkswirtschaft insgesamt, sowie dessen regionale, sektorale und berufsspezifische Verteilung zu prognostizieren ("Funktion der Ressourcenermittlung"). Dies geschah in der ehemaligen DDR mit Hilfe der "Bilanz der Bevölkerung, der Beschäftigten und der Arbeitskräfteressourcen" (kurz: "Bevölkerungsbilanz"). Darin wurde auf Grundlage demographischer Prognosen die natürliche Veränderung der Gesamtbevölkerung sowie deren Aufteilung nach Altersklassen geschätzt. Aus der hieraus folgenden Prognose der Zahl der Personen im erwerbsfähigen Alter ergab sich nach Addition der Zahl der arbeitenden Altersrentner und nach Abzug der nichtarbeitsfähigen Invaliden- und Vollrentenempfänger im arbeitsfähigen Alter die arbeitsfähige Wohnbevölkerung. Hiervon

---

[4] Vgl. hierzu und zum folgenden AUTORENKOLLEKTIV (1982), S. 48 ff.; AUTORENKOLLEKTIV (1987), S. 31 ff. und S. 55 ff.; AUTORENKOLLEKTIV (1989), S. 150 ff.

wurde zum Abzug gebracht die Zahl der Lernenden, d.h. der Schüler der Klassen 9 bis 12, der Lehrlinge und der Studierenden und die prognostizierte Zahl der Nichtberufstätigen, woraus sich eine Schätzung der zu erwartenden Zahl an Berufstätigen ergab.[5]

Dem so geplanten Aufkommen wurde der Arbeitskräftebedarf der sozialistischen Wirtschaft gegenübergestellt. Die Anzahl der benötigten Arbeitskräfte in den produzierenden Bereichen ergab sich aus den für die Planperiode festgelegten Produktionsaufgaben und der von den Planungsinstanzen als möglich angesehenen Steigerung der Arbeitsproduktivität (verstanden als Nettoprodukt je Beschäftigtem). In der ehemaligen DDR wurde der potentielle Zuwachs der Arbeitsproduktivität mit Hilfe einer Überschlagsrechnung ermittelt, in der jene Komponenten erfaßt wurden, die nach Ansicht der Planer wesentliche Aussagen über die Arbeitsproduktivitätsentwicklung gaben. Als solche galten:[6]

- Der Anteil der Produktionsarbeiter an den Beschäftigten insgesamt;

- die gesetzlich festgelegte nominelle Arbeitszeit je Produktionsarbeiter;

- die tatsächlich geleistete Arbeitszeit des Produktionspersonals relativ zur nominellen Arbeitszeit und damit die Höhe der durch Krankheit, Urlaub, sonstiges Fehlen, Warte- und Stillstandzeiten und andere Gründe bedingten Ausfallzeiten; und

- die Nettoproduktion je tatsächlich geleisteter Arbeitsstunde des Produktionspersonals.

Der notwendige Arbeitskräftebedarf konnte dann mittels Division des von den Planern vorgegebenen Produktionsvolumens durch die so ermittelte Arbeitsproduktivität bestimmt werden.[7]

Arbeitskräfteaufkommen und -bedarf wurden innerhalb eines iterativen Prozesses zum Ausgleich gebracht, dessen Ablauf im Flußdiagramm der Übersicht

---

[5] Das Aufkommen an Schülern und an Studierenden und ihre Verteilung auf die Bildungswege wurden in eigenen Bilanzen ("Jugendlichen- und Absolventenbilanzen") geplant und aus diesen in die Bevölkerungsbilanz übernommen.

[6] Vgl. insbes. AUTORENKOLLEKTIV (1987), S. 75 ff.

[7] In den nichtproduzierenden Bereichen erfolgte die Ermittlung des Arbeitskräftebedarfs durch Anwendung von Arbeitskräftennormativen, die beispielsweise die Zahl des notwendigen Personals pro Krankenhausbett, Kindergartenplatz usw. vorgaben.

48

III-A.1 skizziert ist.[8] In der Anfangsphase der Ausarbeitung des Planansatzes wurde von der staatlichen Plankommission ein Vorschlag über die Entwicklung des Nationaleinkommens erarbeitet, der von den politischen Zielvorgaben und den Erfahrungen der vorangegangenen Jahre ausging. Aus der projektierten Entwicklung des Nationaleinkommens folgte die erforderliche Steigerung des gesellschaftlichen Gesamtprodukts und der damit verbundenen Produktionsaufgaben. In dieser Stufe des Planungsprozesses wurden dann die zur Erfüllung der Produktionsaufgaben erforderliche Steigerung der Arbeitsproduktivität und die benötigte Anzahl der Arbeitskräfte festgelegt. Reichte die vorhandene, aus der Arbeitskräfteaufkommensplanung übernommene Zahl an Beschäftigten zur Produktion nach Zweigen aus, und genügte die geplante Steigerung der Arbeitsproduktivität zur Erfüllung der Produktionsauflagen, wurden die projektierten Werte für den Zuwachs der Arbeitsproduktivität und der Arbeitskräfteeinsatz zusammen mit der beabsichtigten Produktion in den Planansatz aufgenommen. Deckten dagegen die vorhandenen Arbeitskräfte den aus der Produktionsplanung abgeleiteten Bedarf nicht oder reichte die festgelegte Steigerung der Arbeitsproduktivität für die Erhöhung der Produktion nicht aus, wurde versucht, entweder durch sektorale und regionale Umverteilung der Arbeitskräfte oder durch Erschließung von Arbeitskräftereserven neue Arbeitskräfte zu gewinnen oder durch veränderten Kapitaleinsatz und verbesserte Arbeitszeitnutzung die Arbeitsproduktivität weiter zu steigern. Genügten auch diese Maßnahmen nicht, wurde der Planansatz für das Gesamtprodukt nach unten revidiert und in einer neuen Planungsrunde versucht, Arbeitskräfteaufkommen und -bedarf in Übereinstimmung zu bringen. Gleichzeitig mit der Revision des Produktionsplanes wurden dann die Planansätze für das Nationaleinkommen und dadurch bedingt auch für die Konsum- und Investitionsgüterproduktion angepaßt.

Durch diesen Planmechanismus konnten ein Ausgleich von Arbeitskräfteaufkommen und -verwendung sowie eine effiziente Nutzung des Faktors Arbeit jedoch nur erreicht werden, sofern die Planvorbereitung auf korrekten Informationen über den zu erwartenden Arbeitskräftebedarf der Betriebe beruhte und von staatlichen Betrieben und privaten Haushalten auch wie vorgesehen durchgeführt wurden. Planvorbreitung und -durchführung waren jedoch der Planaufstellung zeitlich vor- und nachgelagerte Prozesse, an denen nicht - wie bei der Planaufstellung - nur die wenigen, in der Zentralverwaltung tätigen Planer, sondern alle in der Volkswirtschaft tätigen Menschen beteiligt waren. Ob eine

---

[8] Zur Übersicht und den nachfolgenden Ausführungen vgl. AUTORENKOLLEKTIV (1987), S. 67 ff.

Übersicht III-A.1: Arbeitskräfteeinsatzplanung in sozialistischen Planwirtschaften

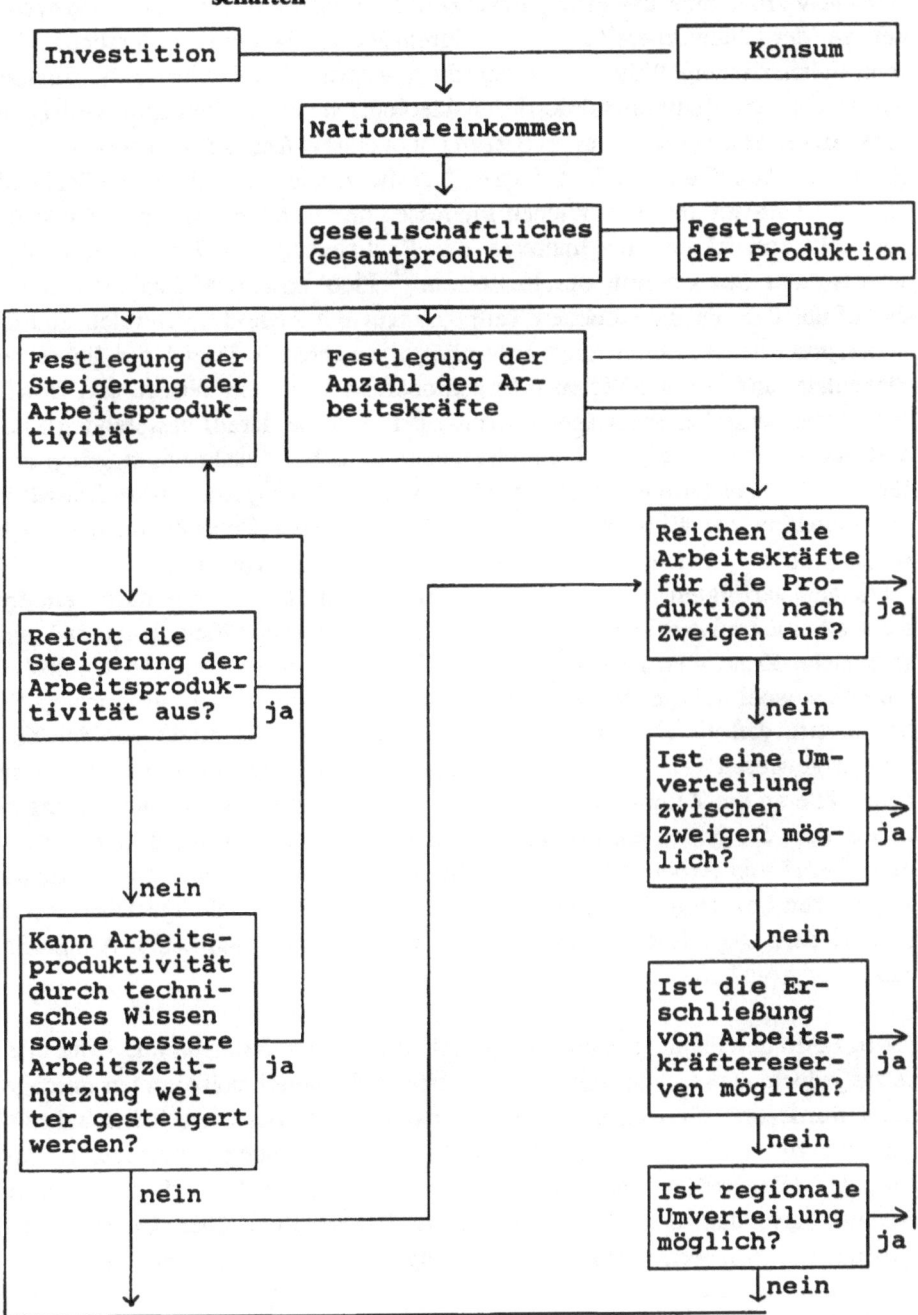

Quelle: AUTORENKOLLEKTIV (1987), S. 68.

vollständige Nutzung der Arbeitskräfte im Sinne der zentralen Planziele erreicht wurde, hing davon ab, inwieweit die einzelwirtschaftlichen Interessen der an der Planvorbereitung und -durchführung beteiligten Personen dem zentralplanerischen Willen untergeordnet waren. Solch eine Subordination wurde von der Zentralbehörde durch ideologische und administrativ-dirigistische Maßnahmen sowie durch Setzung monetärer Anreize zu erreichen versucht, die darauf ausgerichtet waren, "... die Einheit zwischen gesellschaftlichen, kollektiven und persönlichen Interessen herzustellen und die geplante Arbeitskräfteentwicklung im Interesse der Realisierung der Einheit von Wirtschafts- und Sozialpolitik durchzusetzen."[9] Ideologische Maßnahmen zielten darauf ab, daß die individuellen Teilplanträger die Ziele der zentralen Leitung widerspruchslos zu ihrem eigenen Anliegen machten, während der Phase der Planaufstellung alle benötigten Informationen nach bestem Wissen und Gewissen an die zentralen Planträger übermittelten und die darauf basierenden Planauflagen in der Phase der Planimplementation auch so exakt wie möglich ausführten. Da aber (durch Erziehung oder staatliche Propaganda) diese freiwillige Subordination der Einzelwillen unter den Willen der Zentrale nicht erreicht werden konnte und staatliche Betriebe und private Haushalte eigene Zielsetzungen verfolgten, wurde zunächst versucht, diese Aufgabe durch ein System administrativ-dirigistischer Methoden der Arbeitskräftelenkung und umfangreiche Kontrollen zu lösen. Solche direkten Anweisungen und Kontrollen wurden sowohl auf die Betriebe als auch auf die Arbeitnehmer ausgerichtet. Sie bedeuteten, daß die Betriebe alle benötigten Arbeitskräfte direkt von der Zentrale zugewiesen erhielten und gezwungen waren, nicht mehr benötigte Arbeitskräfte an die Zentrale zu melden und in deren allokative Verantwortung zu überstellen. Sie hatten darüber hinaus zur Konsequenz, daß die privaten Haushalte Beruf und Arbeitsplatz nicht mehr frei wählen konnten, sondern zentral zugewiesen bekamen. Letztlich implizierten sie eine vollständige Übertragung militärischer Organisationsprinzipien auf den volkswirtschaftlichen Arbeitseinsatz.

Diese Form der Planimplementation durch direkte Anweisungen und Kontrollen setzte jedoch voraus, daß der Wirtschaftsprozeß natural vollkommen durchgeplant wurde und für jede an der Planverwirklichung beteiligte Wirtschaftseinheit und für jedes wirtschaftliche Gut eindeutig festgelegte Verbrauchs- und Produktionskennziffern formuliert wurden. Bezogen auf den Arbeitseinsatz bedeutete dies, daß den Betrieben genaue Vorschriften über Quantität und Qualität der einzusetzenden Arbeitsleistungen, über die Entwicklung der Ar-

---

[9] AUTORENKOLLEKTIV (1987), S. 45.

beitsproduktivität usw. vorgegeben wurden. Auf der anderen Seite mußten auch für die Arbeitnehmer der Umfang und die regionale sowie zeitliche Verteilung des Arbeitseinsatzes genau festgelegt und überwacht werden. Dies erforderte einen umfangreichen Planungs- und Kontrollapparat, wenn die Plandurchführung mittels solcher direktiv-administrativer Methoden sichergestellt werden sollte, was in der Realität auf erhebliche Probleme stieß.

B. Probleme der Durchführung zentraler Arbeitskräfteeinsatzpläne

Obwohl die betrachteten sozialistischen Planwirtschaften über eine umfangreiche Planungs- und Kontrollbürokratie verfügten, konnte in der Realität eine vollständige Lenkung des Produktionsfaktors Arbeit mit ausschließlich administrativ-dirigistischen Instrumenten nicht gelingen. Solch eine direkte Lenkung erforderte, daß der gesamtwirtschaftliche Knappheitsgrad jeder Arbeitskategorie ermittelt wurde, was jedoch nur möglich war, wenn der gesamte Wirtschaftsprozeß natural vollständig durchgeplant wurde und so viele Planbilanzen aufgestellt wurden, wie es Beschäftigungsgruppen gab.[10] In der Realität war die Planzentrale hierzu vor allem wegen des dazu erforderlichen umfangreichen, periodisch wiederkehrenden Informationsbedarfs nicht imstande. Deshalb wurden in allen Planwirtschaften zentral nur aggregierte Arbeitskräfteeinsatzbilanzen für einzelne Sektoren oder Regionen aufgestellt. Die sich durch Vergleich von Aufkommen und Verwendung solcher aggregierten Gruppen ergebenden Knappheitsindikatoren waren deshalb nicht exakt, so daß von der Planbehörde auch keine genauen Anweisungen bezüglich des Faktoreinsatzes gegeben werden konnten. Darüber hinaus verfügte die zentrale Planbehörde kaum über hinreichende Zwangsmittel, um ihren politischen Willen über alle Ebenen der Lenkungsorganisation durchzusetzen und dessen Einhaltung genau zu überwachen. Damit besaßen staatliche Betriebe und private Haushalte aber einzelwirtschaftliche Entscheidungsspielräume, durch die sie ihre eigenen Ziele durchsetzen und die Ausführung der zentralen Arbeitskräfteeinsatzpläne gefährden konnten.

1. Entscheidungsspielräume der staatlichen Betriebe

Der Logik der zentralen Planung entsprechend erhielten die Betriebe von den Planungsbehörden genaue Vorschriften über die Zahl der einzusetzenden Arbeitskräfte; diese Vorschriften sollten die Möglichkeiten der Betriebsleitung beschränken, während der Plandurchführung Einfluß auf die Gesamtzahl der Be-

---

[10] Vgl. HENSEL (1954), S. 115 ff.; GUTMANN (1965), S. 13 ff.

schäftigten sowie auf deren Zusammensetzung zu nehmen. Die Produktionspläne enthielten einen Abschnitt, in dem der geplante Arbeitseinsatz sehr detailliert festgelegt wurde. Er bestimmte eine Obergrenze für die zu beschäftigenden Arbeitnehmer sowie die Aufteilung in einzelne Berufssparten und Lohngruppen. Sobald der Plan verabschiedet war, durften die Betriebe nicht mehr als die planmäßig spezifizierten Arbeitskräfte beschäftigen. Sie mußten vielmehr bei der Einstellung weiterer Beschäftigter eine Genehmigung bei ihren Leitungsorganen einholen, die ihre Zustimmung nur dann geben durften, wenn dadurch die eingeräumten Quoten nicht überschritten wurden. Formal waren den Betrieben damit enge Grenzen hinsichtlich ihrer Arbeitskräftepolitik gesetzt.[11]

Faktisch schränkten solche Beschäftigtenplafonds den Arbeitskräftebedarf der Betriebe jedoch niemals bindend ein, weil diese schon während der Planaufstellungsphase durch eine gezielte Fehlinformationspolitik Einfluß auf die Höhe dieser Quote nehmen konnten.[12] Die Festlegung solcher Höchstgrenzen stellte nämlich für die Planzentrale ein schwieriges Problem dar, vor allem wenn der Betrieb über ein breit ausgefächertes Produktionsprogramm verfügte. Bei Produktionsarbeitern hing die Zahl der benötigten Arbeitskräfte ab von den vorgegebenen Produktionsmengen, der Arbeitsintensität der Produkte und der durchschnittlich verfügbaren Arbeitszeit pro Arbeitnehmer (abzüglich erwarteter Krankheits-, Stillstand- und sonstiger Ausfallzeiten). Der Kern des Problems bestand vor allem in der Ermittlung korrekter Normen für die Arbeitsintensität der verschiedenen Produkte, da der Produktmix oftmals noch während der Planperiode verändert wurde und die Betriebe wegen der Unvollkommenheit der naturalen Planung erhebliche Entscheidungsspielräume darüber verfügten, welche Produkte sie in welcher Qualität produzierten. Noch schwieriger war es, die Quote für das technische und in der Verwaltung tätige Personal zentral festzulegen. Diese Aufgaben konnten wegen unzureichender Informationen niemals von der Planbehörde allein gelöst werden, die allenfalls Richtlinien zur Berechnung der zulässigen Arbeitsintensität der Produkte vorzugeben imstande war. Letztlich mußten die Beschäftigtenplafonds auf Informationen

---

[11] Vgl. für die ehemalige Sowjetunion BERGSON (1964), S. 100 f.; BERLINER (1976), S. 156 f.; GREGORY, STUART (1980), S. 226 f.; für die ehemalige DDR vgl. GRANICK (1975), S. 186.

[12] In der ehemaligen Sowjetunion wurden solche Beschäftigtenplafonds deshalb seit dem Jahre 1965 für die meisten Betriebe suspendiert, allerdings ab 1980 wieder eingeführt; vgl. GRANICK (1987), S. 50.

beruhen, die von den Betrieben selbst stammten und von diesen im eigenen Interesse manipuliert werden konnten.[13]

Dieses betriebliche Interesse war darauf ausgerichtet, die persönlichen Einkommen der Betriebsangehörigen zu maximieren, deren Höhe jedoch nicht nur von der tatsächlich erbrachten Leistung, sondern auch von den im Produktionsplan genannten Vorgaben abhing: Sie erhielten Prämien in Abhängigkeit von der erreichten Plan(über)erfüllung. Deshalb strebten die Betriebe danach, bei der Planaufstellung und -verteidigung möglichst "weiche", die tatsächlichen Leistungsmöglichkeiten nicht vollständig ausschöpfende Planauflagen vorgegeben zu bekommen, d.h. sie versuchten, auf der Inputseite "stille Reserven" zu bilden, auf die sie im Bedarfsfall zurückgreifen konnten, um die zentralen Planaufgaben zu erfüllen. Daher versuchten sie bei der Planvorbereitung durch gezielte Fehlinformationspolitik, einen höheren als tatsächlich notwendigen Arbeitskräftebedarf durchzusetzen und nicht benötigte Arbeitskräfte zu horten.[14]

Den Betrieben standen dabei verschiedene Möglichkeiten zur Verfügung, durch solche Fehlinformationen bei den Planbehörden einen überhöhten Arbeitskräftebedarf durchzusetzen: Sie konnten die Arbeitsintensität ihres Produktionsprogramms und den durch Krankheits- und Stillstandzeiten zu erwartenden Arbeitsausfall bewußt übertreiben und solche Arbeitsvorgänge "kreieren", für die der Produktionsplan die Einstellung zusätzlicher Arbeitskräfte vorsah.[15] Dabei befanden sie sich in einer starken Verhandlungsposition gegenüber der Planbehörde, wenn sie darauf bestanden, ohne Einstellung zusätzlicher Arbeitskräfte die vorgegebenen Produktionspläne nicht erfüllen zu können: Die Planer sahen sich damit vor die Wahl gestellt, entweder die Produktionspläne verringern zu müssen oder die Arbeitskräftezuteilung zu erhöhen und wählten immer dann die zweite Alternative, wenn durch einen Produktionsrückgang die Planer-

---

[13] Vgl. ADAM (1979), S. 44 f. Dabei waren die Betriebsleiter selbst wiederum auf Informationen ihrer Beschäftigten angewiesen, die ihrerseits kein Interesse hatten, angespannte Arbeitsnormen vorgegeben zu bekommen, weil das ihre persönlichen Einkommen gemindert oder die physische Belastung erhöht hätte.

[14] Zur Praxis "weicher Pläne" in sozialistischen Planwirtschaften vgl. u.a. GRANICK (1954), S. 72 f.; BERLINER (1957), S. 75 ff.; DERS. (1976), S. 42; FEIWEL (1965), S. 216 f.; GUTMANN (1965), S. 34 und S. 165; KNAUFF (1977), S. 98 f.; THIEME (1980b), S. 37.

[15] "In drafting the labor plan ... if a certain job is defined as 'current repairs', it has to be carried out by the existing labor force, but if it is defined as a 'capital repair', then the plan may provide for extra funds and extra labor. Hence there is a tendency to reclassify repair jobs, where possible, as 'capital repairs'." BERLINER (1957), S. 179.

füllung anderer Betriebe gefährdet war.[16] Solche Praktiken fanden trotz des weit ausgebauten Kontrollapparates statt, der jedoch das betriebliche Verhalten kaum wirksam beschränken konnte: Auf den mittleren Leitungsebenen angesiedelte Kontrollinstanzen, wie die Branchenministerien, konnten trotz der ihnen zur Verfügung stehenden Ressourcen nicht in der Lage sein, den Einfallsreichtum der Betriebsleiter bei der Verschleierung gehorteter Ressourcen aufzudekken. Kontrollorgane, die im Betrieb selbst angesiedelt waren, wie beispielsweise das betriebliche Parteisekretariat, erfüllten ihre Funktionen nur unvollständig, weil auch ihr persönlicher Erfolg von der Planerfüllung der Betriebe abhing, die sie zu kontrollieren beauftragt waren. Da auch ihr Einkommen nur bei regelmäßiger Planerfüllung des Betriebs gesichert war, gingen sie oft eine "heimliche Komplizenschaft" mit den Betriebsleitern ein und übersahen vor allem solche Fehlentwicklungen, die zwar dem Geist, nicht aber den Buchstaben des Produktionsplans widersprachen.

Diese Möglichkeiten der Betriebe, durch gezielte Fehlinformationen schon in der Planvorbereitungsphase einen planmäßig überhöhten Arbeitskräftebedarf zu realisieren, wurden ergänzt durch die Unfähigkeit der Planbehörde, eine außerplanmäßige Überschreitung des Beschäftigtenplafonds zu sanktionieren. Solche Überschreitungen wurden von den Planbehörden zumeist als zulässig anerkannt, wenn sie mit einer Übererfüllung der Outputpläne einhergingen.[17] Planübererfüllungen waren den Betrieben jedoch leicht möglich, da auch die Produktionspläne "weich" waren und die Betriebe durch Änderung ihres Produktionsprogramms in Richtung auf weniger arbeitsintensive Produkte oder durch qualitative Verschlechterungen ihren mengenmäßigen Output erhöhen konnten. Darüber hinaus wurden außerplanmäßige Erhöhungen der Beschäftigtenzahlen von der Planbehörde auch dann toleriert, wenn sie nicht mit einer Übererfüllung des Produktionsplans verbunden waren.[18]

Die geringe Bedeutung der in den Jahresplänen integrierten Obergrenzen für die betriebliche Arbeitskräftenachfrage wird deutlich durch Tabelle III-B.1, die

---

[16] Vgl. ADAM (1979), S. 25.

[17] Vgl. SCHROEDER (1965), S. 66 f.; ADAM (1984), S. 66 f.

[18] Anfang der 80er Jahre überschritten etwa 20 Prozent aller Industriebetriebe in der ehemaligen UdSSR ihre Beschäftigtenlimits erheblich. Von diesen Betrieben wurde jedoch nur ein geringer Teil von der zuständigen Staatsbank mit Sanktionen belegt. Diese Betriebe verloren lediglich 1 Prozent ihrer Lohnfonds, und Prämienkürzungen für das Management waren völlig unerheblich. Vgl. GRANICK (1987), S. 52.

für die hier betrachteten sozialistischen Planwirtschaften den jahresdurch-
schnittlichen Beschäftigungsanstieg im Vergleich zu den Planwerten wiedergibt.
Sie zeigt, daß in allen Ländern die tatsächliche Beschäftigungszunahme den im
Plan festgelegten Anstieg zum Teil erheblich überschritten hat. Wenngleich
diese Plandaten auf den Fünfjahresplänen beruhen, die in keinem unmittelbaren
Zusammenhang zu den Jahresplänen stehen, sind sie doch Indiz dafür, daß die
Planvorgaben von den Betrieben systematisch überschritten wurden.[19]

Tabelle III-B.1: Tatsächlicher und geplanter Beschäftigungsanstieg in sozialistischen Planwirtschaften (jährliche Wachstumsraten in Prozent)

Land	Periode	Industrie		staatlicher Sektor	
		Plan	Ist	Plan	Ist
CSFR	1949-55	1,4	4,1	2,7	5,9
	1956-60	1,7	3,4	1,6	2,5
	1961-65	1,4	1,9	1,7	2,6
	1966-70	0,8	1,0	/	/
	1971-75	0,5	0,7	0,2	0,9
DDR	1951-55	3,5	5,2	2,5	4,1
	1956-60	0,6	0,2	/	/
	1961-65	0,6	-0,2	-1,2	0,7
	1966-70	/	0,7	/	/
	1971-75	-0,2	0,4	0,0	2,6
Polen	1951-55	8,7	8,3	8,0	8,3
	1956-60	4,2	2,1	3,7	1,7
	1961-65	1,7	4,1	2,3	3,2
	1966-70	2,5	3,3	3,3	3,1
	1971-75	2,5	3,0	3,0	3,5
Ungarn	1951-55	8,5	9,2	/	/
	1956-60	1,7	3,2	/	3,0
	1961-65	2,5	2,3	4,2	3,0
	1966-70	1,4	2,6	/	/
	1971-75	1,5	0,2	0,9	/
UdSSR	1951-55	2,5	4,2	2,8	4,6
	1956-60	1,9	5,1	/	5,1
	1961-65	2,9	4,5	2,9	4,6
	1966-70	2,1	2,8	/	/
	1971-75	1,1	1,4	1,0	1,7

Quelle: ADAM (1979), S. 50.

---

[19] Vgl. auch PIETSCH (1986), S. 181.

Planmäßig überhöhte und außerplanmäßige Beschäftigtenzunahmen erlaubten den Betrieben jedoch nur, eine von den Planungsbehörden unabhängige Beschäftigungspolitik zu betreiben, wenn die privaten Haushalte als Anbieter von Arbeitsleistungen keiner zentralen Lenkung unterlagen und ihre Arbeitsplätze nicht von den Planungsbehörden zugewiesen bekamen. Solche dirigistischen Maßnahmen der Arbeitskräftelenkung waren aber nur insoweit möglich, wie die privaten Haushalte über keine einzelwirtschaftlichen Entscheidungsspielräume verfügten.

2. Entscheidungsspielräume der privaten Haushalte

Dirigistische Maßnahmen zur Arbeitskräftelenkung sind in den hier betrachteten sozialistischen Planwirtschaften vor allem in der ehemaligen Sowjetunion während der Phase des Kriegskommunismus (1918 bis 1921) angewendet worden. Damals wurden Arbeitskräfte zu einem Arbeitsdienst "eingezogen"; unerlaubtes Verlassen eines zugewiesenen Arbeitsplatzes stand als "Desertion" unter harter Strafe.[20] Dieses System zentraler Arbeitsplatzzuweisungen stieß jedoch auf zunehmenden Widerstand bei den Arbeitnehmern, der sich in der zweiten Hälfte des Jahres 1920 in zahlreichen Arbeitsniederlegungen äußerte, und mußte bald wieder aufgegeben werden. In der sich anschließenden Periode der "Neuen Ökonomischen Politik" (1922 bis 1928) existierte ein freier Arbeitsmarkt, auf dem es kaum staatliche Regulierungen gab: Der Abschluß eines Arbeitsvertrages war frei und die privaten Haushalte konnten ein Arbeitsverhältnis auf eigene Initiative ohne Zuweisung durch staatliche Stellen eingehen.

Dies änderte sich erst wieder während der Periode des ersten Fünfjahresplanes (1929 bis 1933), während der die Arbeitskräfte dazu verpflichtet wurden, einen Arbeitsplatz ausschließlich nach Vermittlung durch die staatlichen Arbeitsverwaltungen anzunehmen, eine Regelung, die jedoch bereits im September 1931 wieder aufgehoben wurde. In den Folgejahren bis zum Ausbruch des Zweiten Weltkrieges beschränkten sich die Maßnahmen zur zentralen Arbeitskräftelenkung vor allem auf landwirtschaftliche Umsiedlungsprogramme, bei denen zumeist alleinstehende Männer oder junge Familien zur Arbeit in den asiatischen Regionen der ehemaligen Sowjetunion angeworben werden sollten,

---

[20] Zur Arbeitskräftelenkung in der ehemaligen Sowjetunion vor dem Zweiten Weltkrieg vgl. BERGSON (1944), S. 143 ff.; DOBB (1948), S. 97 ff. und S. 457 ff.; BARBER (1986), S. 51 ff.

und auf organisierte Rekrutierungsmaßnahmen ("Ognabor"), bei denen Mitglieder landwirtschaftlicher Produktionsgenossenschaften für eine bestimmte Zeit zur Arbeit in städtischen Industriebetrieben verpflichtet wurden. Auch diese Maßnahmen fielen jedoch im Vergleich zur ohnehin traditionell hohen Wanderung der Landbevölkerung in die Städte kaum ins Gewicht, weil weder die Produktionsgenossenschaften noch die Industriebetriebe ein Interesse an diesem temporären Transfer knapper, allerdings schlecht motivierter Arbeitskräfte hatten. Von diesen Maßnahmen abgesehen, unterlag in den 20er Jahren die Mehrheit der Arbeitnehmer nur geringen administrativen Kontrollen hinsichtlich der Wahl ihres Arbeitsplatzes. Beleg hierfür war die hohe Arbeitskräftefluktuation, vor allem während der ersten Hälfte der 30er Jahre: "... such a turnover is hardly the characteristic of a system where compulsory labor is used. On this account the attention that has been given it by observers to affirm the absence of forced labor in Soviet industry is more than justified."[21] Erst mit dem Ausbruch des Zweiten Weltkrieges wurden wieder drastische Maßnahmen zur Arbeitskräftelenkung eingeführt. Staatliche Stellen erhielten das Recht zum Transfer von Arbeitskräften zwischen Betrieben, und das unerlaubte Verlassen des Arbeitsplatzes wurde erneut unter Strafe gestellt.

Die krasseste Form zentraler Arbeitskräftelenkung war die Zwangsarbeit in Arbeitslagern und -kolonien, zu der Straftäter und vor allem als "Staatsfeinde" eingestufte Personen verurteilt wurden. Hierunter fielen in den 30er Jahren insbesondere Kulaken, d.h. ehemalige Grundbesitzer, die nach der Zwangskollektivierung der Landwirtschaft als Klasse "liquidiert" werden sollten, ethnische Minderheiten, politische Regimegegner und während der Kriegs- und Nachkriegsjahre deutsche Kriegsgefangene. Schätzungen über die Höhe dieser Gulag-Bevölkerung variieren erheblich, dennoch dürfte sie in jedem Falle mehrere Millionen Personen umfaßt haben.[22] Offiziell wurde dieses Zwangsarbeitersystem Mitte der 50er Jahre wieder abgeschafft, obwohl sich Hinweise darauf finden lassen, daß auch in den Folgejahren noch Formen der Zwangsarbeit existierten. Trotz ihrer quantitativen Bedeutung waren diese Arbeitslager jedoch eher ein Instrument der politischen Unterdrückung als ein geeignetes Mittel der direkten regionalen und sektoralen Arbeitskräftelenkung. Ihr ökonomischer Wert war gering, weil die von der Zwangsarbeit Betroffenen kaum

---

[21] BERGSON (1944), S. 148. Bergson zeigt, daß während des Zeitraums 1928 bis 1935 die Anzahl der monatlichen Neueinstellungen und die der Kündigungen höher als die monatsdurchschnittliche Beschäftigung waren; vgl. EBENDA, S. 147, Tabelle 13.

[22] Vgl. ROSEFIELD (1981), S. 76; WHEATCROFT (1981), S. 286.

enthusiastisch zum "Aufbau des Sozialismus" beitrugen und deshalb nur eine geringe Arbeitsproduktivität aufwiesen.[23]

Seit dem Tode Stalins fand in der ehemaligen UdSSR eine weitere Liberalisierung der bestehenden Maßnahmen zur direkten Arbeitskräftelenkung statt, so daß anschließend im wesentlichen nur noch Mitglieder der Parteinomenklatura sowie Absolventen allgemein- und berufsbildender Schulen und der Hochschulen einer direkten Lenkung unterlagen.[24] Höherrangigen Parteimitgliedern wurde von der Parteiführung der Einsatzort vorgegeben. Schul- und Hochschulabsolventen mußten während der ersten drei Jahre nach Abschluß ihrer Ausbildung einen ihnen vom zuständigen Ministerium (beispielsweise vom Gesundheitsministerium im Falle junger Ärzte) zugewiesenen Arbeitsplatz annehmen. In der Praxis schienen diese Maßnahmen jedoch wenig gegriffen zu haben, da Absolventen mit guten Noten sowie Kinder einflußreicher Personen dennoch oftmals einen Arbeitsplatz ihrer Wahl erhielten und viele andere Schulabgänger einfach nicht an den ihnen zugewiesenen Arbeitsplätzen erschienen. Nur noch geringe Zwangselemente enthielten auch die anderen während der Zeit des Stalinismus angewendeten Formen direkter Arbeitskräftelenkung: Dauerhafte Transfers einzelner Arbeitnehmer zwischen Betrieben konnten vom Betroffenen stets abgelehnt werden, ohne daß er Gefahr lief, seinen bisherigen Arbeitsplatz zu verlieren.[25] Organisierte Rekrutierungen und landwirtschaftliche Umsiedlungsprogramme setzten ebenfalls das Einverständnis der Betroffenen (und einen materiellen Anreiz) voraus und enthielten keine Verpflichtung, am zugewiesenen Arbeitsplatz auch zu verbleiben. All diese Maßnahmen erfolgten aus der Sicht des Betroffenen freiwillig, so daß die Planungsbehörde keinen Einfluß auf die Anzahl der auf diese Weise gewonnenen Arbeitnehmer hatte; allerdings bestimmte sie ihre Verwendung, weil die Betriebe nicht um diese Personen in Wettbewerb miteinander treten konnten. Ähnliches galt auch für die von den (seit 1967 wieder eingeführten) Arbeitsämtern vermittelten Personen und für Arbeitsplatzzuweisungen an schwer vermittelbare Jugendliche,

---

[23] Zu dieser Einschätzung vgl. GREGORY, STUART (1980), S. 237; WILES (1981), S. 27.

[24] Vgl. hierzu und zum folgenden DYKER (1981), S. 40 ff.; GRANICK (1987), S. 17 ff.; LANE (1987), S. 44 ff. und die dort zitierte Literatur.

[25] Dies galt jedoch nicht für temporäre Transfers, bei denen Arbeitnehmer - beispielsweise aus Gründen des Ernteeinsatzes - vorübergehend an einen landwirtschaftlichen Betrieb ausgeliehen wurden. Sie waren auch ohne Zustimmung des betroffenen Arbeitnehmers zulässig. Solche Transfers mußten allerdings auf einen Monat je Kalenderjahr beschränkt sein und konnten nur bei Vorliegen wichtiger Gründe - unzureichende Auftragslage des Stammbetriebes oder aufgrund unvorhersehbarer Änderungen der Auftragslage - verfügt werden. Vgl. GRANICK (1987), S. 37.

für die die Betriebe eine bestimmte Mindestquote an offenen Stellen bereit-
halten mußten.

Obwohl alle diese Maßnahmen noch dirigistische Elemente enthielten, kam ihnen nur noch geringe Bedeutung zu: Wie Tabelle III-B.2 verdeutlicht, wurden
bereits in den 70er Jahren in der russischen Sowjetrepublik lediglich zwischen
20 und 30 Prozent aller neueingestellten Personen über diese behördlich kon-
trollierten Kanäle vermittelt. Der weitaus größte Teil aller Neueinstellungen erfolgte vielmehr in Form direkter Anwerbungen von Arbeitskräften durch die
Betriebe, ohne daß staatliche Stellen zwischengeschaltet waren.[26] Der Markt
bildete mithin auch in der ehemaligen UdSSR den Hauptmechanismus, mit dem
der Faktor Arbeit in mögliche Verwendungsrichtungen geleitet wurde. Faktisch
ebenfalls wenig bedeutsam für die Funktionsweise dieses Arbeitsmarktes waren
regionale Beschränkungen des Arbeitsplatzwechsels: Obwohl früher vor allem
die Landbevölkerung zur Migration in andere Landesteile einen internen Paß
benötigte, griffen solche Restriktionen in der Realität kaum und schienen auch
niemals konsequent angewendet worden zu sein.[27] Andere regionale Beschränkungen des Arbeitsplatzwechsels, wie Zuzugsbeschränkungen in eine
Reihe von Großstädten, galten zudem kaum für Angehörige von Mangelberu-
fen. Bedeutsamer für die freie Arbeitsplatzwahl war der in der ehemaligen Sowjetunion herrschende chronische Mangel an Wohnraum; da sich dieser Wohnraum i.d.R. im Besitz der Betriebe befand, konnte man einen stark mindernden
Effekt auf die Arbeitskräftefluktuation erwarten, falls der Wechsel eines Arbeitsplatzes mit der Kündigung (durch den Betrieb) der Betriebswohnung verbunden war. Solche Kündigungen seitens des ehemaligen Arbeitgebers wurden
in der ehemaligen Sowjetunion jedoch seit Mitte der 60er Jahre als nicht mehr
zulässig angesehen.[28]

Auch in den anderen Volkswirtschaften, die nach dem Ende des Zweiten Weltkrieges zu einer zentralgeleiteten Wirtschaftsform übergingen, versuchten die
Planbehörden bis Mitte der 50er Jahre, Aufkommen und Bedarf an Arbeitskräften mit Hilfe direktiv-administrativer Methoden in Übereinstimmung zu
bringen: Dem sowjetischen Vorbild folgend, wurden in der ehemaligen CSFR,
in Ungarn und in Polen organisierte Rekrutierungskampagnen gestartet, durch

---

[26] Ähnliche Werte ergaben sich auch für andere sowjetische Teilrepubliken; vgl. LANE (1987), S. 45.
Die Anwerbung erfolgte vermittels Zeitungsanzeigen, Aushängen von Stellenausschreibungen usw.

[27] Vgl. WILES (1981), S. 28. Zum internen Paßsystem in der ehemaligen UdSSR vgl. ZUSLAVSKY,
LURYI (1979).

[28] Vgl. GRANICK (1987), S. 31 ff.

Tabelle III-B.2: Formen der Arbeitskräfteallokation in der ehemaligen Sowjetre-publik Rußland (in Prozent aller neueingestellten Arbeitnehmer)

Form	1970[a]	1975[b]	1980
Arbeitsplatzzuweisung von Schul- und Hochschulabsolventen			
- berufsbildende Schulen	5,9	8,2	9,3
- allgemeinbildende Schulen und Hochschulen	3,1	4,4	4,9
Transfers von anderen Betrieben	4,3	4,0	3,8
Organisierte Anwerbung (Ognabor)	0,6	0,7	0,7
Soziale Appelle	/	/	0,5
Landwirtschaftliche Umsiedlungs-programme	0,2	0,2	0,2
Arbeitsplatzzuweisungen an Jugendliche durch lokale Behörden	4,7	4,4	2,8
Anwerbung durch Arbeitsämter	3,5	7,5	9,7
Direkte Anwerbung durch Betriebe	77,6	74,8	68,1
Insgesamt	100,0	104,2	100,0

[a] Werte für 1970 leicht überhöht, da sie unter der Annahme berechnet wur-den, die Anwerbung durch soziale Appelle betrage Null.

[b] Werte für 1975 leicht überhöht, da sie sich nicht zu 100,0 aufaddieren las-sen.

Quelle: Berechnet nach GRANICK (1987), S. 22; LANE (1987), S. 46.

die dringend benötigte Arbeitskräfte in Sektoren mit hoher volkswirtschaftlicher Priorität gelenkt werden sollten. Diese Rekrutierungsmaßnahmen waren nur zum Teil freiwillig und mit materiellen Anreizen verbunden; teilweise beruhten sie auch auf direktem Zwang. Hiervon betroffen waren vor allem Angehörige akademischer und als typisch "kapitalistisch" angesehener Berufe, ehemalige Geschäftsleute sowie politische Regimegegner, die als "Klassenfeinde" zu manuellen Zwangsarbeiten verurteilt wurden. Auch bei der Verteilung von Schülern auf die verschiedenen Bildungswege wurden dirigistische Maßnahmen angewendet; bei der Zulassung für die weiterführende Schul- und Berufsausbildung spielten nicht nur Neigungen und Fähigkeiten, sondern vor allem auch die "Klassenherkunft" und "politisches Engagement" eine entscheidende Rolle. Nach Abschluß ihres Studiums wurde den Absolventen ein Arbeitsplatz zugewiesen, den sie für drei Jahre nicht verlassen durften.[29] Veränderungen im politischen Klima und das Ende des Stalinismus bewirkten jedoch auch in diesen Ländern einen allmählichen Abbau administrativer Methoden der Arbeitskräftelenkung. Schon im Jahre 1954 wurden zunächst in Ungarn die organisierten Rekrutierungsmaßnahmen weitgehend liberalisiert und von Zwangselementen befreit (allerdings später fallweise wieder eingeführt). Die anderen Länder folgten später nach. Ebenso wurden die dirigistischen Arbeitsplatzzuweisungen für Schulabsolventen aufgehoben (in Polen jedoch nur bis zum Jahre 1964). Die wirtschaftlichen Reformen der 60er und 70er Jahre führten zu weiteren Aufhebungen bestehender Einschränkungen bei der freien Arbeitsplatzwahl. In der ehemaligen CSFR (allerdings nur bis 1969) und in Ungarn konnten Arbeitnehmer ohne Strafe ihren Arbeitsplatz wechseln; die noch bestehenden Beschränkungen für Absolventen wurden beseitigt. In Ungarn sind seit 1980 alle Formen direkter Arbeitskräftelenkung entfallen und in Polen, das als einziges sozialistisches Land noch eine Arbeitsplatzzuweisung von Schulabsolventen kannte, wurden diese Regulierungen im Jahre 1982 abgeschafft.[30]

Die zentrale Planstelle verfügt in sozialistischen Planwirtschaften damit über keine hinreichenden Machtmittel, um mit Hilfe administrativ-dirigistischer Lenkungsinstrumente den Arbeitskräftebedarf der Betriebe und das Aufkommen an Arbeitsleistungen durch die Haushalte direkt zu beeinflussen und so eine ihren Zielen entsprechende Nutzung des Faktors Arbeit zu erreichen. Obwohl sich die Betriebe weitgehend im staatlichen Eigentum befanden und die Planbehörde formal die ausschließliche Verfügungsmacht über alle Produktionsmittel besaß, verfügten die Betriebsleiter über zahlreiche Entscheidungsfreiheiten, die sie zur Durchsetzung ihrer eigenen Einkommensinteressen nutzen konnten. Die

---

[29] Vgl. ADAM (1984), S. 105 ff., für die CSFR, Ungarn und Polen; KOSTA (1982), S. 64 f., für die ehemalige DDR; TIMAR (1982), S. 113 ff., für Ungarn.

[30] Vgl. ADAM (1984), S. 129 ff., S. 159 ff. und S. 184 f.

Haushalte konnten damit faktisch und - von wenigen Perioden abgesehen - auch formal einer "Verstaatlichung" entgehen. Solche Freiheiten implizieren, daß private Haushalte und staatliche Betriebe nicht als bloße "Aufbringer" und "Verwender" von Arbeitsleistungen angesehen werden können. Vielmehr entschieden sie innerhalb der ihnen vorgegebenen Rahmenbedingungen selbständig über das Volumen der angebotenen und nachgefragten Arbeitsleistungen. Damit verblieb der zentralen Planungsbehörde nur die Möglichkeit, durch Setzung monetärer Anreize die einzelwirtschaftlichen Interessen auf eine den staatlichen Zielen entsprechende Verwendung des Produktionsfaktors Arbeit hinzulenken.

C. Monetäre Anreize als Lenkungsinstrumente

Die Unwirksamkeit direkter Lenkungsmethoden führte schon frühzeitig zu der Erkenntnis, daß das System direkter Anweisungen und Kontrollen teilweise oder vollständig durch ein System von materiellen Anreizen ersetzt werden mußte, um eine Koordination der Einzel- mit dem zentralplanerischen Willen herbeizuführen. Zwar waren die Jahre des "Kriegskommunismus" nach der Machtübernahme durch die Sowjets noch mit der Hoffnung verknüpft, "... that the socialist society could count on the spirit of public service as a sufficient motivation for economic activity."[31] Deshalb wurde eine egalitäre Einkommensverteilung durchzusetzen versucht und die Entlohnung erfolgte überwiegend natural - mit katastrophalen Konsequenzen für die Entwicklung der Arbeitsproduktivität.[32] Seither spielten in der ehemaligen Sowjetunion und später auch in den anderen sozialistischen Planwirtschaften materielle Anreize eine entscheidende Rolle bei dem Versuch der Planungsbehörden, ihren zentralen Willen bei der Nutzung des Faktors Arbeit durchzusetzen.[33] Inwieweit solche staatlich gesetzten Anreize die Einzelwirtschaften tatsächlich auf die Durchführung der zentralen Pläne verpflichteten, war abhängig von der Qualität der durch sie vermittelten Informationen und der Ausgestaltung der ökonomischen Hebel.

Materielle Anreize übten in planwirtschaftlichen Systemen Löhne, Gehälter und Prämien aus, die zusammen den überwiegenden Teil der Einkommen der pri-

---

[31] BERLINER (1976), S. 401.

[32] Vgl. PORKET (1989), S. 48.

[33] GUTMANN (1981), S. 114 f., spricht von "implizit vorgegebenen Verhaltensnormen"; diese ersetzen als ökonomische "Hebel der materiellen Interessiertheit" die "expliziten Verhaltensnormen" in Form spezieller Anweisungen und direkter Kontrollen.

vaten Haushalte bildeten. Löhne und Gehälter wurden in der ehemaligen Sowjetunion von dem für den Betrieb zuständigen Industrieministerium nach Abstimmung mit dem Finanzministerium, der Staatsbank und der staatlichen Kommission für Löhne und Arbeit festgelegt.[34] Sie differierten nach Sektor, Größe des Betriebes und Position eines Arbeitnehmers innerhalb der Betriebshierarchie. Zusätzlich zu diesen monatlich festen Einkommen erhielten die Betriebsangehörigen noch eine Vielzahl von Prämien, die in Abhängigkeit von der Übernahme und Erfüllung zentral vorgegebener Planziele gezahlt wurden und den Beitrag des Betriebes zur Erfüllung des Volkswirtschaftsplans prämieren sollten. Diese Prämienzahlungen stellten eine leistungsabhängige Einkommenskomponente für die Beschäftigten dar und sollten sie zur Abgabe möglichst hoher Arbeitsanstrengungen und zur (Über-)Erfüllung der Planvorgaben motivieren. Demgegenüber waren die staatlich fixierten Lohn- und Gehaltssätze entscheidend für die Wahl des Arbeitsplatzes und bestimmten, in welchen Regionen oder Sektoren die Haushalte ihre Arbeit anzubieten bereit waren.

Prämien und Löhne konnten diese Anreiz- und Lenkungsfunktionen aber nur erfüllen, wenn die Planbehörde die damit notwendigerweise bedingten intersubjektiven Einkommensunterschiede hinzunehmen bereit und in der Lage war, eine ihren Zielen entsprechende Lohn- und Prämienstruktur ex ante abzuleiten, bei der die Arbeitskräfte in die von ihr präferierten Regionen oder Sektoren wanderten und die Betriebe eine von ihr als zur Lösung ihrer Produktionsaufgaben angemessen angesehene Beschäftigung anstrebten. Da die "gleichmäßige" Einkommensverteilung zu einem der Hauptanliegen der sozialistischen Weltanschauung gehörte, stellt sich die Frage, inwieweit eine an (aus der Sicht der Zentrale abgeleiteten) gesamtwirtschaftlichen Knappheitsgraden orientierte Lohnstruktur überhaupt mit "sozialistischen Entlohnungsprinzipien" übereinstimmen konnte und in einem sich als sozialistisch verstehenden Wirtschaftssystem zulässig war. Dann ist zu klären, ob die Planbehörde überhaupt imstande war, eine ihren Zielen entsprechende Lohnstruktur durchzusetzen und in welchem Umfang sie Einfluß auf die zwischen staatlichen Betrieben und privaten Haushalten vereinbarten Lohnzahlungen nehmen konnte.

---

[34] Zu den organisatorischen Einzelheiten der Lohnfestlegung in der ehemaligen UdSSR vgl. u.a. KIRSCH (1972), S. 4 f. und S. 51 f.; McAULEY (1979), S. 174 ff.; für die ehemalige DDR vgl. VORTMANN (1985), S. 62.

1. Prinzipien sozialistischer Lohnpolitik

Solange die Zentrale über genügend Machtmittel verfügte, um ihren Willen gegenüber den anderen an der Planverwirklichung beteiligten Personen durchzusetzen und mittels Zwang und Befehl eine ihren Präferenzen entsprechende Arbeitskräfteallokation zu erreichen, konnte sie die Lohnrelationen willkürlich setzen und damit jede beliebige personale Einkommensverteilung herbeiführen. Welcher Grundsatz zur Festlegung der Lohnrelationen und damit für die Zuweisung von Konsumgütern an die Arbeitskräfte gewählt wurde, war allein abhängig von politischen Zielsetzungen. Die Verteilung der Konsumgüter konnte nach beliebigen Kriterien erfolgen, etwa nach Maßgabe der individuellen Bedürfnisse, nach individuellem Fleiß oder nach vollständig egalitären Gesichtspunkten.[35]

In der Realität der hier betrachteten sozialistischen Planwirtschaften entfiel dieser zusätzliche Freiheitsgrad jedoch, da die Zentrale über keine hinreichenden Machtmittel verfügte und den Lohnsatz als Lenkungs- und Stimulierungsinstrument einsetzen mußte. Deshalb mußten die Lohnsätze nach den gleichen Prinzipien festgelegt werden, nach denen dies auch in kapitalistischen Marktwirtschaften erfolgt. Insbesondere mußten die Unterschiede in den Nominallohnsätzen den Differenzen in den Grenzwertprodukten der Arbeit in verschiedenen Verwendungsrichtungen entsprechen.[36] Dies bedeutete, daß Lohnunterschiede allein durch individuelle Leistungsunterschiede bedingt waren und eine Festlegung der Lohnsätze nach egalitären Prinzipien nicht möglich war. "Socialist wages ... are unlikely to be equal wages. A convinced equalitarian who by chance found himself in the saddle after the revolution and who attempted immediately to equalize the rewards of labor soon would find that in consequence both the community's income and his political powers were much deflated."[37]

---

[35] Darauf weist schon MISES (1920), S. 87 f., hin. MISES argumentiert dabei vor dem Hintergrund der Erfahrungen des Kriegskommunismus, als in der ehemaligen Sowjetunion noch dirigistische Methoden der Arbeitskräftelenkung verbreitet waren und eine egalitäre Lohnstruktur durchzusetzen versucht wurde; vgl. dazu DOBB (1948), S. 97 ff.

[36] Vgl. hierzu BERGSON (1944), S. 8 ff.; HIRSCH (1957), S. 128 f. Aus gleichen Lohnbildungsprinzipien folgt aber nicht, daß kapitalistische und sozialistische Lohndifferentiale übereinstimmen müssen. BERGSON weist darauf hin, daß die Löhne im Sozialismus durchaus egalitärer als im Kapitalismus sein könnten, wenn es dem zentralen Planer gelingt, beispielsweise den monopolistischen Einfluß der Gewerkschaften zu mindern und Ausbildungsinvestitionen in Humankapital gleichmäßiger zu verteilen. Jede darüber hinausgehende Abweichung von kapitalistischen Prinzipien hätte jedoch negative Konsequenzen für den wirtschaftlichen Rechnungszusammenhang. Vgl. BERGSON (1944), S. 15 f.

[37] BERGSON (1944), S. 15.

Die Rolle des Lohnes als Lenkungs- und Anreizinstrument wird auch in der sozialistischen ökonomischen Theorie anerkannt, selbst wenn sie zu einer nicht-egalitären Einkommensverteilung führt. Dieses Fortbestehen von Einkommens-ungleichheiten im Sozialismus ist ein Teil der marxistischen Doktrin. Marx selbst unterscheidet in seinen "Randglossen zum Gothaer Programm" zwischen den beiden Entwicklungsstufen des Sozialismus und des Kommunismus.[38] Dort argumentiert er, daß im sozialistischen Staat noch eine ungleiche Einkommens-verteilung fortbestehen werde und sich die relativen Zugriffsmöglichkeiten auf materielle Güter zwischen den einzelnen Arbeitnehmern nach Maßgabe der Quantität und der Qualität der geleisteten Arbeit verteilen werden. Solche Un-gleichgewichte in der Verteilung der Arbeitseinkommen können erst mit dem Übergang zu einer höheren, kommunistischen Entwicklungsstufe der sozialisti-schen Gesellschaft beseitigt werden, in der es einen Überschuß an Gütern und Dienstleistungen gibt und jederman bereit ist, unabhängig von materiellen An-reizen zu arbeiten. "In einer höheren Phase der kommunistischen Gesellschaft ... kann die Gesellschaft auf ihre Fahne schreiben: Jedem nach seinen Fähig-keiten, jedem nach seinen Bedürfnissen."[39]

Solange diese Entwicklungsstufe noch nicht erreicht war, mußten sich die Löhne nach der Quantität und Qualität der geleisteten Arbeit richten. Sozialisti-sche Ökonomen bezeichnen dies als das sozialistische Verteilungsprinzip: Von jedem nach seinen Fähigkeiten, für jeden entsprechend seiner geleisteten Ar-beit.[40] Daraus folgte, daß der Lohn primär als Allokations- und Motivationsin-strument angesehen und die Einkommensverteilung - falls politisch uner-wünscht - allenfalls durch sozialpolitische Maßnahmen nachträglich korrigiert werden sollte: "... wages should be connected only with production and ... all that bears the stamp of social security should in no way be connected with wages" und "... in determing wage scales ..., all thoughts of equalization ... must be rejected."[41]

---

[38] Vgl. MARX (1875), S. 21.

[39] EBENDA.

[40] Vgl. KIRSCH (1972), S. 11 f.; McAULEY (1979), S. 180 f. und die dort zitierte Literatur. Zu den Prinzipien sozialistischer Lohnfestsetzung vgl. auch BERGSON (1944), S. 23 f.

[41] LENIN zitiert nach McAULEY (1979), S. 181 f. Noch deutlicher drückte Stalin diesen Gedanken in einer Rede vor Betriebsleitern im Juni 1931 aus, in der er eine auf "linken Egalitarismus" beruhende Lohnpolitik der sowjetischen Gewerkschaften angriff und eine stärkere Lohndifferenzierung for-derte: "In a number of establishments the wage rates are established in such a manner that the diffe-rence almost disappears between qualified labor and unqualified labor, between heavy labor and light labor. Equalitarianism leads to this that the unqualified laborer is not interested in becoming a

2. Lohn- und Prämienfestlegung in sozialistischen Planwirtschaften

In der ehemaligen Sowjetunion und den anderen sozialistischen Planwirtschaften setzte sich das gesamte Arbeitseinkommen zusammen aus den monatlich erfolgenden Lohn- und Gehaltszahlungen und verschiedenen, in der Regel am Jahresende gezahlten Prämien. Sie bildeten die Fonds der Arbeitseinkommen und bestimmten die Mittel, die in Abhängigkeit von der Übernahme und Erfüllung hoher Planauflagen für Entlohnung und Prämierung der Beschäftigten verfügbar waren. Sie mußten jenem Teil des Nationaleinkommens entsprechen, der für den privaten Konsum im Planungszeitraum vorgesehen war. Damit die tariflich festgelegten Löhne und Gehälter ihre Lenkungs- und Stimulationsfunktion erfüllten, wurden sie in verschiedene Komponenten zerlegt:[42]

- Einem System von Grundlöhnen für ungelernte Arbeitskräfte, die nach Sektoren differenziert waren und die von den Planern eingeschätzte ökonomische Bedeutung dieser Sektoren widerspiegeln sollten;

- einem System von Lohn- und Gehaltsgruppen, das für jeden Sektor auf der Basis der Grundlöhne festgelegt wurde und angab, wieviel eine ausgebildete Arbeitskraft relativ zur ungelernten Arbeitskraft erhielt;

- Zuschläge für Tätigkeiten unter schwierigen Arbeitsbedingungen (z.B. Akkord- oder Schichtarbeit) und regionale Zuschläge.

Zusätzlich zu diesen zentral fixierten Tariflöhnen erhielten die Arbeitnehmer eine Vielzahl von Mehrleistungslöhnen, Leistungszuschlägen und Prämien, deren Höhe von der Erfüllung vorgegebener Normen und Kennziffern abhing und

---

Fortsetzung Fußnote 41

qualified laborer and is deprived thus of the prospect of advancement, in view of which he feels himself a 'summer resident' in industry, working only temporarily in order to earn a little and then go away somewhere in another place to 'seek his fortune'. Equalitarianism leads to this, that the qualified worker is forced to move from that plant to another plant in order to find finally such a plant as values qualified labor in the propper manner .... In order to destroy this evil it is necessary to abolish equalitarianism and to destroy the old wage-scale system. In order to destroy this evil it is necessary to organize such a system of wage scales as will take into account the difference between heavy labor and light labor .... Marx and Lenin say that the difference between qualified and unqualified work will exist even under socialism, even after the destruction of classes, that only under communism must the difference disappear, that in view of this `wages' even under socialism must be done according to work done, and not according to need. But our equalitarians among the managers and trade unionists do not agree with this and suppose that this difference already has disappeared in our Soviet system. Who is right - Marx and Lenin or the equalitarians?" STALIN (1937), S. 451 f., zitiert nach BERGSON (1944), S. 178.

[42] Vgl. für die ehemalige UdSSR GALENSON (1963), S. 302 ff.; KIRSCH (1972), S. 8 ff.; CHAPMAN (1979), passim; McAULEY (1979), S. 185 ff.; für die ehemalige DDR vgl. VORTMANN (1985), S. 57 ff.

mit der (individuellen oder betrieblichen) Leistung variierte. Diese Prämien wurden aus dem Betriebsgewinn gezahlt und für die Manager von den Branchenministerien, für alle anderen Beschäftigten von den Betriebsleitern festgelegt. Dabei handelte es sich vor allem um Stück- (Akkord-), Prämienzeit- und Prämienstücklöhne.

Mit Hilfe dieser Lohn- und Prämienelemente versuchte die Planbehörde, ein System von relativen Lohnsätzen zu entwickeln, durch das die Haushalte zu einem quantitativ, qualitativ und räumlich den Präferenzen der Zentrale entsprechenden Arbeitsangebot angeregt wurden. Damit wollte sie durch ein entsprechend differenziertes System von Grundlöhnen und regionalen Zuschlägen die Arbeitskräfte in die von ihr gewünschten Sektoren und Regionen lenken; zudem beabsichtigte sie durch unterschiedliche Lohngruppen und ausreichende Zuschläge für Akkord- und Schichtarbeit die Arbeitnehmer dazu zu motivieren, die von ihr gewünschten beruflichen Fähigkeiten zu erlernen oder verstärkt schwierige Arbeitsbedingungen anzunehmen. Um diese gesamtwirtschaftlichen Lenkungs- und Anreizfunktionen übernehmen zu können, mußten die einzelnen Lohnelemente genügend ausdifferenziert sein, jede mögliche Arbeitskategorie erfassen und sich entsprechend den ständig ändernden Marktbedingungen anpassen. Dies setzte jedoch wiederum voraus, daß die Planbehörde den Wirtschaftsprozeß natural vollständig durchplante, d.h. für jedes wirtschaftliche Gut (und somit auch für jede Arbeitskategorie) zentrale Planbilanzen aufstellte und diese laufend revidierte.[43] Beide Bedingungen waren in sozialistischen Planwirtschaften jedoch niemals erfüllt: In der ehemaligen Sowjetunion wurden die staatlich fixierten Lohnsätze nur während sogenannter Lohnreformen in den Jahren 1931, 1956 bis 1960, 1968 und zwischen 1972 und 1975 angepaßt und blieben in den zwischenliegenden Perioden und danach weitgehend unverändert.[44] Auch die Zahl der einzelnen Lohnkategorien hatte sich im Zeitablauf wesentlich verringert: Vor 1956 existierten noch mehrere Tausend Grundlöhne und etwa 1900 Lohnskalen; ihre Zahl reduzierte sich nach der Lohnreform 1956 bis 1960 auf 50 Grundlöhne und 10 Lohnskalen; seit Anfang der 70er Jahre existierten nur noch 12 Grundlöhne und 3 Lohnskalen. Die Zahl der regionalen Zuschlagssätze hatte sich ebenfalls von 90 im Jahre 1956 auf 10 im

---

[43] Zu den Bedingungen einer konsistenten Preis-(und Lohn-)Planung vgl. GUTMANN (1965), S. 38 ff.

[44] Vgl. McAULEY (1979), S. 197 ff. Diese Lohnanpassungen erfolgten nur ad hoc für einzelne Arbeitnehmergruppen. Zur Lohnpolitik in der ehemaligen UdSSR vor dem Zweiten Weltkrieg vgl. HOFFMANN (1956), S. 366 ff.

Jahre 1972 vermindert.[45] Damit verfügte die Zentrale in der ehemaligen Sowjetunion über kaum genügend Parameter, um eine ihren Zielen entsprechende Arbeitskräfteallokation und -motivation zu erreichen.

Im Unterschied hierzu hatten jedoch die staatlichen Betriebe vor allem durch Variation der Mehrleistungslöhne und Prämien einen erheblichen Einfluß auf die bestehenden Lohnrelationen. Diese erlaubten es ihnen, die Effektivlöhne über die Tariflöhne anzuheben. Ihre Höhe hing nämlich neben den zentral festgelegten Tarifsätzen vor allem von der Höhe der Normvorgaben ab. Diese Normvorgaben ließen sich jedoch kaum auf zentraler Ebene festlegen, sondern wurden in hohem Maße von den Betrieben beeinflußt. Dies gelang ihnen beispielsweise, indem sie in den Monaten vor einer Normanpassung auf die Einführung neuer Produktionstechniken verzichteten oder die Arbeitnehmer ihre Arbeitsleistung zurückhielten. Dadurch wurden die zentral gesetzten Normen schnell überholt, wenn sich durch technischen oder organisatorischen Fortschritt die tatsächlichen Fertigungszeiten je Produkteinheit relativ zu den Vorgabezeiten verringerten. Konsequenz dieser "weichen", leicht zu erfüllenden Normen war ein auch bei unverändert bleibenden Tarifsätzen wachsendes Effektivlohneinkommen, das es den Betrieben erlaubte, bereits beschäftigte Arbeitskräfte an den Betrieb zu binden oder neue zu gewinnen. Ähnliche versteckte Lohnerhöhungen wurden auch für Zeitlohnempfänger ohne Mehrleistungslohn vorgenommen, indem für sie Stück- oder Prämienlohnformen angewendet wurden, obwohl die Leistung nicht direkt oder nur mit großem Aufwand meßbar war ("fiktive Stücklöhne"), und indem sie in höhere, ihrer Qualifikation oder Tätigkeit nicht entsprechende Lohngruppen eingestuft oder ihnen ungerechtfertigte Lohnzuschläge zugestanden wurden.[46]

Konsequenz dieser zwischen den Lohnreformen stattfindenden allmählichen Zunahme der durchschnittlichen Normerfüllung war eine ansteigende Lohndrift zwischen (betrieblich bestimmten) Effektiv- und (staatlich fixierten) Tariflöhnen, die sich in einem wachsenden Anteil der Mehrleistungslöhne und Prämien am gesamten Lohnfonds niederschlug. Tabelle III-C.1 verdeutlicht, daß in der ehemaligen UdSSR der Anteil dieser betrieblich festgelegten Lohnzahlungen an den gesamten Arbeitseinkommen seit Anfang der 50er Jahre kontinuierlich anstieg, nach den Lohnreformen im Jahre 1961 vorübergehend abnahm, um dann während der 60er Jahre wieder anzusteigen. Sie zeigt, daß zwischen 20

---

[45] Vgl. McAULEY (1979), S. 202, Tabelle 8.4.

[46] Vgl. GALENSON (1963), S. 310 ff.; KIRSCH (1972), S. 44 ff.; McAULEY (1979), S. 193 f.; VORTMANN (1985), S. 60.

und 30 Prozent der Lohneinkommen von den Betrieben festgelegt wurden und damit zentral ungeplant waren.[47]

Tabelle III-C.1: Struktur der Arbeitseinkommen in der Industrie in der ehemaligen UdSSR, 1950-1972 (in Prozent des gesamten Lohnfonds)

Jahr	Zentral festgelegtes Arbeitseinkommen[a]	Betrieblich festgelegtes Arbeitseinkommen[b]
1950	71	29
1955	70	30
1957	65	35
1961	84	16
1965	79	21
1968	79	21
1970	73	27
1972	68	32

[a] Grundlohn plus regionale und andere Zuschläge.
[b] Bonuszahlungen und Normübererfüllungsprämien.

Quelle: Berechnet nach KIRSCH (1972), S. 27; McAULEY (1979), S. 248.

3. Systeme der Lohnfondskontrolle: Der Lohnfonds als "harte" oder "weiche" Budgetrestriktion?

Wenn die Betriebe ein hohes Maß an Autonomie bei der Bestimmung der individuellen Lohneinkommen haben, stellt sich die Frage, ob und inwieweit es den Planbehörden gelingen konnte, den Anstieg der gesamten, im volkswirtschaftlichen Lohnfonds ausgedrückten Lohnsumme zu kontrollieren. Solch eine Kontrolle war von besonderer Bedeutung, wenn die Plankommission die politisch gewünschte Aufteilung des Nationaleinkommens in Investitionen und

---

[47] Ein ähnlich hoher Anteil der betrieblich disponiblen Lohnbestandteile am gesamten Arbeitseinkommen wird auch für die ehemalige DDR berichtet; vgl. VORTMANN (1985), S. 73 f.

staatlichen oder privaten Konsum sichern, d.h. eine Proportionalität zwischen Kauf- und Warenfonds der Bevölkerung gewährleisten will. Deshalb versuchte sie, die Inanspruchnahme des vorgegebenen Lohnfonds in spezifischen Richtlinien zu regeln, wonach der geplante Lohnfonds nur dann vollständig ausgezahlt werden durfte, wenn die geplante Warenproduktion mit der geplanten Anzahl von Arbeitskräften hergestellt und wenn die Arbeitsproduktivität planmäßig gesteigert wurde. Zugleich war festgelegt, wie zu verfahren war, wenn die geplante Warenproduktion mit weniger Beschäftigten übererfüllt oder wenn sie infolge zu geringer Arbeitsproduktivität oder fehlender Arbeitskräfte nicht oder untererfüllt wurde. Eine Übertragung nicht genutzter Lohnfondsanteile auf spätere Perioden war allerdings unzulässig. Die Betriebsleiter und die ihnen übergeordneten Organe hatten durch eine strenge Lohnfondskontrolle die Einhaltung und leistungsabhängige Verwendung der geplanten Lohnfonds ihres Verantwortungsbereichs zu sichern. Darüber hinaus erfolgte eine Kontrolle durch die Staatsbank, der die Betriebe quartalsweise nachweisen mußten, wie der Lohnfonds in Abhängigkeit von den betrieblichen Leistungen in Anspruch genommen wurde. Bei Lohnfondsüberschreitungen hatte die Bank das Recht, Maßnahmen zur Wiederherstellung der Plandisziplin zu fordern und darüber hinaus übergeordnete Planungsinstanzen zu informieren.[48]

Trotz dieser umfangreichen Kontrollmöglichkeiten stellte der Lohnfonds in der ehemaligen UdSSR und den anderen sozialistischen Planwirtschaften keine "harte", sondern eine "weiche", von den Betrieben leicht zu beeinflussende Restriktion dar. In der ehemaligen Sowjetunion hatte die Staatsbank keinerlei rechtliche Möglichkeiten, den Betrieben die Zuweisung finanzieller Mittel zur Zahlung fälliger Löhne zu verweigern, selbst wenn diese Lohnzahlungen auf der Überschreitung des geplanten Lohnfonds beruhten.[49] Ähnlich unwirksam waren die Lohnfondskontrollen in der Vergangenheit auch in den anderen Planwirtschaften, insbesondere in Polen.[50] Dort mußten während der ersten Hälfte der 50er Jahre geringe (d.h. bis zu 10 Prozent umfassende) oder einmalige Lohnfondsüberschreitungen lediglich an die den Betrieben übergeordneten Organe gemeldet werden. Dies war verbunden mit der Aufforderung, künftig stärkere Lohnfondsdisziplin einzuhalten. Nur bei starken oder fortlaufenden Lohnfondsüberschreitungen war die polnische Staatsbank berechtigt, die Finan-

---

[48] Vgl. AUTORENKOLLEKTIV (1982), S. 608 ff.; AUTORENKOLLEKTIV (1989), S. 168 ff.

[49] Vgl. HOLZMAN (1962), S. 33 ff.; FEARN (1964/65), S. 191 ff.

[50] Vgl. hierzu und zum folgenden FARRELL (1975), S. 267 ff.

zierung unzulässiger Lohnzahlungen zu verweigern. In der Praxis schien diese Regelung jedoch kaum zu greifen, weil das für den Betrieb zuständige Ministerium die Bank stets überstimmen und ungerechtfertigte Lohnzahlungen nachträglich legitimieren konnte. In solchen Fällen wurden den Betrieben zwar Auflagen erteilt, die sich praktisch jedoch als bloße Formalitäten erwiesen und deren Einhaltung selten kontrolliert wurde. Hinzu kam, daß der Antrag auf Legalisierung oftmals telephonisch oder telegraphisch im letzten Moment erfolgte, so daß dem Ministerium kaum Zeit blieb, die von den Betrieben vorgelegten Gründe für die Lohnfondsüberschreitung zu überprüfen. Insgesamt verblieb der Staatsbank nur das Recht, von den ihren Lohnfonds chronisch überschreitenden Betrieben pünktliche Ablieferung der Planunterlagen zu verlangen. Gegen Ende der 50er Jahre wurden deshalb die Kontrollmöglichkeiten der Bank verbessert und ihr zusätzliche Sanktionsinstrumente bei Vorliegen ungerechtfertigter Lohnfondsüberschreitungen eingeräumt. Die neuen Regelungen sahen jährliche Betriebsprüfungen durch die Bank vor, der die Entscheidungsbefugnis darüber erteilt wurde, ob und inwieweit eine Überbeanspruchung des Lohnfonds ökonomisch (d.h. durch gesunkene Nichtlohnkosten oder gestiegene Gewinne) gerechtfertigt war und damit legalisiert werden konnte. Die Betriebe wurden dazu verpflichtet, ungerechtfertigte Lohnfondsüberschreitungen bis zum Jahresende durch entsprechende Lohneinsparungen wieder auszugleichen. Solche ungerechtfertigten Lohnauszahlungen führten darüber hinaus zu Abzügen von den Bonuszahlungen der Betriebsleiter und führenden Angestellten; sollten die Lohnfondsüberschreitungen nicht bis zum Jahresende wieder ausgeglichen sein, wurden die Boni auf Dauer gekürzt (allerdings um maximal 15 Prozent der Grundlöhne). Zudem wurden ungerechtfertigte Lohnzahlungen mit einem Strafzins belegt.[51] Auch diese Sanktionen konnten jedoch von den Betrieben leicht umgangen werden und waren damit kaum in der Lage, Lohnfondsüberschreitungen wirksam zu bekämpfen. Infolge der Lohnregelungen, wonach die planmäßige Erhöhung des Lohnfonds an die Übererfüllung der Outputpläne gebunden war, konnten die Betriebe in den ersten Quartalen eines Jahres niedrige Outputpläne ansetzen, die sie leicht übererfüllen konnten. Dadurch stiegen die planmäßigen Lohnfondszuweisungen an, mit der Konsequenz, daß das Risiko der Bonuskürzung in den letzten Quartalen sank. Daneben konnten die Betriebe auch die Zahlung von Strafzinsen verringern, indem sie in den Plänen der ersten Quartale hohe Ansätze für Lohnzahlungen festlegten, so daß das Risiko der Lohnfondsüberziehung auf das letzte Quartal verlagert werden konnte und die Strafzinsen nur für diese kurze Periode gezahlt werden mußten. Noch bedeutender war jedoch, daß Strafzinsen kaum die persönlichen Einkommen der lei-

---

[51] Vgl. FARRELL (1975), S. 280 f.

tenden Angestellten minderten, weil der Betriebsgewinn nicht zu den prämienbestimmenden Faktoren gehörte. Solche Strafzinsen verringerten auch nicht die Liquiditätsposition des Betriebes, weil sie eine höhere Kreditgewährung durch die Staatsbank begründeten.[52] Konsequenterweise wurde die Strafzinsregelung schon 18 Monate nach ihrer Einführung wieder aufgehoben.

Tabelle III-C.2 gibt die Entwicklung der tatsächlichen Nominallohnentwicklung relativ zur geplanten wieder. Sie zeigt, daß in allen hier betrachteten sozialistischen Planwirtschaften die faktischen Lohnsteigerungen die planmäßig vorgesehenen zum Teil erheblich überschritten haben, wobei die Planverfehlungen besonders stark in Polen waren. Diese Zahlen bestätigen, daß der Lohnfonds für die Betriebe eine "weiche", leicht zu verletzende Beschränkung darstellte und es der Planbehörde nicht möglich war, die Beschäftigung der Betriebe durch administrative Kontrollen von Lohnsätzen und Lohnsumme zu regulieren. Die Tabelle macht deutlich, daß neben der Beschäftigung auch das Lohnniveau keineswegs vollständig durch die zentrale Planbehörde festgelegt war, weil staatliche Betriebe und private Haushalte faktisch über erhebliche Entscheidungs- und Handlungsspielräume verfügten, die sie im Sinne ihrer eigenen Zielsetzungen nutzen konnten. Angesichts dieser Dispositionsspielräume ist es ungerechtfertigt, von einem aus den außerwirtschaftlichen Zielen der politischen Führung abgeleiteten Arbeitskräftebedarf und einem ebenfalls zentral geplanten Arbeitskräfteaufkommen zu sprechen, die mittels der Bilanzierungsmethode koordiniert werden; vielmehr trifft die aus den einzelwirtschaftlichen Interessen der staatlichen Betriebe abgeleitete Arbeitsnachfrage auf ein ebenfalls dezentral bestimmtes Arbeitsangebot und die Koordination erfolgt auf einem Arbeitsmarkt, auf dem gemeinsam Beschäftigung und Lohnniveau bestimmt werden.[53] Deshalb ist es notwendig, sich den Entscheidungsträgern auf der einzelwirtschaftlichen Ebene zuzuwenden, d.h. die Faktoren zu untersuchen, die die Entscheidung der staatlichen Betriebe über den Arbeitskräfteeinsatz und der privaten Haushalte über die angebotene Arbeitsmenge determinieren.

---

[52] Vgl. dazu THIEME (1983), S. 201; HARTWIG (1987a), S. 95 ff.

[53] Zur Bedeutung von Märkten für das morphologische Gebilde aller faktisch existierenden sozialistischen Planwirtschaften als Realtypen vgl. HENSEL (1964), S. 330; HAFFNER (1978), S. 143 ff.

**Tabelle III-C.2: Tatsächliche und geplante Nominallohnsteigerungen in sozia-
listischen Planwirtschaften, 1955-1988[a]**

Jahr	CSFR Plan	CSFR Ist	DDR Plan	DDR Ist	Polen Plan	Polen Ist	Ungarn Plan	Ungarn Ist	UdSSR Plan	UdSSR Ist
1955	/	/	/	/	/	/	/	/	/	/
56	/	3,9	/	3,0	/	10,9	/	8,0	/	/
57	/	2,0	/	3,8	/	15,1	/	20,9	/	/
58	/	2,2	5,4	8,0	3,4	7,5	/	2,4	/	5,0
59	/	2,1	/	7,9	4,1	7,8	3,2	2,3	/	3,0
1960	/	3,1	/	4,0	/	3,2	/	2,7	/	4,0
61	2,3	2,5	1,6	3,9	2,6	4,4	1,8	1,2	/	4,0
62	/	0,7	/	0,9	2,4	3,7	/	2,5	2,7	3,5
63	/	-0,1	/	1,7	/	4,8	/	3,0	/	1,6
64	/	2,9	/	2,9	/	3,1	/	4,0	/	2,9
1965	/	2,3	/	3,8	/	2,6	/	1,0	4,5	6,1
66	/	2,6	/	2,1	/	4,5	/	4,0	/	3,8
67	3,5	5,5	/	2,5	3,4	4,0	/	5,2	/	4,2
68	5,0	8,2	/	4,7	2,5	3,8	/	2,3	5,8	7,5
69	5,0	7,3	/	4,3	2,2	3,2	/	5,9	3,3	3,9
1970	2,6	2,6	/	4,6	2,5	2,5	/	6,1	3,0	4,4
71	3,3	3,7	/	4,0	4,2	5,3	/	4,5	2,8	3,3
72	3,0	4,2	/	3,7	3,6	6,3	6,0	5,1	/	3,5
73	3,2	3,5	/	1,8	6,6	10,8	5,5-6,0	6,3	2,7	3,7
74	/	3,3	/	3,7	5,7	13,1	5,8	7,5	3,6	4,3
1975	/	4,4	/	3,5	11,0	14,2	/	8,3	/	6,0
76	4,0	3,7	/	4,6	7,7	10,6	/	5,6	3,7	5,8
77	4,0	4,7	/	4,7	6,1	9,0	/	7,3	4,2	4,6
78	3,6	4,2	/	4,5	4,1	7,2	/	9,0	3,7	5,4
79	/	3,6	/	3,5	6,5-6,8	9,1	/	7,6	3,6	4,1
1980	2,8	3,5	/	3,7	6,7	12,9	4,5	6,5	3,7	5,2
81	1,7	2,8	/	2,4	/	27,0	4,5-5,0[b]	6,0[b]	3,1	3,5
82	2,0	2,8	/	2,2	/	51,0	4,2-4,3[c]	5,6	3,2	3,0
83	1,3	3,0	/	1,3	16,0	26,1	3,5-3,8	6,7	2,4	3,0
84	/	2,5	/	2,6	/	15,8	4,8-5,0[b]	5,8[b]	/	2,9
1985	/	2,5	/	2,5	/	19,0	/	7,0-7,5	/	3,4
86	/	3,2	/	5,6	/	19,2	/	8,1	/	2,3
87	/	3,3	/	4,7	/	26,0	/	8,4	/	3,5
88	2,9	4,2	4,0	3,9	/	81,1	10,5-11,0	12,3	4,2	8,5

[a] 1950-1974: Nominallöhne je Lohnbezieher; ab 1975: gesamte Lohnzahlungen und lohnähnliche Einkommen.

[b] Nominallohn je Lohnbezieher.

[c] WORLD BANK (1984), S. 13.

Quelle: UNECE (verschiedene Jahrgänge); WORLD BANK (1984), S. 13.

IV. Determinanten der betrieblichen Arbeitsnachfrage und des privaten Arbeitsangebots

In der westlichen Arbeitsmarktökonomik ist es üblich, zunächst die Determinanten des privaten Arbeitsangebots der Haushalte zu analysieren und erst anschließend die Frage nach den Bestimmungsfaktoren der Arbeitsnachfrage zu untersuchen, weil diese letztlich darüber entscheidet, ob das Arbeitsangebot der Haushalte von den Unternehmen absorbiert wird.[1] Demgegenüber liegt in sozialistischen Planwirtschaften die umgekehrte Situation einer Überschußnachfrage nach Arbeit vor und das private Arbeitsangebot entscheidet darüber, ob und inwieweit die Betriebe ihre Arbeitsnachfrage befriedigen können. Deshalb werden anschließend zunächst die Bestimmungsfaktoren des betrieblichen Arbeitskräftebedarfs abgeleitet, und erst danach wird auf die Determinanten des Arbeitsangebots der privaten Haushalte eingegangen.

A. Bestimmungsfaktoren der betrieblichen Arbeitsnachfrage

1. Anreizsysteme und direktive Regeln

Anders als die Arbeitsmarkttheorie marktwirtschaftlicher Systeme bieten die Theorie der Zentralverwaltungswirtschaft und die Theorie des Konkurrenzsozialismus bislang keine anerkannte Analyse der Bestimmungsfaktoren oder Arbeitsnachfrage sozialistischer Betriebe. Dies ist in der Theorie der Zentralverwaltungswirtschaft darin begründet, daß die Betriebe keine eigenständigen Entscheidungen hinsichtlich des Einsatzes von Produktionsfaktoren im allgemeinen und des Faktors Arbeit im speziellen treffen, sondern als perfekte Erfüllungsgehilfen der zentralen Planung angesehen werden. Demgegenüber räumt die Theorie des Konkurrenzsozialismus den Betrieben zwar eigenständige Handlungsspielräume ein, unterstellt jedoch, daß das Verhalten der Betriebe durch die zentral gesetzten Preise und Verhaltensregeln auf die Verwirklichung der zentral gesetzten Aufgaben ausgerichtet werden kann. Beide Modelle unterstellen damit, daß die Betriebe die zur Formulierung eines konsistenten und durchführbaren Planes erforderlichen Informationen wahrheitsgemäß an die Planbehörde weiterleiten und die formulierten Planaufgaben so getreu wie möglich erfüllen. In keinem der beiden Modelle ist jedoch gewährleistet, daß die Betriebe sich tatsächlich wie von den Planern gewünscht verhalten. Hinsichtlich des letztgenannten Problems könnte man sich vorstellen, daß die Planer hohe Stra-

---

[1] Vgl. HAMMERMESH, REES (1988), passim; FRANZ (1991), passim.

fen für Planverletzungen festzulegen hätten, um die Betriebe zur "pflicht-
gemäßen" Planverwirklichung zu zwingen; dann steigt jedoch die Wahrscheinlichkeit an, daß die Betriebe schon während der Planaufstellungsphase verzerrte
Informationen an die Zentrale liefern, um einen leicht erfüllbaren ("weichen")
Plan vorgegeben zu bekommen. Der Wunsch, die eigenen Anstrengungen während der Planverwirklichung zu reduzieren, stellt einen weiteren Stimulus für
die Betriebe dar, die an die Planbehörde gegebenen Informationen zu verfälschen.

Das Wissen westlicher Beobachter über dieses Verhalten sozialistischer Betriebe (bzw. ihrer Betriebsleiter) stammt zumeist aus schriftlichen sowjetischen
Quellen oder aus Befragungen, die mit Emigranten aus sozialistischen Planwirtschaften oder mit dort tätigen Betriebsleitern durchgeführt wurden.[2] Diese Befragungen zeigten, welche Zielsetzungen die Betriebsleiter verfolgen, welche
Anreizsysteme sicherstellen sollen, daß die Manager die zentral gesetzten
Planaufgaben erfüllen und welche Nebenbedingungen sie bei der Durchführung
der Pläne beachten müssen. Als oberstes Ziel des Betriebsverhaltens wird die
Maximierung des Arbeitseinkommens angesehen, das sich aus zwei wesentlichen Komponenten zusammensetzt: Die erste Komponente umfaßt die zentral
festgelegten monatlichen Gehälter, die sich nur längerfristig (durch Beförde-
rung innerhalb eines Betriebes oder durch Versetzung in einen größeren Betrieb, dessen Leiter Anspruch auf ein höheres Gehalt haben) verändern; die
zweite Komponente enthält zahlreiche, auch kurzfristig variable Prämienzahlungen, die in Abhängigkeit von der Erfüllung zentral vorgegebener Be-
triebsziele gezahlt werden.[3] Diese Prämienzahlungen sind für das betriebliche
Verhalten entscheidend, weil sie einen beträchtlichen Teil am Jahreseinkommen
ausmachen und kurzfristig variabel auf Veränderungen der betrieblichen Leistung reagieren, während die Gehälter kurzfristig rigide sind.[4] In dem Umfang,

---

[2] Vgl. GRANICK (1954), insbesondere S. 107 ff.; BERLINER (1957), passim; DERS. (1976), S. 397
ff.; FEIWEL (1965), S. 197 ff.

[3] Zu den verschiedenen Prämienfonds vgl. beispielsweise VORTMANN (1985), S. 89 ff.

[4] Bonuszahlungen umfaßten für alle Beschäftigten zwar zumeist weit weniger als 20 Prozent der gesamten Arbeitseinkommen, wobei der exakte Anteil von Land zu Land und von Periode zu Periode
differierte, jedoch während der 60er Jahre überall kontinuierlich angestiegen war. Sehr viel bedeutender waren die Prämienzahlungen dagegen für Top-Manager als betriebliche Entscheidungsträger. Sie
machten für diese Gruppe in der ehemaligen Sowjetunion mehr als 50 Prozent der Jahreseinkommen
aus; ähnlich hohe Anteile galten auch in Polen und Ungarn, während in der ehemaligen CSFR
Obergrenzen für die Bonuszahlungen an Betriebsleiter in Höhe von maximal 40 Prozent ihrer Grund-
gehälter festgelegt waren. Für die ehemalige DDR sind keine Daten über die Höhe der Prämien von
Top-Managern verfügbar. Vgl. ADAM (1979), S. 88 ff.

wie das monetäre Einkommen das Betriebsverhalten bestimmt, ist der variable
Bonus mithin jene Größe, an dessen Höhe der Betriebsleiter seine Entschei-
dungen ausrichten wird; auch längerfristig steigen die Gehaltseinkommen der
Betriebsleiter mit der Übererfüllung der zentralen Planvorgaben und damit der
Höhe der Bonuszahlungen an.[5]

Die Zahlung der Prämien ist an die Erfüllung bestimmter Aufgaben gebunden,
die den Betriebsleitern in Form direktiver Regeln von der Planzentrale vorgegeben werden. Diese Regeln bilden das Anreizsystem sozialistischer Planwirtschaften und lassen sich - wie in Übersicht IV-A.1 dargestellt - in allgemeine
und spezifische Regeln einerseits und statische und dynamische Regeln andererseits unterteilen:[6] Die allgemeinen Regeln legen fest, nach Maßgabe welcher
Prinzipien die Prämienzahlungen erfolgen und werden als "Planerfüllungsprinzip" und als "Ratchet-Prinzip" bezeichnet. Nach dem Planerfüllungsprinzip
wird die Leistung eines Betriebes durch Soll-Ist-Vergleich als Differenz zwischen dem tatsächlich erzielten Wert einer Plankennziffer und der zentralen
Vorgabe gemessen; die Höhe der Bonuszahlung richtet sich also nach der
(Über-)Erfüllung der Planvorgabe.

**Übersicht IV-A.1: Prämienbestimmende Regeln in sozialistischen Planwirt-
schaften**

	allgemein	spezifisch
statisch	Planerfüllungs- prinzip	Auswahl und Ge- wichtung der Kennziffern
dynamisch	Ratchet-Prinzip	

Nach dem Ratchet-Prinzip legen die Planer die Planvorgabe für die Periode
t+1 nach Maßgabe der in der Periode t erzielten Ergebnisse fest, so daß eine
Planübererfüllung in der laufenden Periode zu einer erhöhten Planvorgabe in
der Folgeperiode führt.[7] Die spezifischen Regeln bestimmen, welche Planauf-

---

[5] Zur Bedeutung der Prämienzahlungen als Zielgröße sozialistischer Betriebe vgl. GRANICK (1954),
S. 192 ff.; DERS. (1960), S. 130 ff.; BERLINER (1957), S. 25 ff.; DERS. (1976), S. 403 ff.;
FEIWEL (1965), S. 207 ff.

[6] Zur Unterscheidung zwischen allgemeinen und spezifischen Regeln vgl. wiederum BERLINER
(1976), S. 408.

[7] Zum Begriff "Ratchet-Prinzip" für dieses Verhalten der Planbehörde vgl. BERLINER (1957), S. 78.
Mitunter wird auch der Begriff "planning from the achieved level" verwendet, beispielsweise bei
BUCK (1982), S. 57, oder bei BENNETT (1989), S. 90.

gaben der Betrieb in welcher Rangordnung oder welcher Gewichtung zu erfüllen hat und erlauben es deshalb den Betriebsleitern, Mehrfachzielsetzungen in
Einfachzielsetzungen umzusetzen; diese Planaufgaben wurden von den Planbehörden laufend verändert und sind deshalb in Übersicht IV-A.1 nicht näher
aufgeführt.

Den direktiven Regeln kommt im Realtyp einer sozialistischen Planwirtschaft
die Aufgabe zu, die Entscheidungen und Handlungen der Betriebe auf die
Verwirklichung der von der Planbehörde angestrebten Planziele auszurichten.
Dazu sollen die allgemeinen Regeln einen Informationsfluß von den Betrieben
an die Zentrale anregen und die Betriebe dazu anreizen, ihre Produktionsmöglichkeiten gegenüber der Planbehörde offenzulegen; eine umgekehrte Aufgabe
erfüllen die spezifischen Regeln, die einen Informationsstrom von der Zentrale
an die Betriebe darstellen und eine Lenkung der Produktionsfaktoren in die von
der Planbehörde gewünschte Richtung herbeiführen sollen. In der Realität erfüllen beide Regelgruppen diese Aufgabe jedoch nur unzureichend, weil sie die
Entscheidungen der Betriebe anders beeinflussen, als von der Planbehörde beabsichtigt ist, und damit zahlreiche Ineffizienzen auslösen, die Gegenstand einer umfangreichen westlichen Literatur über das Verhalten sozialistischer Betriebe sind: Dabei stehen in frühen Modellanalysen vor allem die Konsequenzen
der spezifischen Regeln im Vordergrund, wobei - aufbauend auf der neoklassischen Theorie der Unternehmung - die Auswirkungen unterschiedlicher Ziel-
funktionen (Umsatzmaximierung, Maximierung der Kapitalrentabilität usw.)
auf das Angebots- und Nachfrageverhalten des Betriebes untersucht und gefragt
wird, welche Inputkombination und welches Outputniveau ein repräsentativer
sozialistischer Betrieb im Vergleich zu einem Gewinnmaximierer wählen
wird.[8] Diese Modelle ermöglichen zwar einige Einsichten in das Arbeitsnachfrageverhalten des Betriebes während der Plandurchführungsphase, sehen jedoch das Informationsproblem der Zentrale als gelöst an und unterstellen damit, daß die Betriebe die Planvorgaben als gegeben ansehen und nicht zu beeinflussen versuchen.[9] Diese Lücke schließen jüngere Modellanalysen, die den
Einfluß der allgemeinen Regeln, des Planerfüllungsprinzips und des Ratchet-
Prinzips, auf das betriebliche Verhalten während der Planvorbereitungsphase
darstellen und zeigen, wie die Betriebe ihre Informationsvorteile dazu nutzen

---

[8] Vgl. hierzu BALASSA (1959), passim; AMES (1965), S. 50 ff.; WARD (1967), S. 84 ff., sowie
die Überblicke bei BUCK (1982), S. 50 ff.; FRERIS (1984), S. 52 ff.; BENNETT (1989), S. 68 ff.

[9] Zu dieser Kritik vgl. auch FRERIS (1984), S. 53, der dort bemerkt: "In such a simple and
generalized model the role of input and output plans does not appear at all".

können, um ihre Produktionskapazitäten vor der Planbehörde zu verbergen und um "weiche", leicht zu erfüllende Planvorgaben zu erhalten.[10] Allerdings untersuchen diese Modelle ausschließlich das daraus resultierende Outputverhalten des Betriebes und vernachlässigen die Konsequenzen der allgemeinen Regeln für die betriebliche Arbeitsnachfrage. Beide Modellgruppen unterstellen gemeinsam, daß es den Planern nachträglich gelingt, die durch die direktiven Regeln ausgelösten Ineffizienzen aufzudecken, weil die Betriebe gegenüber staatlichen Organen finanzielle Verpflichtungen zu erfüllen haben, an deren Verletzung die Zentralbehörde ein planwidriges Verhalten der Betriebe erkennen kann.[11] Diese Annahme wird von einer dritten Gruppe von Modellen aufgehoben, wo dargestellt wird, warum die Planzentrale die Einhaltung finanzieller Restriktionen niemals wirkungsvoll kontrollieren kann.[12]

Nachfolgend sollen unter Verwendung der Ergebnisse der soeben dargestellten Modelle die Konsequenzen der direktiven Regeln für die Arbeitsnachfrage eines repräsentativen sozialistischen Betriebes dargestellt werden. Dazu wird zunächst gefragt, welche Auswirkungen die allgemeinen Regeln für das betriebliche Arbeitsnachfrageverhalten haben, weil diese Regeln konstitutive Elemente des Anreizsystems einer sozialistischen Planwirtschaft darstellen und als solche für deren Funktion unverzichtbar sind: Die zentrale Planung des Wirtschaftsprozesses setzt notwendigerweise voraus, daß die Einhaltung der formulierten Planaufgaben durch Soll-Ist-Vergleich kontrolliert wird; darüber hinaus ist es in einer dynamischen Wirtschaft erforderlich, die Planaufgaben entsprechend der vermuteten Entwicklung der Produktionskapazitäten im Zeitablauf anzupassen. Hieran anschließend erfolgt die Analyse der spezifischen Regeln, die für eine sozialistische Planwirtschaft keineswegs kennzeichnend sind und im Zuge sogenannter Reformen immer wieder verändert wurden. Beide Gruppen von Regeln üben auf den Betrieb einen starken Anreiz aus, mehr Arbeitskräfte einzustellen, als zur Erfüllung der Planaufgaben notwendig ist, und Arbeitskräfte zu horten. Diese Arbeitskräftehortung findet jedoch dadurch eine Schranke, daß die Betriebe nicht nur zur Erfüllung naturalwirtschaftlicher, sondern auch zur Einhaltung monetärer Planauflagen verpflichtet sind. Deshalb soll im vierten Unterabschnitt der Einfluß dieser finanzwirtschaftlichen Kennziffern auf die betriebliche Arbeitsnachfrage untersucht und gefragt werden, wie Lohnerhöhungen auf die Betriebe wirken und inwieweit die Planzentrale

---

[10] Für einen Überblick vgl. wiederum BENNETT (1989), S. 77 ff.

[11] Vgl. beispielsweise AMES (1965), S. 80 ff.

[12] Vgl. vor allem KORNAI (1980a), passim.

die Erfüllung dieser Kennziffern überhaupt kontrollieren kann. Der Abschnitt endet mit einem kurzen Überblick über die empirische Relevanz einiger der hier dargestellten Einflußfaktoren auf das Arbeitnachfrageverhalten sozialistischer Betriebe.

2. Allgemeine Regeln und Arbeitsnachfrageverhalten

a. Statische Anreizprobleme und "Planerfüllungsprinzip"

Zunächst sei das Arbeitsnachfrageverhalten unter der Annahme dargestellt, daß der sozialistische Betrieb lediglich über einen einperiodigen Planungshorizont verfügt und mögliche Auswirkungen einer Planübererfüllung oder -untererfüllung auf die Planvorgaben späterer Perioden - und damit das Ratchet-Prinzip - unberücksichtigt läßt. Das Betriebsziel besteht dann in der Maximierung der periodischen Bonuszahlungen und mithin jener spezifischen Kennziffer, an deren Erfüllung die Prämienzahlung gebunden ist. Im klassischen Anreizsystem, so wie es beispielsweise in der ehemaligen Sowjetunion bis Mitte der 60er Jahre existierte, bestand die Hauptkennziffer in der Maximierung der Produktion:[13] (Über-)Erfüllung des Outputplanes war das vordringlichste Anliegen der Betriebe. Darüber hinaus wurden den Betrieben zwar noch zahlreiche andere naturalwirtschaftliche Kennziffern vorgegeben, die aber als kaum bindend galten; sofern der Betrieb seinen Produktionsplan (über-)erfüllte, wurden Verletzungen dieser naturalen "Nebenkennziffern" als zulässig anerkannt.[14]

Durch diese spezielle Konstruktion des Anreizsystems hängt die Höhe der Prämienzahlung an den Betrieb neben der tatsächlichen Produktion vor allem von der zentralen Produktionsvorgabe ab, die für den Betrieb jedoch keine exogene, sondern eine durch seine Informationspolitik gegenüber der Zentrale beeinflußbare Größe darstellt. Um seine periodischen Prämienzahlungen zu maximieren, wird der Betrieb deshalb bemüht sein, bei Ausarbeitung und Verteidigung des Planentwurfes "weiche", möglichst leicht zu erfüllende Plankennziffern vorgegeben zu bekommen, und wird versuchen, bei der Planaufstellung sein tatsächliches Leistungspotential zu verbergen. Er schafft sich damit eine Produktionsreserve, die es ihm erlaubt, seinen Produktionsplan überzuerfüllen

---

[13] Auf die später durchgeführten Variationen in den spezifischen Kennziffern und den daraus folgenden Konsequenzen für die betriebliche Arbeitsnachfrage wird im nachfolgenden Unterabschnitt 3. eingegangen.

[14] Vgl. BERGSON (1964), S. 75; AMES (1965), S. 38 ff.; FEIWEL (1965), S. 212 ff.; BERLINER (1976), S. 405 ff.

oder zumindest eine Untererfüllung zu verhindern, falls die im Produktionsplan vorgesehenen Inputkontingente nicht rechtzeitig oder in ausreichender Menge oder Qualität eintreffen.[15] Dieses Streben nach "weichen" Plänen betrifft vor allem auch den Produktionsfaktor Arbeit, für den die Betriebe während der Planvorbereitung versuchen werden, das mögliche Wachstum der Arbeitsproduktivität zu untertreiben, um gegenüber der Zentrale einen höheren als tatsächlich notwendigen Arbeitskräftebedarf durchzusetzen.[16] Graphisch läßt sich dieses Verhalten wie in Abb. IV-A.1 darstellen, die die partielle Ertragsfunktion $x = f(N, \bar{K})$ eines repräsentativen sozialistischen Betriebes in Abhängigkeit vom Arbeitskräfteeinsatz N und gegebenen Werten der übrigen (materiellen) Produktionsmittel $\bar{K}$ wiedergibt.[17] Hätten die Planer vollkommene Kenntnis über die Produktionsmöglichkeiten des Betriebes, könnten sie nach Maßgabe der durchgezogen gezeichneten partiellen Produktionsfunktion $f(N, \bar{K})$ für jeden Produktionsplan die zugehörige Beschäftigungsmenge festlegen; streben sie beispielsweise eine Produktionsmenge x' an, würden sie dem Betrieb eine Arbeitsmenge N' zuteilen und die Arbeitsproduktivität entsprechend dem Tangens des Winkels α planen. In der Realität werden die Planer jedoch über diese Kenntnisse niemals verfügen, sondern sind bei der Bestimmung der Produktionsfunktion auf die Informationen des Betriebes angewiesen, der ein Interesse daran hat, seine Produktionsmöglichkeiten gegenüber der Planbehörde zu verdecken. Dies kann ihm gelingen, indem er der Zentrale für eine gegebene Planproduktion einen überhöhten Inputbedarf oder für eine gegebene Inputzuteilung eine zu niedrige Planproduktion mitteilt. In Abb. IV-A.1 bedeutet das, daß der Betrieb seine Produktionsmöglichkeiten nach Maßgabe beispielsweise der gestrichelt gezeichneten partiellen Produktionsfunktion $x = g(N, \bar{K})$ bekanntgibt und von der Planbehörde entweder zur Produktion der Gütermenge x' einen überhöhten Arbeitskräftebedarf N* verlangt oder bei einem Arbeitskräfteeinsatz N' lediglich eine Menge x" zu produzieren vorgibt (oder eine Kombination aus diesen beiden Strategien wählt).[18] In allen Fällen ist der Arbeitskräfteeinsatzplan "weich", weil der Betrieb seine mögliche Ar-

---

[15] BERLINER (1957), S. 76, spricht deshalb auch vom Sicherheitsfaktor in der Produktion. "It conveys the idea of holding back a reserve, of preserving 'slack' in the drafting and execution of plan targets, so that if anything goes wrong management will have untapped resources to fall back upon in order to meet its target." EBENDA.

[16] Vgl. auch BERLINER (1976), S. 165 ff.

[17] Zur Abbildung und den nachfolgenden Ausführungen vgl. auch HEDLUND (1987), S. 134; OXENSTIERNA (1990), S. 80, wo jedoch im Unterschied zur Abb. IV-A.1 eine linear-homogene Produktionsfunktion mit konstanten Skalenerträgen unterstellt ist.

[18] Welche Input-Output-Kombination auf der partiellen Produktionsfunktion der Betrieb tatsächlich anstrebt, kann an dieser Stelle noch nicht entschieden werden, sondern hängt von der Vorgabe der später zu behandelnden spezifischen Kennziffern ab.

beitsproduktivität (Tangens des Winkels ß bzw. Tangens des Winkels γ) der
Planbehörde gegenüber untertreibt.

Abb. IV-A.1: Betrieblicher Arbeitskräftebedarf bei weichen Plänen

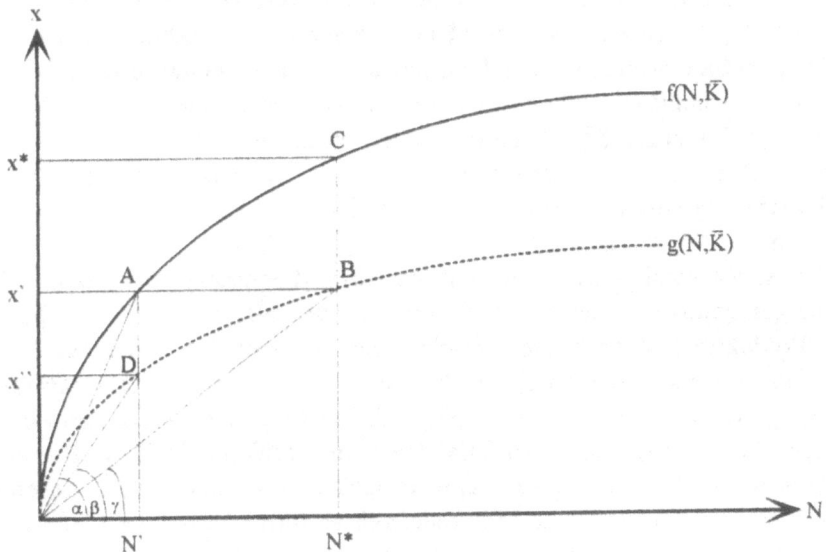

Akzeptiert die Planbehörde die betrieblichen Informationen über die
vorgeschlagene partielle Produktionsfunktion $g(N,\overline{K})$, und behauptet der Betrieb beispielsweise, die Planmenge x' nur mit dem Arbeitskräftebestand N*
produzieren zu können, verfügt der Betriebsleiter über eine Sicherheitszone im
Ausmaß der Fläche ABC, über die er unterschiedlich verfügen kann:[19] Er
kann die "Extra-zuteilung" an Arbeitskräften (N*-N') dazu verwenden, um die
Menge x* zu produzieren und den Produktionsplan überzuerfüllen, was ihm zusätzlich Prämienzahlungen einbringen würde. Alternativ kann er sich dazu entscheiden, die Planmenge x' zu produzieren und die zusätzlich verfügbaren Arbeitskräfte zu horten, d.h. eine "stille Reserve" an Arbeitskräften zu halten.
Der Aufbau solch einer Arbeitskräftereserve ist von Vorteil, wenn die Zuliefe-

---

[19] Vgl. wiederum HEDLUND (1987), S. 134.

rung der materiellen Produktionsmittel wegen der Unvollkommenheit der naturalen Planung mit Unsicherheiten verbunden ist und der Manager damit rechnen muß, daß notwendige Vorleistungen zu spät oder nicht in ausreichender Menge und Qualität eintreffen. Dann können sich seine Produktionsmöglichkeiten tatsächlich entsprechend der partiellen Produktionsfunktion $g(N,\bar{K})$ entwickeln, und die Extrazuteilung an Arbeitskräften verhindert eine Planuntererfüllung $(x''-x')$, die zu einer völligen Kürzung der Prämienzahlungen führen würde. Bei dem hier bislang unterstellten einperiodigen Planungshorizont wird der Betriebsleiter damit die Arbeitskräftereserve dazu verwenden, um die Produktionspläne bei plangemäßer Zulieferung der materiellen Produktionsmittel im Ausmaß (x^*-x') überzuerfüllen oder um eine Planverletzung bei unzureichender Zulieferung von Vorleistungen zu vermeiden.

Der Betrieb strebt somit nach "weichen" Arbeitskräfteeinsatzplänen, weil bei unvollständiger naturaler Planung Unsicherheiten vor allem bei der Beschaffung von Produktionsfaktoren und Vorleistungen bestehen. Je höher der Betriebsleiter diese Unsicherheiten einschätzt, desto größer wird ceteris paribus die von ihm gewünschte stille Reserve sein, d.h. desto weiter entfernt wird die den Planern "bekanntgegebene" partielle Produktionsfunktion $g(N,\bar{K})$ von der bei plangemäßer Zulieferung erreichbaren Produktionsfunktion $f(N,\bar{K})$ liegen. Als typische Risikofaktoren gelten Materialengpässe sowie verspätete Lieferungen von Vorleistungen, qualitative Mängel der Vorprodukte, Stillstandzeiten von Maschinen bei Reparaturen und Versorgungsengpässe bei Ersatzteilen, aber auch kurzfristige Änderungen der Plandirektiven während der Plandurchführungsphase oder der kurzfristige Abzug von Arbeitskräften im Rahmen zentral verordneter (vor allem Ernteeinsatz-)Programme und unentschuldigtes Fehlen von Arbeitskräften.[20] Solche Risiken bedingen, daß die Betriebe ihren Produktionsplan am Anfang der Plandurchführungsphase zumeist untererfüllen, und deshalb gezwungen sind, ihre Produktionsintensität am Periodenende beträchtlich zu erhöhen, um die Produktionsvorgaben einhalten zu können, was nur bei beträchtlichen Arbeitskräftereserven möglich ist.[21]

Um dieses Problem "weicher", die tatsächlichen Produktionsmöglichkeiten der Betriebe nicht ausschöpfender Pläne in den Griff zu bekommen, und um die Betriebe dazu anzuregen, den Behörden eine näher an der möglichen partiellen Produktionsfunktion $f(N,\bar{K})$ liegende Produktionsfunktion $g(N,\bar{K})$ bekanntzuge-

---

[20] Vgl. HARTWIG (1987a), S. 82 und die dort zitierte Literatur.

[21] Diese Praxis wird als "storming" bezeichnet. Vgl. erneut BERLINER (1957), S. 39 f. und S. 141 f.

ben, wurde in der ehemaligen Sowjetunion seit 1971 ein neues Anreizsystem verwendet, bei dem die Betriebe Prämien auch für die Überbietung der zentralen Planvorschläge in ihrem Planentwurf erhielten und die Übernahme hoher Planauflagen stärker belohnt wurde als die nachträgliche Planübererfüllung.[22] Bei diesem modifizierten Anreizsystem besteht die Planung aus drei Phasen: In der Vorbereitungsphase nutzt die Planbehörde ihre verfügbaren Informationen, um den Betrieben einen vorläufigen Vorschlag x^V für die Güterproduktion vorzugeben. Sie gibt ferner die Höhe des vorläufigen Bonusfonds B^V an, der gezahlt wird, falls der vorgeschlagene Wert für die Produktionskennziffer von den Betrieben unverändert übernommen und auch tatsächlich erfüllt wird. In der Planungsphase entwickeln die Betriebe dann einen Gegenplan zur zentralen Vorgabe und melden der Planbehörde einen korrigierten Planwert x^P bezüglich der Güterproduktion. Die Planbehörde entscheidet dann, um wieviel der geplante Bonus B^P von der anfänglichen Vorgabe B^V abweicht, wenn x^P größer als x^V ausfällt. Algebraisch hat die Bonusfunktion folgendes Aussehen:

(IV-A.1) $\qquad B^P = B^V + b\,(x^P - x^V)$,

wobei b einen zentral festgesetzten Parameter bezeichnet. Die Planer legen ebenfalls fest, wie stark der tatsächliche Bonus B vom Planwert B^P abweicht, falls die tatsächliche Kennziffer x von der Plankennziffer x^P differiert:

$$(\text{IV-A.2}) \qquad B - B^P = \begin{cases} a\,(x - x^P) & \text{für } x \geq x^P, \\[2mm] -\,c\,(x^P - x) & \text{für } x < x^P, \end{cases}$$

wobei a und c ebenfalls zentral festgelegte Parameter beschreiben.
Durch Kombination von (IV-A.1) und (IV-A.2) ergibt sich:

$$(\text{IV-A.3}) \qquad B - B^V = \begin{cases} b\,(x^P - x^V) \quad\; + a(x - x^P) & \text{für } x \geq x^P, \\[2mm] b\,(x^P - x^V) \quad\; - c(x^P - x) & \text{für } x < x^P. \end{cases}$$

Die zentrale Planbehörde will versuchen, durch geeignete Wahl der Parameter a, b und c die Betriebe zur Offenlegung ihrer "stillen Reserven" an Arbeitskräften anzuregen. Diese erwünschte Anreizfunktion wird erfüllt, falls für die Parameter folgende Relation gilt:

(IV-A.4) $\qquad 0 < a < b < c,$[23]

---

[22] Zu Einzelheiten dieses modifizierten Anreizsystems vgl. ADAM (1980), S. 353 f.

[23] Zur Analyse dieses Anreizsystems vgl. ELLMAN (1973), S. 652; FAN (1975), S. 227 f.; WEITZMAN (1976), S. 252 ff.; VINZENTZ (1980), S. 102; BENNETT (1989), S. 77 ff.

ein Fall, der in Abbildung IV-A.2 unterstellt ist.[24] Dort zeigt die gestrichelte Linie die Entwicklung des tatsächlichen Bonusfonds B in Abhängigkeit von der Güterproduktion x, falls die Betriebe ihre selbstgestellten Aufgaben stets vollständig erfüllen (Planerfüllungslinie; $x = x^P$). Dann steigt der tatsächliche Bonusfonds gemäß Gleichung (IV-A.3), ausgehend von einem Wert ($B^V - b \cdot x^V$), kontinuierlich mit einer Steigung b an. Demgegenüber beschreibt die durchgezogene, gekrümmte Linie die Entwicklung von B für den Fall, daß die Betriebe der Zentrale einen bestimmten Wert x^P als Planwert vorgeschlagen haben: Sollte die tatsächliche Planerfüllung größer als der Planvorschlag ausfallen (x ≥ x^P), nimmt der Bonusfonds nach Maßgabe des Koeffizienten a zu; wegen a < b weist der Anstieg der Bonusfunktion eine geringere Steigung als die Planerfüllungslinie auf. Liegt jedoch die tatsächliche Planerfüllung unterhalb des Planwertes (x < x^P), nimmt die Bonuszahlung nach Maßgabe des Koeffizienten c ab; wegen b < c weist die Bonusfunktion eine größere Steigung als die Planerfüllungslinie auf. Solange die hier unterstellte Konstellation zwischen den Parametern a, b und c gegeben ist, keine Unsicherheit herrscht und die Produktion an der Kapazitätsgrenze keinen Nutzenverlust für die Betriebsleiter bedeutet, werden die Betriebe bei einem gegebenen Arbeitskräftebestand N* stets an der Kapazitätsgrenze x* produzieren und ihre Produktionsmöglichkeiten auch gegenüber der Planbehörde offenlegen: Sie produzieren an der Kapazitätsgrenze, weil für jeden Planwert x^P die Bonusfunktion mit x ansteigt. Entscheidungsgröße für sie ist dann alleine die Höhe von x^P. Sie legen ihre Kapazitäten offen, weil dies die höchste Prämienzahlung erbringt. Dies wird auch durch Abb. IV-A.2 deutlich, wo zwei verschiedene Bonusfunktionen (I und II) dargestellt sind, die sich nur hinsichtlich ihrer Knickstellen und damit hinsichtlich der von den Betrieben vorgeschlagenen Planwerte x^P unterscheiden.[25] Die Betriebe maximieren B, wenn sie Linie I und damit x^P = x* wählen, d.h. ihre Produktionskapazitäten den Behörden wahrheitsgemäß mitteilen.

Damit besteht unter diesem Prämiensystem für die Betriebe formal kein Anreiz mehr, nach "weichen" Plänen zu streben und ihre Leistungsreserven zu verstecken, solange sie ihre Produktionsmöglichkeiten genau kennen und keinen Unsicherheiten unterliegen. Sobald jedoch unsichere Erwartungen vorherrschen und das Risiko einer Planuntererfüllung besteht, finden Risikoüberlegungen

---

[24] Zur Abbildung und zu den nachfolgenden Ausführungen vgl. VINZENTZ (1980), S. 101 ff.; BENNETT (1989), S. 79 f. Die in Gleichung (IV-A.4) unterstellte Relation war beispielsweise in der ehemaligen Sowjetunion erfüllt, wo a mindestens um 30 Prozent unterhalb, c mindestens um 30 Prozent oberhalb von b lag; vgl. ADAM (1980), S. 354.

[25] Für die Kurve I gilt x^P = x*, d.h. die Manager legen der Planbehörde ihre Kapazitätsgrenze offen; für Kurve II gilt x^P < x*; in diesem Fall bilden die Manager eine stille Reserve an Inputfaktoren.

Eingang in die betrieblichen Pläne. Je nach Risikoneigung stellen die Betriebe der Chance einer möglichst hohen Prämie bei Übernahme angespannter Pläne das Risiko der Nichterfüllung gegenüber. Sie werden dann solch einen Planwert x^P wählen, bei dem der Erwartungswert ihrer Bonuszahlungen maximal wird, jedoch - wie im Sicherheitsfall - weiterhin an der Kapazitätsgrenze zu produzieren versuchen. Bildet man den Erwartungswert von Gleichung IV-A.3 und setzt man die erste Ableitung nach x^P gleich Null, so ergibt sich für den bonus-maximierenden Planvorschlag die Bedingung:

$$(\text{IV-A.5}) \qquad Pr\,(x < x^P) = \frac{b - a}{c - a},$$

wobei $Pr\,(x < x^P)$ die Wahrscheinlichkeit beschreibt, daß x höchstens den Wert x^P annimmt. Damit wählt der Betriebsleiter x^P so, daß die Wahrscheinlichkeit der Planuntererfüllung dem in (IV-A.5) dargestellten Verhältnis der zentral gesetzten Koeffizienten entspricht.[26]

Abb. IV-A.2: Prämienzahlung und Planerfüllung

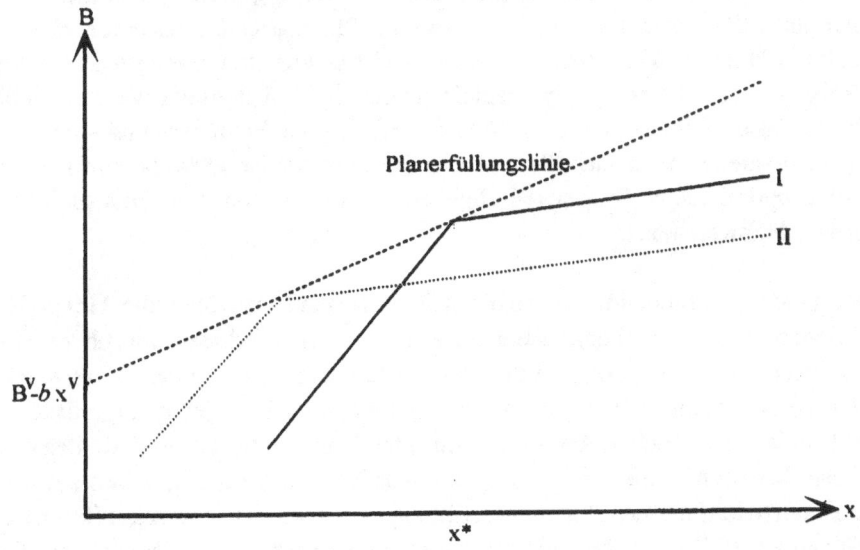

---

[26] Vgl. WEITZMAN (1976), S. 255.

Die Planbehörde könnte dann durch geeignete Wahl der Parameter a, b und c die Betriebe während der Planaufstellungsphase dazu anregen, ihr Informationen über die Produktionsmöglichkeiten zu übertragen, deren Erfüllungswahrscheinlichkeit der Zentrale von vornherein bekannt ist: Legt die Planbehörde (allerdings unter Berücksichtigung der Relation IV-A.4) für die Parameter a und c einen hohen, jedoch für b einen niedrigen Wert fest, werden die Betriebe ihr einen niedrigen Planvorschlag x^P unterbreiten und ihr eher pessimistische Planvorschläge hinsichtlich der erwarteten Höhe ihrer Produktionskapazität mitteilen. Wählt die Planbehörde umgekehrt hohe Werte für b, unterbreiten die Betriebe ihr einen hohen Planvorschlag x^P, der auf eher optimistischen Werten hinsichtlich der erwarteten Höhe ihrer Produktionskapazität beruht. Deshalb wird die Planbehörde die Parameter für die einzelnen Betriebe so festzusetzen versuchen, daß sie den (aus der Sicht der Zentrale bestimmten) marginalen sozialen Nutzen und marginalen sozialen Kosten einer Übererfüllung bzw. Untererfüllung der Pläne jeden Gutes entsprechen:[27] So müßten für einen Betrieb, der beispielsweise ein wichtiges Zwischenprodukt herstellt und bei dem eine Planuntererfüllung die Planerfüllung anderer Betriebe ernsthaft gefährdet, der "Anreizkoeffizient" a und der "Strafkoeffizient" c vergleichsweise hoch angesetzt werden, so daß das Risiko einer Planuntererfüllung niedrig ausfällt. Umgekehrt müßte für einen Betrieb, bei dem eine Planübererfüllung einen niedrigen sozialen Nutzen stiftet (beispielsweise weil das von ihm erzeugte Gut nicht lagerfähig ist), der Koeffizient b vergleichsweise hoch festgesetzt werden. Will die Planbehörde dagegen erreichen, daß das Risiko der Planüber- und -untererfüllung etwa gleich hoch ausfällt und die Betriebe weder allzu pessimistische noch allzu optimistische Prognosen abgeben, müssen a und c um den gleichen Betrag von b abweichen.[28]

Die Aufgabe der Planbehörden, realistische Informationen über die Höhe der betrieblichen Produktionskapazitäten zu erhalten, wird jedoch dadurch erheblich erschwert, daß das Verhalten der Betriebsleiter nicht allein durch die Koeffizienten der Prämienfonds bestimmt wird, sondern - wie in jeder Organisation - auch Anreize moralischer Art - wie Lob oder Rügen - wirksam sind. Bezieht man diese Faktoren in die Berechnung der Koeffizienten mit ein, fallen sowohl der Strafkoeffizient c einer Planuntererfüllung, als auch der Anreizkoeffizient a einer Planübererfüllung höher aus als die offiziell festgelegten. Damit sind die Betriebe jedoch nur noch bereit, ein geringeres Risiko der Planuntererfüllung in

---

[27] Vgl. WEITZMAN (1976), S. 256; BENNETT (1989), S. 81 f.

[28] Dies war beispielsweise bei der in der ehemaligen Sowjetunion herrschenden Relation zwischen a, b und c der Fall; vgl. VINZENTZ (1980), S. 106.

Kauf zu nehmen; im Extremfall, wenn nämlich die moralische und finanzielle Belohnung einer Übererfüllung (gemessen durch *a*) höher als der Strafkoeffizient *c* ausfällt, werden die Betriebsleiter die Entwicklung der künftigen Produktionskapazität vorsichtig einschätzen, einen niedrigeren Plan x^p vorschlagen und daher weiterhin nach unten verzerrte Informationen über ihre Produktionsmöglichkeiten liefern.[29] Dies wird weiter verstärkt, wenn die Manager risikoavers sind und nicht mehr den Erwartungswert der Prämienzahlung selbst, sondern den erwarteten Risikonutzen dieser Prämien zu maximieren versuchen. Dann wählen sie eine Planvorgabe x^p, bei der die rechte Seite der Gleichung (IV-A.5) die linke Seite übersteigt, d.h. sie verhalten sich konservativer und schlagen geringere Werte für x^p vor, so daß eine Planuntererfüllung weniger wahrscheinlich wird.[30] Ähnliche Ergebnisse folgen auch, wenn man berücksichtigt, daß die Planerfüllung von den Betriebsleitern höhere Anstrengungen in Form verlängerter Arbeitszeiten, höherer Aufmerksamkeit oder intensiverer Überwachung ihrer Beschäftigten erfordern, die einen negativen Nutzen (z.B. in Form aufzugebender Freizeit) zur Folge haben. Weil der Manager diese Nutzeneinbußen in seinen Überlegungen berücksichtigt, wird er einen niedrigeren Planvorschlag x^p unterbreiten.[31]

Moralische Anreize, risikoaverses Verhalten und höhere Anstrengungen sind subjektive Erscheinungen, deren Auswirkungen auf das Verhalten der Betriebsleiter von der Planbehörde niemals bestimmt werden können. Damit wird es für die Zentrale schwierig, wenn nicht gar unmöglich, durch Variation von *a*, *b* und *c* Einfluß auf die Reservehaltung der Betriebe und damit auf ihre Arbeitsnachfrage zu nehmen. Mithin wird es der zentralen Planbehörde kaum gelingen, das Problem "weicher" Pläne zu lösen. Allerdings sind die Betriebe weiterhin bemüht, ihre tatsächliche Produktion bis an die Kapazitätsgrenze auszuweiten, weil jede Planübererfüllung nach Maßgabe des Koeffizienten *a* belohnt wird. Dies gilt aber nur solange, wie sie über einen einperiodigen Planungszeitraum verfügen und dynamische Anreizprobleme außer Acht bleiben.

b. Dynamische Anreizprobleme und "Ratchet-Prinzip"

Solche dynamischen Anreizprobleme ergeben sich erst, wenn die Betriebsleiter bei ihrer Entscheidungsfindung auch künftige Perioden berücksichtigen, weil

---

[29] Vgl. dazu VINZENTZ (1980), S. 108.

[30] Zum Verhalten der Betriebsleiter bei Risikoaversion vgl. WEITZMAN (1976), S. 255 f.; SNOWBERGER (1977), S. 592 ff.

[31] Vgl. dazu MILLER, THORNTON (1978), S. 434 ff.; BONIN, MARCUS (1979), S. 240 ff.

die Planer bei der Formulierung der Zielvorgaben für die nächste Periode gemäß dem "Ratchet-Prinzip" die in den Vorperioden erzielten Ergebnisse zugrunde legen. Dieses Verhalten der Planer folgt aus ihren Informationsdefiziten
bei der Planaufstellung: Da die Betriebsleiter aus den soeben genannten Gründen nicht bereit sein werden, ihre wahrscheinlichen Produktionskapazitäten den
Planungsbehörden offenzulegen, müssen diese dann eine "Daumenregel" an-
wenden, bei der sie die erwarteten Produktionsmöglichkeiten eines Betriebes
aus den vergangenen Produktionsleistungen (ergänzt um einen Zuschlag für das
wahrscheinliche Wachstum der Produktionsmöglichkeiten) ableiten. Nur dann
können sie auf eine umfangreiche Bürokratie zur Überwachung der Betriebe
verzichten.[32]

Falls die Betriebsleiter jedoch von der Existenz dieses Prinzips wissen, werden
sie dies bei ihren Entscheidungen berücksichtigen und ihre aktuellen
Leistungsreserven nicht voll ausschöpfen, um die Vorgabe angespannterer
Pläne in der Zukunft zu vermeiden oder um die Vorgabe leichter erfüllbarer
Pläne zu erreichen; dies bewirkt, daß sie auf die Realisation potentieller aktu-
eller Bonuszahlungen zugunsten höherer in der Zukunft erwarteter Prämien
verzichten. Es bedeutet aber auch, daß die leichtere Informationsbeschaffung
der Planer zu Lasten einer verschlechterten aktuellen Leistung geht.[33]

Formal stellt das "Ratchet-Prinzip" eine Beziehung dar, bei der die Planvorgabe x^v_{t+1} der Periode $t+1$ zur tatsächlichen Planerfüllung x_t der Periode t in
folgender Beziehung steht:[34]

(IV-A.6) $x^v_{t+1} = x^v_t + d\,(x_t - x^v_t) + e;$

mit t = 1,2,... und $0 < d < 1,$

wobei d und e weitere von der Planungsbehörde festgelegte Parameter darstellen. Dabei quantifiziert der Parameter d die Stärke des "Ratchet-Prinzips" und
bestimmt, inwieweit eine Planverletzung $(x_t - x^v_t)$ in der Periode t zu einer
Anpassung der Planauflagen in der Periode $t+1$ führt. Der Parameter e gibt an,
inwieweit die Planauflagen in der Periode $t+1$ ansteigen, wenn der Plan der

---

[32] Zur Begründung des "Ratchet-Prinzips" durch die Planer vgl. BUCK (1982), S. 57; BENNETT
(1989), S. 90 f. Das "Ratchet-Prinzip" stellt damit eine Form adaptiver Erwartungsanpassung seitens der Planer dar.

[33] Zur Analyse des "Ratchet-Prinzips" vgl. BERGSON (1964), S. 75 f.

[34] Vgl. zum folgenden WEITZMAN (1980), S. 303 ff.

Vorperiode vollständig erfüllt worden ist. Gleichung (IV-A.6) läßt sich auch wie folgt formulieren:

(IV-A.7) $x^v_{t+1} = d\, x_t + (1 - d)x^v_t + e.$

Die Planauflage der Periode t+1 entspricht damit der gewichteten Summe aus der Planvorgabe und der Planerfüllung der Vorperiode t, wobei d als Gewichtungsfaktor dient, zuzüglich des Wachstumsfaktors e. Unter der Annahme, daß die Höhe der jährlichen Prämie B allein von der Höhe der Planverwirklichung abhängt:

(IV-A.8) $B_t = b\,(x_t - x^v_t)$; mit $b > 0$,

erzielt der Betrieb für jede über die Planvorgabe der Periode t hinausgehende Einheit an Planerfüllung einen marginalen Prämienzuwachs in Höhe des Prämienkoeffizienten b; da jedoch dadurch auch die Planvorgaben aller Folgeperioden ansteigen, muß er in der Zukunft mit geringeren Prämienzahlungen rechnen. Damit sinkt der pekuniäre Grenzertrag einer zusätzlichen Einheit x_t unter b und ist um so geringer, je höhere Werte der Ratchet-Parameter d annimmt.[35] Sofern jede zusätzliche Einheit x_t für den Betriebsleiter individuelle Kosten verursacht, nimmt der Anreiz ab, die vorhandenen Kapazitäten vollständig auszulasten. Das "Ratchet-Prinzip" wirkt insofern eindeutig leistungsmindernd auf die Betriebe. Es bedingt, daß diese bei gegebenen Produktionskapazitäten eine geringere Ziel-größe für x_t anstreben, als dies bei Fortfall des "Ratchet-Prinzips" der Fall wäre. Ähnliche Ergebnisse folgen auch, wenn die Betriebsleiter über einen mehrperiodigen, allerdings endlichen Planungshorizont von T Perioden verfügen (beispielsweise weil sie anschließend aus dem Betrieb ausscheiden). Dann werden sie zwar in der Periode T ihre Kapazität voll auslasten (weil sie die Auswirkungen des "Ratchet-Prinzips" auf die Folgeperioden annahmegemäß ignorieren können), jedoch in allen vorherigen Perioden unterhalb der Kapazitätsgrenze produzieren.[36]

Graphisch lassen sich diese Auswirkungen noch einmal unter Rückgriff auf Abb. IV-A.1 verdeutlichen, wobei unterstellt ist, daß der Betrieb in der Aus-

---

[35] Zur formalen Beweisführung vgl. WEITZMAN (1980), S. 305 ff.

[36] Zu den Auswirkungen des "Ratchet-Prinzips" auf die tatsächliche Produktion x_t bei endlichem Planungshorizont vgl. KEREN, MILLER, THORNTON (1983), S. 355 ff.

gangssituation einen Produktionsplan x' erhalten hat.[37] Ist es ihm gelungen, während der Planvorbereitungsphase gegenüber der Zentrale eine Produktionsreserve und eine Extrazuteilung an Arbeitskräften in Höhe von (N*-N') durchzusetzen, wird er wegen des "Ratchet-Prinzips" in der nachfolgenden Plandurchführungsphase seinen Produktionsplan nur "maßvoll" übererfüllen, d.h. eine Produktionsmenge entlang der Senkrechten BC wählen und seine stille Reserve an Arbeitskräften nur teilweise auflösen. Ist es dem Betrieb dagegen während der Planvorbereitungsphase nicht gelungen, solche einen "weichen" Plan durchzusetzen, d.h. muß er die Planproduktion x' mit einer Beschäftigung N' erzeugen, erlaubt ihm das "Ratchet-Prinzip", während der Plandurchführungsphase eine gewünschte Arbeitskräftereserve aufzubauen, indem er den Produktionsplan untererfüllt und eine Gütermenge entlang der Senkrechten $\overline{AD}$ wählt. Dies bedeutet zwar eine Prämienkürzung für die laufende Periode, hat aber eine Planreduktion für die nächste Periode zur Konsequenz, in der der Betrieb einen Produktionspunkt unterhalb der partiellen Produktionsfunktion $f(N,\overline{K})$ erreicht und sich damit eine Arbeitskräftereserve schafft, die er zur Vermeidung von Planverstößen in den nächsten Jahren verwenden kann. Das "Ratchet-Prinzip" verlangsamt damit den Abbau und fördert den Aufbau von Produktionsreserven.

Diese dysfunktionalen Wirkungen werden auch nicht durch das in der ehemaligen Sowjetunion seit 1971 herrschende modifizierte Anreizsystem vermindert, bei dem die Betriebe Prämien auch für die Überbietung der zentralen Planvorschläge in ihren Planentwürfen erhalten und die Übernahme hoher Planauflagen stärker belohnt wird, als die nachträgliche Planübererfüllung. Dann wird die Prämienfunktion anstatt durch Gleichung (IV-A.8) durch die Gleichung (IV-A.3) beschrieben. Unter diesem Anreizsystem legt der Betriebsleiter zwar den Planwert x^p_t selbst fest, jedoch hängt die Höhe der Bonuszahlung B_t auch von der vorläufigen Planvorgabe x^v_t ab, auf die das "Ratchet-Prinzip" (IV-A.6) angewendet werden kann. Dann wählt der Betriebsleiter zwar denselben Planvorschlag x^p_t, wie unter den zuvor dargestellten statischen Bedingungen, lastet die vorhandene Kapazität jedoch nicht mehr vollständig aus, um der Planungsbehörde seine Produktionsmöglichkeiten nicht offenzulegen. Konsequenz ist, daß

---

[37] Zur Abbildung IV-A.1 vgl. oben, S. 80, dieser Arbeit. Vgl. auch LIU (1982), S. 78, für eine alternative Darstellung, die allerdings für die hier verfolgten Ziele unzweckmäßig ist, weil sie nicht die Auswirkungen des "Ratchet-Prinzips" auf die Arbeitsnachfrage deutlich macht.

ein Teil der stillen Reserve ungenutzt bleibt und nicht dem Produktionsprozeß zugeführt wird.[38]

Als Zwischenergebnis läßt sich damit festhalten, daß Planerfüllungs- und "Ratchet-Prinzip", entgegen den Absichten der Planer, die Betriebe dazu anregen, ihre Produktionskapazitäten vor der Planbehörde zu verdecken, d.h. während der Planvorbereitungsphase einen überhöhten Arbeitskräftebedarf zu signalisieren und die zusätzlichen Arbeitskräfte zu horten und während der Plandurchführungsphase nur unvollständig auszulasten. Dieses Verhalten erlaubt es ihnen, den Barwert ihrer Prämienzahlungen zu maximieren oder das Risiko der Planuntererfüllung zu minimieren. Verantwortlich hierfür sind vor allem die aus der Unvollkommenheit der zentralen Planung resultierenden Unsicherheiten, gegen die sich die Betriebe versichern, indem sie eine Reserve an Inputfaktoren halten. Insofern besteht eine Analogie zu dem aus der neokeynesianischen Kontrakttheorie abgeleiteten Verhalten kapitalistischer Unternehmen, wonach auch diese wegen externer Risiken mit ihren Arbeitnehmern implizite Verträge eingehen und "... bei temporär sehr ungünstiger Absatzlage die nicht benötigten Arbeitskräfte bei voller Bezahlung im Betrieb ... halten und ... horten ... ."[39] Allerdings berücksichtigen kapitalistische Unternehmen bei diesen Entscheidungen die Auswirkungen auf ihre Liquiditäts- und Erfolgslage und damit monetäre Größen, die von der bisherigen Betrachtung sozialistischer Betriebe ausgenommen waren. Deshalb gilt es jetzt, diese Lücke zu schließen, und von der rein naturalwirtschaftlichen Ebene auf die finanzwirtschaftliche Ebene überzugehen, indem der Einfluß der spezifischen Regeln auf das Betriebsverhalten untersucht wird.

3. Spezifische Regeln und Arbeitsnachfrageverhalten

Anders als die soeben dargestellten allgemeinen Regeln, die die Höhe der Prämienzahlung von der Erfüllung zentraler Planvorgaben abhängig machen, legen die spezifischen Regeln fest, welche Kennziffern den Betrieben als Plangröße vorgegeben werden. Wie bereits erwähnt, bestand die zentrale Kennziffer in der ehemaligen Sowjetunion wie in den anderen sozialistischen Planwirtschaften anfänglich in der Warenproduktion, so daß die Betriebe nach der (Über-)

---

[38] Zu den Auswirkungen des "Ratchet-Prinzips" unter dem seit 1971 geltenden Prämiensystem vgl. SNOWBERGER (1977), S. 597 ff.; MILLER, THORNTON (1978), S. 442 ff.

[39] FRANZ (1991), S. 300. Für einen Überblick über die kontrakttheoretische Literatur vgl. beispielsweise RAMSER (1978), S. 630 ff.; HART (1983), S. 4 ff.

Erfüllung des Outputplans strebten. Seit Anfang der 60er Jahre wurde diese Kennziffer jedoch zunehmend als unbefriedigend empfunden und im Zuge sogenannter "Reformen" immer wieder durch neue Vorgaben ersetzt. Diese Reformen begannen in der ehemaligen Sowjetunion im Jahre 1965 und schlossen sich an eine zuvor öffentlich geführte Debatte um einen Vorschlag Liberman's an, der die stärkere Betonung des Gewinns - anstelle der Warenproduktion - als prämienbestimmende Kennziffer gefordert hatte.[40] Auf diese Weise erhoffte man sich eine stärkere Kostenorientierung der staatlichen Betriebe, die, "(i)n order to achieve high profitability, will have to strive for the fullest possible employment of capacities and equipment ... ."[41] Da man jedoch mit dem "Planerfüllungs-" und "Ratchet-Prinzip" nicht brach, bestanden die zuvor behandelten statischen und dynamischen Anreizprobleme weiter und die Betriebe fuhren fort, Kapazitätsreserven zu schaffen und Inputs zu horten. Damit strebten die Betriebe immer noch danach, ihre Produktionsmöglichkeiten vor der Planbehörde zu verdecken, und agierten (in Abb. IV-A.1) weiterhin auf einer partiellen Produktionsfunktion $g(N,\bar{K})$ unterhalb von $f(N,\bar{K})$. Allerdings nahmen die neuen spezifischen Regeln darauf Einfluß, welchen Punkt auf dieser Produktionsfunktion $g(N,\bar{K})$ die Betriebe zu erreichen versuchten, und welche Inputs sie zu horten wünschten, d.h. ob sie ihre Kapazitätsreserven verstärkt in Form von materiellen Produktionsmitteln oder in Form von Arbeitskräften hielten. Die Reformen beeinflußten damit die Nachfrage nach Arbeitskräften *relativ* zur Nachfrage nach anderen Inputfaktoren und zur Güterproduktion.

Übersicht IV-A.2 zeigt die in der ehemaligen Sowjetunion seit Kriegsende verwendeten prämienbestimmenden Kennziffern, die in ähnlicher Form auch in den anderen sozialistischen Planwirtschaften galten:[42] Mit der Reform des Jahres 1965 wurde die Warenproduktion durch zwei neue Kennziffern ersetzt, dem Umsatz und der Kapitalrentabilität, wobei in einigen Betrieben anstelle des Umsatzes der Gewinn als zentrale Kennziffer verwendet wurde.[43] Der Übergang von der Warenproduktion zu den Umsätzen sollte die Betriebe - so vermuten westliche Beobachter -[44] zu Qualitätsverbesserungen anregen, weil stei-

---

[40] Zur "Liberman-Debatte" vgl. die Beiträge in SHARPE (1966).

[41] LIBERMAN (1962), S. 81.

[42] Zu den in den anderen osteuropäischen Volkswirtschaften herrschenden Kennziffernsystemen vgl. ADAM (1979), S. 92 ff.; VORTMANN (1985), S. 92 ff.

[43] Zu den Einzelheiten des sowjetischen Kennziffernsystems vgl. ELLMAN (1971), S. 131 ff.; KIRSCH (1979), S. 150 f.

[44] Vgl. wiederum ELLMAN (1971), S. 133; ADAM (1980), S. 350 f.

Übersicht IV-A.2: Prämienbestimmende Kennziffern in der ehemaligen Sowjetunion

Periode	Kennziffern
bis 1965	Güterproduktion
1965	Umsatz (in wenigen Betrieben: Gewinn); Kapitalrentabilität; Lohnfonds
1967	wie 1965; zusätzlich: Lohnfondseinsparungen ("Shchekino-Methode")
1971	wie 1965; zusätzlich: Arbeitsproduktivität
1981	Arbeitsproduktivität; Anteil qualitativ höherwertiger Güter am Produktionsausstoß
1986	Kosten je produzierter Einheit (Investitionsgütersektor); Gewinn (Konsumgütersektor)
seit 1987	Gewinn

Quelle: Zusammengestellt nach BERGSON (1964), S. 72 ff.; ADAM (1980); FRERIS (1984), S. 137 f.; OXENSTIERNA (1990), S. 169 ff.

gende Lagerbestände unverkäuflicher Endprodukte nicht in die neue Kennziffer eingingen. Faktisch änderte sich jedoch wenig, weil die Betriebe wegen staatlicher Abnahmeverpflichtungen und gesamtwirtschaftlich hoher Nachfrage kaum auf Absatzschwierigkeiten stießen, so daß die Warenproduktion weiterhin als Kennziffer fortbestand. Allerdings wurde sie um die Kapitalrentabilität ergänzt, um die Betriebe zu verbesserter Kapitalauslastung anzuregen. Algebraisch hatte die Bonusfunktion folgendes Aussehen:

(IV-A.9) $B = [n \cdot p \cdot x + m \cdot \frac{\pi}{K}] \cdot W$,

wobei alle Variablen sich auf geplante Größen beziehen und B den Prämienfonds, W den Lohnfonds, p den zentral festgelegten Güterpreis, x die Güter("Waren"-)produktion (bzw. den Güterabsatz), K den Kapitaleinsatz, π den Gewinn und n bzw. m positive, zentral festgelegte Parameter bezeichnen. Daraus lassen sich unter Beachtung der Produktionsfunktion:

(IV-A.10) $x = g(N,K)$,

und der Gewinndefinition:

(IV-A.11) $\pi = p \cdot g(N,K) - w \cdot N - r \cdot K$,

die Bedingungen für die prämienmaximierende Arbeitsnachfrage ableiten:[45]

(IV-A.12) $w = p \cdot g_N \left[\dfrac{n}{m} \cdot K + 1\right]$,

wobei - zusätzlich zu den bereits genannten Symbolen - w und r den zentral festgesetzten Lohn- und Zinssatz und g_N die Grenzproduktivität der Arbeit benennen.

Die vorgegebene Prämienfunktion impliziert, daß der Betrieb in seinem Produktionsplan ein Beschäftigungsvolumen anstrebt, bei dem der Lohnsatz w dem Grenzwertprodukt der Arbeit, multipliziert mit einem oberhalb von Eins liegenden Faktor $\left[\dfrac{n}{m} + 1\right]$, entspricht, und damit mehr Arbeitskräfte einstellt, als dies bei Vorgabe des Gewinns als ausschließlicher Kennziffer der Fall wäre. Dieser - gemessen an den Gewinnmaximierungsbedingungen - übermäßige Arbeitskräfteeinsatz ist vor allem durch die Verwendung der Bruttokennziffer "Umsatz" als prämienbestimmende Größe bedingt, die den Betrieb dazu anregt, Arbeitskräfte auch mit einem unter dem Lohnsatz liegenden geplanten Grenzwertprodukt einzustellen, weil die geplante Prämienzahlung durch den dadurch entstehenden Planumsatz gesteigert werden kann, ohne daß der Betriebsleiter die damit verbundene Einbuße im Plangewinn voll in sein Kalkül einbeziehen muß.[46]

Graphisch läßt sich diese Situation mit Hilfe von Abb. IV-A.3 darstellen, die die Entwicklung der Umsatzerlöse des Betriebes in Abhängigkeit vom Arbeitskräfteeinsatz N wiedergibt, wobei der Betrieb wegen des Planerfüllungsprinzips seine Produktionsmöglichkeiten gegenüber der Planzentrale untertreiben und entsprechend der Kurve $g(N,\overline{K})$ angeben wird.[47] Im Unterschied

---

[45] Vgl. OXENSTIERNA (1987a), S. 236; DIES. (1990), S. 171. Einige Autoren interpretieren die Bonusfunktion IV-A.9 etwas anders, und stellen auf das Wachstum der Umsätze ab, ohne zu grundsätzlich unterschiedlichen Ergebnissen zu kommen; vgl. BONIN (1976), S. 491 f.; MARTIN (1976), S. 227 ff.; IRELAND, LAW (1980), S. 35.

[46] Gleichung IV-A.12 zeigt, daß die Maximierungsbedingung für den Plangewinn, $w = p \cdot g_N$, nur für den Fall $n = 0$, in dem der Umsatz nicht zu den prämienbestimmenden Kennziffern gehört, erfüllt ist.

[47] Zur Abbildung vgl. auch FRERIS (1984), S. 71, der allerdings die partielle Produktionsfunktion in Abhängigkeit vom Kapitaleinsatz zeigt und von der Existenz weicher Pläne abstrahiert.

zur oben verwendeten Abb. IV-A.1 wird der Output nicht in physischen Mengen, sondern in Geldeinheiten gemessen, weil der Produktionsertrag mit dem als konstant angenommenen Güterpreis p multipliziert ist. Die Gerade $\overline{AA}$ beschreibt die Entwicklung der Produktionskosten; ihre Steigung hängt von der Höhe des ebenfalls als gegeben unterstellen Lohnsatzes w ab und der Ordinatenabschnitt $\overline{OA}$ gibt die gleichfalls als gegebenen angenommenen Kosten der übrigen Produktionsfaktoren wieder. Aus der Differenz der Umsätze und der Kosten ergibt sich der Gewinn, der durch die Kurve $\pi\pi$ dargestellt ist. In dem seit 1965 herrschenden Kennziffernsystem wählt der Betrieb auf der Kurve $p \cdot g(N,\overline{K})$ einen Punkt, der zwischen dem Maximum des Plangewinns π^{Max} und dem (in der Abbildung nicht näher bezeichneten) geplanten Umsatzmaximum liegen wird und dessen genaue Lage vor allem von der Höhe der Parameter n und m abhängt. Ist dies beispielsweise der Punkt B, schlägt der Betrieb der Planbehörde vor, eine Outputmenge x^{Plan} (und damit einen Planumsatz $p \cdot x^{Plan}$) mit einem Arbeitskräfteeinsatz N^{Plan} zu produzieren und einen Plangewinn π^{Plan} zu erzielen.[48] Der Betrieb beschäftigt damit mehr Arbeitskräfte, als es bei ausschließlicher Vergabe des Gewinns als Plankennziffer der Fall wäre.

Die Tendenz der Betriebe zu einem - gemessen an den Gewinnmaximierungsbedingungen - übermäßigen Arbeitskräfteeinsatz wird weiter dadurch verstärkt, daß die Höhe des planmäßigen Prämienfonds an den Lohnfonds gebunden ist und der Betrieb damit um so mehr Prämien ausschütten kann, je größer der Lohnfonds ausfällt. Dies war von den Reformen auch beabsichtigt, um zu verhindern, daß die Prämienzahlungen pro Beschäftigtem bei vollständiger Planerfüllung nicht zwischen Betrieben mit unterschiedlicher Kapitalintensität erheblich differierten.[49] Diese Regelung übte jedoch einen zusätzlichen Anreiz auf die Betriebe aus, die Arbeitsnachfrage auszuweiten, um so viele Arbeitskräfte wie möglich in den Plan aufgenommen zu bekommen, und hinderte die Betriebe daran, ihre Beschäftigung zu reduzieren, was eine Kürzung des Lohnfonds zur Folge gehabt hätte. Dies wird auch von sowjetischen Beobachtern nachträglich anerkannt, die feststellen, daß "... under these conditions any decrease in the number of personnel, resulting from improved utilisation of labour, and the resulting reduction in the planned wages fund would be directly

---

[48] Der Plangewinn kann natürlich - je nach Höhe der zentral festgelegten Output- und Faktorpreise und nach Höhe der Parameter n und m - auch negativ ausfallen.

[49] Vgl. ELLMAN (1971), S. 140; AAGE (1987), S. 84; OXENSTIERNA (1987b), S. 119.

reflected as a decrease in the incentive funds."[50] Aus diesem Grunde wurde in
der ehemaligen Sowjetunion seit 1967 mit der sogenannten "Shchekino-Methode" experimentiert, wobei einigen Betrieben neben dem Umsatz und der
Kapitalrentabilität auch die durch den Abbau von Arbeitskräften bedingte Einsparung im Lohnfonds als prämienrelevante Kennziffer vorgegeben wurde.[51]
Damit sollten die Betriebe zur Einsparung von Arbeitskräften angeregt werden.
Dieses Ziel wurde zwar erreicht, weil die Betriebe bei Maximierung ihres
planmäßigen Bonusfonds weniger Arbeitskräfte als bei dem zuvor herrschenden
Kennziffernsystem nachfragten, allderdings immer noch mehr, als bei alleiniger
Vorgabe des Gewinns als Prämienkennziffer der Fall gewesen wäre, so daß
sich in Abb. IV-A.3 der Punkt B dem Gewinnmaximum zwar annähert, ohne es
jedoch zu erreichen.[52]

Abb. IV-A.3: Betriebliche Arbeitskräftenachfrage und spezifische Kennziffern

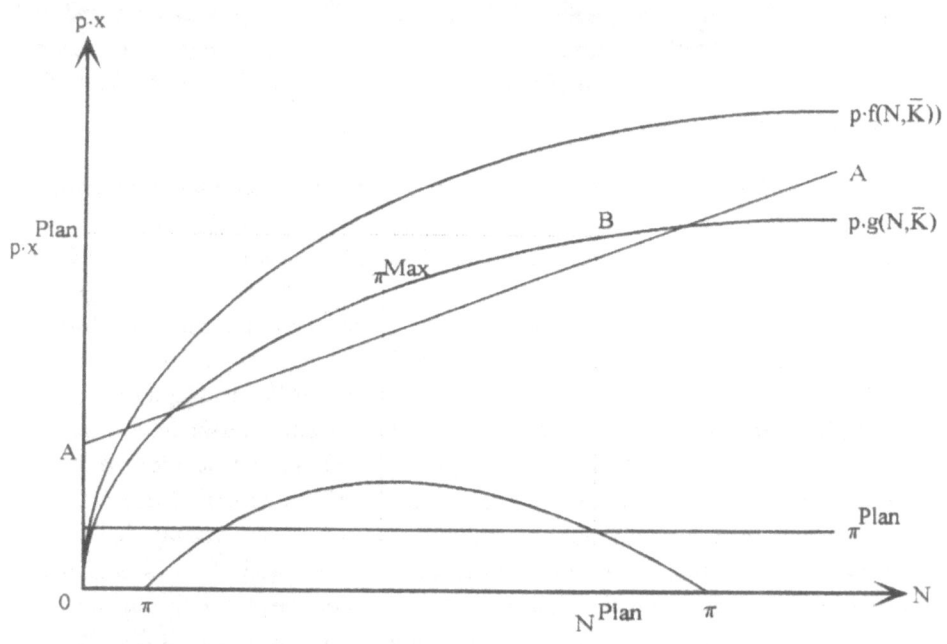

---

[50] Zitiert nach OXENSTIERNA (1987b), S. 119.

[51] Zur "Shchekino-Methode" vgl. auch RUTLAND (1984), passim; eine ähnliche Kampagne wurde
seit 1978 auch in der ehemaligen DDR unter dem Begriff "Schwedter Initiative: Weniger produzieren mehr" durchgeführt. Vgl. dazu BELWE (1984), passim.

[52] Vgl. auch AAGE (1987), S. 86 ff.; OXENSTIERNA (1987a), S. 238 f.; DIES. (1990), S. 174 f.

Dies änderte sich auch durch die später durchgeführten Reformen zunächst nicht, in denen die Planbehörde weiterhin darauf verzichtete, den Betrieben ausschließlich den Gewinn als Prämienkennziffer vorzugeben.[53] Die Gründe für dieses Verhalten der Planer sind nicht bekannt, so daß hierüber nur Vermutungen angestellt werden können; neben ideologischen Bedenken gegen den Gewinn mögen dafür aber auch ökonomische Überlegungen ausschlaggebend gewesen sein, die darin begründet sind, daß die Betriebe durch ihre Informationspolitik einen autonomen Einfluß auf die staatliche Preisbildung ausüben und durch die starke Konzentration der sowjetischen Wirtschaft in ihren Sektoren weitgehend als Monopolisten auftreten können.[54] Diese Konzentration wurde als notwendig angesehen, um die mit der zentralen Planung verbundenen Verwaltungskosten möglichst niedrig zu halten. Sie bedingt jedoch, daß die Betriebe bei ausschließlicher Gewinnorientierung eine niedrigere Produktionsmenge und damit einen niedrigeren Arbeitskräfteeinsatz anstreben, als dies bei reiner Mengenanpassung der Fall wäre. Aus diesem Grund wählten die Planbehörden nicht den Gewinn als ausschließliches Erfolgskriterium, sondern gaben - quasi als Korrektiv - den Betrieben den Umsatz, der zu einem tendenziell übermäßigen Arbeitskräfteeinsatz führt, als zusätzliche Plankennziffer vor. Dies geschah in der Hoffnung, die Betriebe durch Kombination beider Kennziffern zu dem gleichen Arbeitskräfteeinsatz wie bei reiner Mengenanpassung anzuregen, was jedoch nur möglich ist, sofern die Planer über korrekte Informationen vor allem über die Elastizität der betrieblichen Preisabsatzfunktion verfügen.[55] Erst seit Ende der 80er Jahre wird den Betrieben der Gewinn als alleinige Kennziffer vorgegeben. Dies vermindert zwar den dysfunktionalen Einfluß der spezifischen Kennziffern auf das Arbeitsnachfrageverhalten, beseitigt aber nicht die durch die allgemeinen Regeln bedingten Ineffizienzen, weil die Betriebe wegen des "Planerfüllungs"- und "Ratchet-Prinzips" weiterhin nach "weichen", leicht erfüllbaren Plänen streben.

---

[53] Zu Einzelheiten vgl. FRERIS (1984), S. 136 ff.; OXENSTIERNA (1987a), S. 239 ff.; DIES. (1990), S. 175 ff.

[54] Zu solch einer Ex-post-Erklärung der Wahl von Gewinn- und Umsatzkennziffer vgl. DOMAR (1974), passim; TAM (1981), S. 113 ff.

[55] Vgl. auch BENNETT (1989), S. 107 ff.

4. Finanzielle Kontrollen und "weiche" Budgetrestriktionen

Das Anreizsystem sozialistischer Planwirtschaften begründet, warum die Betriebe versuchen, während der Planaufstellungsphase einen überhöhten Arbeitskräftebedarf gegenüber der zentralen Planbehörde durchzusetzen und diesen Arbeitskräftebestand während der Plandurchführungsphase nur unvollständig auszulasten. Dadurch üben die Betriebe einen ständigen Nachfragesog auf den Arbeitsmarkt aus und sind stets bereit, zusätzliche Arbeitskräfte einzustellen. Allerdings findet dieser Sog insofern eine Schranke, als die Betriebe auch in sozialistischen Planwirtschaften formal gegenüber ihren Leitungsorganen finanzielle Verpflichtungen zu erfüllen und die in ihrem Finanzplan vorgesehenen Gewinnabführungen an das Finanzministerium und die in ihrem Kreditplan vorgesehenen Tilgungen und Zinszahlungen an die Staatsbank zu leisten haben. Verletzungen solcher finanziellen Restriktionen können aber für die Planbehörde ein Anzeichen dafür sein, daß die Betriebe sich planwidrig verhalten und über interne Reserven verfügen, die sie der Verfügungsgewalt der Zentrale entziehen. Damit übt das Rechnungswesen eine Kontrollfunktion aus, die als "geldwirtschaftliche Kontrolle", "control by the ruble" oder russisch "Khozratchet" bezeichnet wird und es der Planbehörde erlaubt, die durch das Anreizsystem verursachten Ineffizienzen nachträglich aufzudecken. "It is the financial consequences of mismanagement that bring the matter to the attention of the ministry and the banks who can then require that corrective action be taken. In the absence of a system of financial controls, mismanagement could continue for long periods before the agencies of the state became aware of it. ... The financial system's function is to provide the authorities with a set of signals for determing how well the planned allocation of resources is managed."[56]

Die Auswirkungen solcher finanziellen Kontrollen auf das Arbeitsnachfrageverhalten des Betriebes lassen sich mit Hilfe von Abb. IV-A.4 verdeutlichen, die auf der vorherigen Abb. IV-A.3 aufbaut. Es ist dabei unterstellt, daß das herrschende spezifische Kennziffernsystem den Betrieb dazu veranlaßt, den Punkt B auf der partiellen Produktionsfunktion $g(N,\overline{K})$ anzustreben, d.h. planmäßig die Produktionsmenge x^{Plan} mit einer Beschäftigung N^{Plan} bei einem Plangewinn π^{Plan} herzustellen.[57] Hat er während der Planaufstellungsphase seine Produk-

---

[56] BERLINER (1976), S. 181. Zur Funktionsweise geldwirtschaftlicher Kontrollen in der Theorie und Praxis sozialistischer Planwirtschaften vgl. auch GUTMANN (1965), S. 95 ff. und S. 185 ff.

[57] Die Lage des Punktes B auf der partiellen Produktionsfunktion g(N,K) hängt - wie oben dargestellt - von dem jeweils herrschenden spezifischen Kennziffernsystem ab.

Abb. IV-A.4: Arbeitsnachfrage und finanzielle Kontrollen

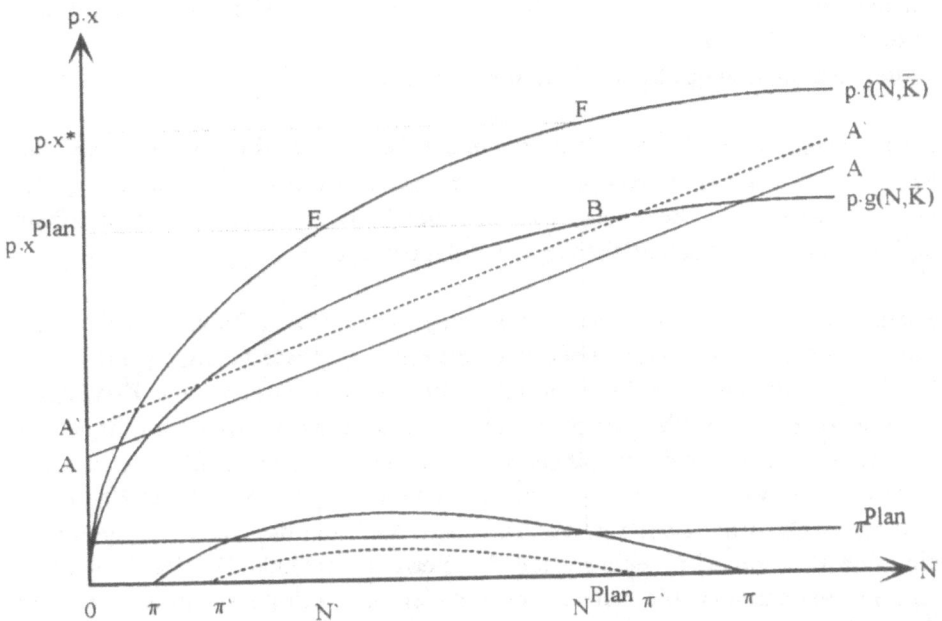

tionsmöglichkeiten gegenüber der Planbehörde "untertrieben", d.h. ist es ihm gelungen, eine Extrazuteilung an Arbeitskräften in Höhe von (N^{Plan} - N') zu erhalten, wird es ihm während der Plandurchführungsphase unmöglich, die Existenz dieser stillen Reserve an Arbeitskräften vor der Planzentrale weiter zu verbergen, ohne den Plangewinn zu unterschreiten: Entwickeln sich nämlich seine tatsächlichen Produktionsmöglichkeiten entsprechend der höheren Produktionsfunktion $f(N,\bar{K})$, weil im Plan nicht vorgesehene materielle Produktionsmittel eintreffen, steigen auch seine Produktionskosten an und die Kostengerade verschiebt sich um die gestiegenen Kosten für Vorleistungen nach oben in die Position A'A'. Nutzt der Betrieb die verbesserten Produktionsmöglichkeiten nicht aus, weil er seine stille Reserve an Arbeitskräften nicht verlieren will, verlagert sich die Gewinnkurve nach unten in die Lage $\pi'\pi'$, so daß im Punkt B eine Verletzung der Gewinnrestriktion π^{Plan} droht. Sofern die Planbehörde die Einhaltung des Plangewinns streng kontrolliert, ist der Betrieb gezwungen, seine Produktionsmöglichkeiten offenzulegen und einen Punkt auf der partiellen Produktionsfunktion $f(N,\bar{K})$ anzustreben, indem er

- seinen Arbeitskräfteeinsatzplan unterschreitet und seine Beschäftigung auf N'
reduziert (Bewegung von B nach E); oder
- seinen Produktionsplan übererfüllt und die Menge x* produziert (Bewegung
von B nach F); oder
- eine Kombination aus beiden Reaktionen wählt.

Eine Untererfüllung des Arbeitskräfteeinsatzplanes bzw. eine Übererfüllung des
Produktionsplanes wird von der Zentrale jedoch als Anzeichen dafür angesehen, daß ungenutzte Reserven bestehen, und führt gemäß dem "Ratchet-Prinzip" zu "härteren" Planauflagen in der Folgeperiode.[58]

Finanzielle Kontrollen zwingen den Betrieb, seine stillen Reserven auch dann
offenzulegen, wenn es ihm in der Planvorbereitungsphase gelungen sein sollte,
überhöhte Ausgaben für die materiellen Produktionsmittel in den Kostenplan
aufzunehmen, sofern die Knappheit des Produktionsfaktors Arbeit zunimmt und
der Betrieb seinen Arbeitskräftebedarf nur durch Zahlung überplanmäßiger
Lohnsätze befriedigen kann.[59] Dann dreht sich in Abb. IV-A.5 die Kostengerade im Punkt A nach oben in die neue Lage AA" und die Gewinnkurve nimmt
die neue Position $\pi"\pi"$ ein, so daß der Betrieb im Punkt B seine Gewinnrestriktion verletzen würde. Auch dies kann er nur verhindern, indem er einen
neuen Produktionspunkt auf der Produktionsfunktion $f(N,\bar{K})$ wählt, d.h. seinen
Produktionsplan übererfüllt, Arbeitskräfte freigibt oder beide Strategien miteinander kombiniert.

Aus diesen Gründen wäre die Planbehörde *theoretisch* imstande, den durch das
Anreizsystem bedingten Nachfragesog der Betriebe nach Arbeitskräften zu beschränken und eine effiziente Arbeitskräfteauslastung herbeizuführen, sofern
sie die Einhaltung der finanziellen Plangrößen strikt kontrolliert. Gerade das ist
aber im Realtyp einer sozialistischen Planwirtschaft *praktisch* unmöglich, weil
die Planzentrale in der Realität niemals mit Sicherheit feststellen kann, ob eine
Verletzung der Gewinnrestriktion im Verschulden des Betriebes selbst liegt
oder auf von diesem nicht kontrollierbare (exogene) Ursachen zurückzuführen
ist: Im Falle der Abb. IV-A.4 kann der Betrieb beispielsweise zu einer Untererfüllung des Gewinnplans gezwungen sein, wenn er Teile der planmäßig vorgesehenen Zulieferungen an materiellen Produktionsmitteln nicht erhält und deshalb gezwungen ist, zusätzliche Arbeitskräfte einzustellen, um den Produk-

---

[58] Zu diesen Konsequenzen finanzieller Restriktionen für das betriebliche Verhalten vgl. auch AMES
(1965), S. 80 ff.; PORTES (1969), passim.

[59] Vgl. FRERIS (1984), S. 72 f.

tionsplan überhaupt erfüllen zu können. In ähnlicher Weise können die in Abb. IV-A.5 soeben dargestellten Lohnerhöhungen notwendig sein, um wegen der freien Arbeitsplatzwahl der Arbeitnehmer die im Plan vorgesehene Beschäftigung realisieren zu können. In beiden Fällen verhalten sich die Betriebe durchaus im Sinne der Planbehörde, wenn sie zur Erfüllung der Produktionspläne ihre finanziellen Ressourcen überbeanspruchen, und werden deshalb von der Planzentrale zur Abdeckung ihrer Defizite entsprechende Unterstützungszahlungen beantragen.[60] Diese Unterstützung kann drei Formen annehmen:[61]

Abb. IV-A.5: Arbeitsnachfrage und Lohnsatzänderungen

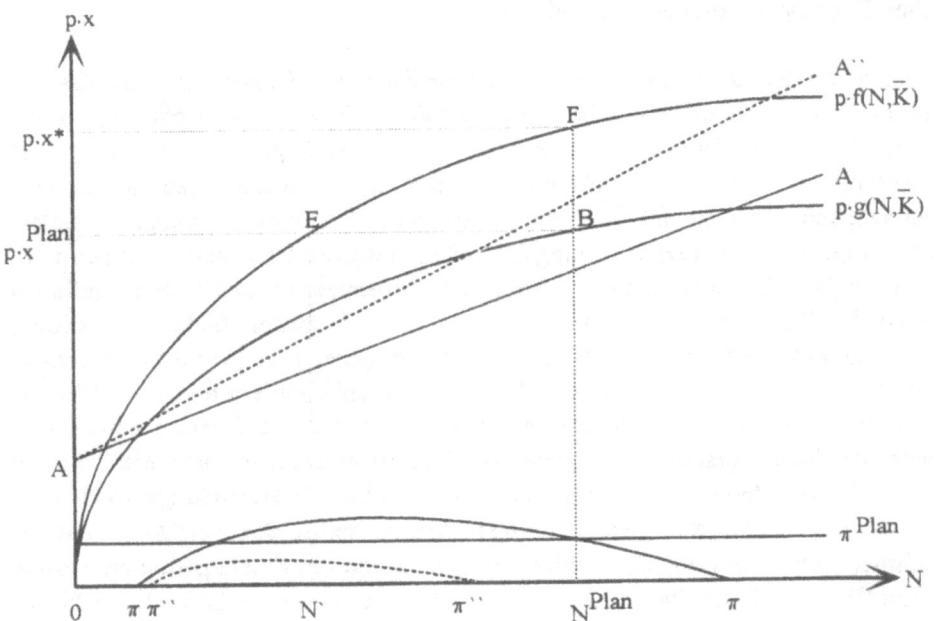

---

[60] "If a firm gets into difficulties - through, for example reasons beyond its control, such as external difficulties - it may react in two different ways. One is to face the difficulties ... . The other approach is to ask for help from higher authorities." KORNAI (1985), S. 129.

[61] Vgl. KORNAI (1980a), S. 28 und S. 306 f.; DERS. (1980b), S. 41 ff.

- Die Preissetzungsbehörde kann es den Betrieben erlauben, steigende Produktionskosten auf ihre Outputpreise überzuwälzen;
- die Steuerbehörde kann den Betrieben steuerliche Erleichterungen oder Subventionen gewähren;
- die staatliche Monobank kann ihnen zusätzliche Kredite einräumen, was kurzfristig die betriebliche Liquiditätslage, längerfristig auch die Erfolgssituation verbessert, sofern die Monobank auf die Tilgung und Verzinsung der Kredite verzichtet.

Die staatlichen Stellen sind zu dieser Unterstützung verpflichtet, sofern sie Verletzungen der Gewinnrestriktionen als zur Erfüllung der Planaufgaben notwendig ansehen, weil sie als Gründungsorgane für den Fortbestand der staatlichen Betriebe verantwortlich sind.

Sobald die Betriebe jedoch diese "paternalistische" Haltung des Staates erkennen und wissen, daß die Zentralbehörde jede Verschlechterung ihrer Finanzlage akzeptieren muß, sofern sie nur richtig begründet ist, werden sie weiterhin nach "weichen" Plänen streben und Arbeitskräfte zu horten versuchen, indem sie für alle dadurch verursachten Ineffizienzen exogene, außerhalb ihres eigenen Verantwortungsbereiches liegende Ursachen verantwortlich machen, was ihnen wegen der bestehenden Informationsvorteile auch gelingen dürfte.[62] Ihr Finanzstatus wird damit zu einer "weichen Budgetrestriktion", d.h. zu einer bei ihren Entscheidungen weitgehend zu vernachlässigenden Größe,[63] so daß jeder mittelbare Einfluß der Planbehörde auf das betriebliche Nachfrageverhalten verlorengeht. Konsequenz ist, daß die Betriebe bereit sind, jede bei ihnen vorstellig werdende Arbeitskraft einzustellen und diese horten werden, auch dann, wenn für sie keine unmittelbare Verwendungsmöglichkeit in Aussicht steht. Sie werden darüber hinaus selbst unzuverlässige Arbeitnehmer nicht entlassen, weil völlig unsicher ist, ob ein Ersatz gefunden werden kann.[64] Aus diesen Bedingungen resultiert eine nahezu unbefriedbare Nachfrage nach Arbeitskräften, weil das Anreizsystem sozialistischer Planwirt-

---

[62] Vgl. VINZENTZ (1980), S. 124, der das Beispiel der ehemaligen DDR anführt, wo sich der Begriff "Abteilung schöne Worte" für jene Personen eingebürgert hatte, deren Aufgabe es war, im Falle von Planverfehlungen den Leitungsorganen plausibel zu machen, daß der Betrieb dafür nicht verantwortlich sei.

[63] Zum Begriff der "weichen Budgetbeschränkungen" sozialistischer Betriebe vgl. KORNAI (1980a), S. 299 ff.; DERS. (1986a), S. 4.

[64] Diese Reaktionen des Betriebes als Inputnachfrager leiten analytisch ab GOLDFELD, QUANDT (1988), insbesondere S. 506 ff.

schaften die Beschäftigung zusätzlicher Arbeitnehmer lohnend erscheinen läßt, ohne daß dieses Verhalten bei "weicher Budgetbeschränkung" durch finanzielle Engpässe begrenzt wird. Die Arbeitsnachfrage der Betriebe findet erst dann eine Schranke, wenn die Hortung von Arbeitskräften so groß ist, daß sie selbst für die Planbehörde offensichtlich wird; ansonsten wird die Arbeitsnachfrage lediglich durch das verfügbare Angebot beschränkt. "The final result is that the production plan of the traditional socialist firm is set at the level of the resource constraint ... [which means that], in consideration of existing bottlenecks and with the given management abilities and organization, never more can be done."[65]

Zusammenfassend läßt sich damit festhalten, daß die Funktionsmechanismen sozialistischer Planwirtschaften ein Nachfrageverhalten des Betriebes auf dem sozialistischen Arbeitsmarkt begründen, das darauf ausgerichtet ist, soviele Arbeitskräfte wie möglich in den Plan aufgenommen zu bekommen und diese Arbeitskräftehaltung vor der Planbehörde zu verstecken, ohne daß diesem Verhalten bei weicher Budgetbeschränkung ein wirkungsvoller "finanzieller Riegel" vorgeschoben werden kann. Wie viele Arbeitskräfte der Betrieb bei gegebener Prämienfunktion letztlich beschäftigen will, läßt sich mit Hilfe des Instrumentariums der mikroökonomischen Arbeitsmarkttheorie nicht mehr bestimmen, weil der Betrieb seinen erwarteten Prämienstrom maximiert, jedoch keinerlei erkennbaren Nebenbedingungen mehr unterliegt. Letztlich findet seine Arbeitsnachfrage erst dort eine Schranke, wo der Ruf der Betriebsleiter nach zusätzlichen finanziellen Mitteln bei den Planern nicht mehr erhört wird.

5. Empirische Hinweise zum Arbeitsnachfrageverhalten sozialistischer Betriebe

Es ist ein grundsätzliches Problem der Erforschung sozialistischer Planwirtschaften, daß Hypothesen über das Verhalten der Betriebe als Einzelwirtschaften kaum empirisch überprüft werden können. Für den westlichen Beobachter scheitert solch ein Bemühen schon am Fehlen aussagekräftiger Daten, die - besonders was die Verwendung des Faktors Arbeit betrifft - in den hier betrachteten Volkswirtschaften einer gewissen Geheimhaltung unterlagen. Diese Daten könnten allein der Planbehörde vorliegen, wenngleich auch hieran erhebliche Zweifel angemeldet werden müssen: Es liegt nämlich in der Natur der soeben dargestellten Anreizprobleme, daß die Betriebe sich davor hüten werden, korrekte Informationen über ihr Verhalten an die Planbehörde zu liefern; verhielten sie sich anders, wäre es der Zentrale leicht möglich, die aus

---

[65] KORNAI (1980a), S. 29; Klammerzusatz vom Verfasser.

dem betrieblichen Eigeninteresse resultierenden Ineffizienzen zu entdecken und zu beseitigen. Deshalb sind auch keine empirischen Ergebnisse zum Arbeitsnachfrageverhalten der Betriebe verfügbar, mit denen die hier vorgestellten Erklärungsansätze konfrontiert werden könnten. Allerdings ist die Tatsache, daß vor allem in der sowjetischen Literatur zahlreiche Arbeiten zur Rolle und Effizienz von Prämiensystemen vorliegen, ein Indiz dafür, daß die Betriebe sich auffallend entgegen den Absichten der Planer verhalten. "The greater the emphasis on bonus and incentive schemes, the more the silent, implicit acceptance by Soviet planners that managers and enterprises can and do behave independently of the planners' wishes."[66]

Aus diesen Gründen können hier nur einige empirische Hinweise auf das für die betriebliche Arbeitsnachfrage bedeutsame Verhalten der Planbehörde angeführt werden; insbesondere auf die Existenz des "Ratchet-Prinzips" und das Vorhandensein einer weichen Budgetrestriktion. Tabelle IV-A.1 zeigt für die ehemalige DDR in Spalte (1) die aus dem jährlichen Volkswirtschaftsplan entnommenen Werte für das geplante Wachstum der Industrieproduktion und in Spalten (2) und (4) die aus dem Planerfüllungsbericht entnommenen Werte für das tatsächliche Wachstum der Industrieproduktion und die am Jahresende offiziell festgestellte durchschnittliche Planüber- oder -untererfüllung. Aus den Werten von planmäßigem und tatsächlichem Wachstum läßt sich die tatsächliche Planerfüllung (Spalte 3) berechnen, die in beinahe jedem Jahr von der berichteten Planerfüllung erheblich abweicht.[67] Dies läßt vermuten, daß die Planbehörde den anfänglich im Volkswirtschaftsplan festgelegten Produktionsplan noch während der Plandurchführungsphase beträchtlich (zumeist nach unten) revidiert hat, was auch aus der in Spalte (5) berechneten "impliziten Plananpassung" deutlich wird. Insgesamt hat die Planbehörde sich dabei in etwa der Hälfte der Beobachtungszeitpunkte, für die eine Klassifikation möglich ist, gemäß dem "Ratchet-Prinzip" verhalten, d.h. bei einer Planübererfüllung die Planvorgaben erhöht (O+) und bei einer Planuntererfüllung die Pläne gesenkt (U-). Genauere Aussagen über die Bedeutung des "Ratchet-Prinzips" lassen sich durch eine auf Basis der in der Tabelle gezeigten Daten durchgeführten Regressionsanalyse gewinnen, die zeigt, daß die Planbehörde im Durchschnitt

---

[66] FRERIS (1984), S. 73.

[67] Die tatsächliche Planerfüllung ergibt sich als (1 + Istproduktion in Prozent)/(1 + Planproduktion in Prozent) -1; die implizite Plananpassung wird analog aus Spalten (3) und (4) ermittelt.

Tabelle IV-A.1: Industrieproduktion in der ehemaligen DDR. Planvorgabe, Planerfüllung und implizite Plananpassung, 1950-1981 (Wachstumsraten in Prozent)

Jahr	Industrieproduktion a)		Planerfüllung b)		implizite Plananpassung	Klassifikation b,c)
	(1) Plan	(2) Ist	(3) tatsächlich	(4) berichtet	(5)	(6)
1950	21	26	4,1	9	-4,5	O-
51	17,9	21,9	3,4	5,2	-1,7	O-
52	13,7	-	-	-	-	-
53	12,8	12,5	-0,3	2,0	-2,2	U-
54	-	10,0	-	0,2	-	-
1955	5,1	-	-	-	-	-
56	8,2	7	-1,1	- 2	+0,9	U+
57	6	8	1,9	1,6	0	O=
58	6,8	10,9	3,8	2,8	+1,0	O+
59	11,1	-	-	-	-	-
1960	-	8,3	-	0,4	-	-
61	7,2	-	-	-	-	-
62	5,2	6,1	0,9	f	-	-
63	6,4	-	-	-	-	-
64	5,4	6,7	1,2	1,7	-0,5	O-
1965	5,7	6,1	0,4	1,4	-1,0	O-
66	5,2	6,5	1,2	f	-	-
67	6	6,8	0,8	-	-	-
68	6,4	6,1	-0,3	of	-	U-
69	7	8	0,9	of	-	O
1970	8,0	6,4	-1,5	uf	-	U-
71	5,6	5,5	-0,1	1,6	-1,7	U-
72	5,5	6,3	0,8	1,7	-0,9	O-
73	6,5	6,8	0,3	1,6	-1,3	O-
74	6,7	7,4	0,7	0,8	-0,1	O-
1975	6,3	6,4	0,1	0,5	-0,4	O-
76	6,0	5,9	-0,1	0,6	-0,7	U-
77	5,1	5,4	0,3	0,6	-0,3	O-
78	5,7	5,4	-0,3	0,5	-0,8	U-
79	5,5	4,8	-0,7	0,6	-1,3	U-
1980	4,7	4,7	0,0	1,0	-1,0	F-
81	5,0	5,1	0,1	1,3	-1,2	O-

a) 1950 bis 1963: Bruttoproduktion, 1964 bis 1981: Warenproduktion.

b) Klassifikation: F bzw. f: Planerfüllung; O bzw. of: Planübererfüllung; U bzw. uf: Planuntererfüllung.

c) =: Plan bleibt unverändert; +: Plan erhöht; -: Plan reduziert.

Quelle: KEREN (1982), S. 331.

auf jeden Prozentpunkt tatsächlicher Planabweichung mit einer gleichgerichteten Plananpassung um 0,5 Prozentpunkte reagiert hat.[68]

Neben diesen Ergebnissen lassen sich auch Anzeichen dafür finden, daß die Budgetrestriktion der Betriebe "weich" ist und die Betriebsleiter im Falle finanzieller Schwierigkeiten mit staatlichen Unterstützungszahlungen rechnen können. Solche Finanzierungshilfen sind vor allem für Ungarn belegt, wo während der 70er Jahre verlustbringende Betriebe hohe staatliche Zuweisungen erhielten und gewinnbringende Betriebe beträchtliche Abführungen an den Staat zu leisten hatten. Von den wenigen Betrieben, die beispielsweise im Jahre 1979 liquidiert oder mit anderen Betrieben verschmolzen wurden, wies die Mehrzahl überdurchschnittliche Gewinne auf, während viele verlustbringende Betriebe ihre Investitionstätigkeit nicht einschränken mußten, so daß kaum eine Beziehung zwischen dem Wachstum eines Betriebes und seiner Rentabilität bestand und finanzielle Größen eine nur geringe Bedeutung für Überleben und laufende Operationen eines Betriebes hatten.[69] Weitere Hinweise auf die geringe finanzielle Disziplin staatlicher Betriebe liefern jetzt zugängliche Daten über die Bilanzpositionen der staatlichen Monobanken, die erhebliche Altkredite aufweisen, die von den Betrieben niemals getilgt wurden.[70]

B. Bestimmungsfaktoren des Arbeitsangebots der privaten Haushalte

1. Dimensionen und stilisierende Fakten des Arbeitsangebotsverhaltens

In noch geringerem Maße als die soeben behandelte Arbeitsnachfrage der staatlichen Betriebe stellt - wie die Analyse des Arbeitsmarktgeschehens in Kapitel III deutlich gemacht hat - das individuelle Arbeitsangebot eine exogene, vom Verhalten der privaten Haushalte unabhängige Größe dar, die von der staatlichen Planbehörde zentral festgelegt werden kann. Vielmehr verfügen die Haushalte faktisch über erhebliche Entscheidungs- und Handlungsspielräume, innerhalb derer sie ihre angebotene Arbeitsmenge variieren können, wobei ihnen - je nach zeitlicher Dimension des Arbeitsangebots - mehrere Möglichkeiten offenstehen:

---

[68] Vgl. KEREN (1982), S. 332 f. Ähnliche Hinweise auf die Bedeutung des "Ratchet-Prinzips" existieren auch für die ehemalige Sowjetunion; vgl. GORLIN, DOANE (1983), S. 417; FRERIS (1984), S. 159.

[69] Vgl. dazu KORNAI (1986a), S. 13 ff.; KORNAI, MATITS (1987), passim; BUCK (1990), S. 93.

[70] Vgl. beispielsweise HINDS (1990), S. 148 ff.

- Kurzfristig können sie ihre Arbeitsanstrengungen und die Zahl der wöchentlich geleisteten Arbeitsstunden oder -tage verändern, indem sie langsamer arbeiten, verlängerte Pausen einlegen oder häufiger (entschuldigt oder unentschuldigt) am Arbeitsplatz fehlen.

- Mittelfristig können sie die Zahl der geleisteten Arbeitswochen pro Jahr variieren, indem sie häufiger den Arbeitsplatz wechseln und längere Zeit nach einem neuen Arbeitsplatz suchen.

- Langfristig können sie ihre Lebensarbeitszeit verändern, indem sie ihre Ausbildungszeit verlängern und später ins Erwerbsleben eintreten, früher oder später in Pension gehen oder während der erwerbsfähigen Lebensjahre ihre Tätigkeit beenden und aus dem Berufsleben austreten (was - wegen der "Anti-Parasiten-Gesetze" - allerdings nur Frauen erlaubt ist).[71]

Damit besitzen die Haushalte in sozialistischen Planwirtschaften beinahe denselben Einfluß auf das effektive Arbeitsangebot, wie die Haushalte in marktwirtschaftlichen Systemen.

Um die Höhe dieses Arbeitsangebotes erklären zu können, müssen mögliche Einflußfaktoren auf das Angebotsverhalten eines repräsentativen Haushalts abgeleitet werden, der sich - bis auf die Größenordnung - so verhält wie das Haushaltsaggregat. Da der repräsentative Haushalt auch in sozialistischen Planwirtschaften Arbeit anbietet, um mittels der erzielten Einkommen Konsumwünsche realisieren zu können, dürfte der Reallohn, der die Transformationsmöglichkeiten des Haushalts von angebotenen Arbeitsmengen in nachgefragte Konsummengen beschreibt, eine wichtige Einflußgröße auf das private Arbeitsangebot darstellen. Darüber hinaus unterliegen die Haushalte - wie die Alltagserfahrung zeigt - erheblichen Rationierungen auf den Konsumgütermärkten, so daß sie nicht in der Lage sind, ihre angebotenen Arbeitsmengen in die gewünschten Konsumgütermengen zu transformieren, was ebenfalls ihre Arbeitsangebotsentscheidungen beeinflussen wird. Schließlich existieren faktisch in allen hier betrachteten sozialistischen Planwirtschaften (illegale, halblegale oder legalisierte) spontane Marktbeziehungen, die gleichfalls für die Arbeitsangebotsentscheidung von Bedeutung sind.

---

[71] Darüber hinaus nehmen die Haushalte in der "sehr langen Frist" noch über ihre familiären Entscheidungen Einfluß auf das gesamtwirtschaftliche Arbeitsangebot. Da diese Entscheidungen jedoch die Zahl der erwerbsfähigen Personen bestimmen - und nicht deren Auslastung - sollen sie nachfolgend vernachlässigt werden.

Die neoklassische Haushaltstheorie bietet ein ausgereiftes Instrumentarium, mit dem der Einfluß des Reallohns auf das Arbeitsangebot eines repräsentativen Haushalts abgeleitet werden kann.[72] Darüber hinaus existieren auch einige Analysen zu den Konsequenzen einer Konsumgüterrationierung auf das Arbeitsangebot, die vor allem aus den frühen Nachkriegsjahren stammen, als Beschränkungen der Konsumgüternachfrage auch in westlichen Volkswirtschaften von Bedeutung waren.[73] Nachfolgend sollen diese für marktwirtschaftliche Systeme entwickelten Ansätze dazu herangezogen werden, um - nach notwendiger struktureller Relativierung - die Angebotsreaktionen eines Haushalts in sozialistischen Planwirtschaften auf die dargestellten potentiellen Einflußfaktoren zu untersuchen. Dazu wird zunächst von der Annahme ausgegangen, daß der Haushalt die Frage, ob er arbeitet, schon beantwortet hat und sein Planungshorizont auf eine Periode beschränkt ist. In diesem statischen Modellrahmen steht der Haushalt vor der kurzfristigen Entscheidung, wieviel Arbeitsleistungen er in der laufenden Periode anbieten soll. Hieran anschließend wird dann berücksichtigt, daß der Haushalt für seine Planung einen Mehrperiodenhorizont zugrunde legt und für jede Teilperiode vor der Frage steht, ob er überhaupt arbeiten soll oder nicht. In diesem dynamischen Modellrahmen entscheidet er, wann er ins Erwerbsleben eintreten bzw. seine Erwerbstätigkeit aufgeben soll. Der Abschnitt endet mit einer kurzen Zusammenstellung empirischer Belege für das hier abgeleitete Arbeitsangebotsverhalten privater Haushalte in sozialistischen Planwirtschaften.

2. Statische Modelle des Arbeitsangebots

a. Reallohn und Arbeitsangebot

Zunächst sei einführend der Fall betrachtet, in dem der repräsentative Haushalt als Arbeitsanbieter keinerlei Mengenbeschränkungen auf den Konsumgütermärkten unterliegt, d.h. zu den herrschenden Preisen jedes von ihm gewünschte Konsumgüterbündel erhalten kann, und deshalb auch keine spontanen Märkte außerhalb des sozialistischen Sektors existieren. Dann kann der Haushalt ein Erwerbseinkommen nur durch Angebot seiner Arbeitskraft im sozialistischen Sektor erzielen und steht vor dem Entscheidungsproblem, wie er seine ins-

---

[72] Vgl. beispielsweise die zusammenfassenden Darstellungen bei KILLINGSWORTH (1983), S. 1 ff.; FRANZ (1991), S. 30 ff.

[73] Vgl. GALBRAITH (1947), S. 289 ff.; CHARLESWORTH (1956), passim, und die dort zitierte Literatur.

gesamt zur Verfügung stehende Zeit T zwischen Erwerbstätigkeit NT und Nichterwerbstätigkeit FT (Freizeit einschließlich Hausarbeit, Kindererziehung, Bildung etc.) aufteilen soll. Nimmt er eine Beschäftigung zu einem Lohnsatz w pro Arbeitsstunde an, erzielt er ein Arbeitseinkommen $w \cdot NT$, mit dem er bei einem Nicht-Arbeitseinkommen V Konsumausgaben in Höhe von $p \cdot x_C$ bestreiten kann, wobei x_C ein Konsumgüterbündel und p dessen gewichteter Preis darstellt.[74] In dieser Situation wird der Haushalt ein Arbeitsangebot wählen, bei dem sein Nutzen unter der Nebenbedingung maximiert wird, daß die Konsumausgaben sein Einkommen nicht übersteigen. Er wird deshalb bei gegebenen Löhnen und Konsumgüterpreisen gerade so viel Arbeit anbieten, bis das Verhältnis aus marginalem Arbeitsleid und Grenznutzen des Konsumgüterbündels mit dem Reallohn übereinstimmt. Mehr Arbeit zu verrichten, wird der Haushalt nicht bereit sein, weil er die Nutzeneinbuße einer zusätzlichen Stunde Erwerbstätigkeit relativ höher bewertet als den zusätzlichen Nutzen des Konsums einer Gütereinheit.[75]

Graphisch läßt sich dieses Nutzenmaximum durch Abbildung IV-B.1 verdeutlichen, die auf der Ordinate die Menge des konsumierten Güterbündels x_C (gemessen beispielsweise in Mengeneinheiten pro Woche) und auf der Abszisse das geplante Arbeitsangebot NT des Haushalts (gemessen beispielsweise in Stunden pro Woche) angibt; die Differenz zwischen der insgesamt verfügbaren Zeit T und der vom Haushalt gewünschten Arbeitszeit NT ergibt die zur Freizeit und anderen Aktivitäten verfügbare Zeit FT.[76] Die vom Punkt C ausgehenden Budgetgeraden CP_1 bis CP_5 beschreiben die Beziehung zwischen der Anzahl der angebotenen Arbeitsstunde pro Woche und der bei gegebenen Preisen, Löhnen und Nicht-Arbeitseinkommen maximal möglichen Konsummenge x_C pro Woche. Ihre Steigung entspricht der Höhe des herrschenden Reallohns pro Stunde. Bietet der Haushalt keine Arbeit an (NT = 0 oder FT = T), erzielt er kein Arbeitseinkommen, so daß er bei einem Nicht-Arbeitseinkommen V die dem Ordinatenabschnitt 0C (= V/p) entsprechende Gütermenge konsumieren kann. Wird keine Freizeit gewünscht (FT = 0), d.h. die gesamte verfügbare Zeit ausschließlich zu Erwerbszwecken gewünscht (NT = T), geben die Punkte P_1 bis P_5 die von dem Haushalt bei alternativen Reallöhnen maximal realisierbaren Konsumgütermengen pro Woche an. Das System von

---

[74] Dabei ist unterstellt, daß die relativen Preise konstant sind bzw. der Haushalt die Güter in fester Relation nachfragt.

[75] Zur Herleitung des nutzenmaximalen Arbeitsangebots im statischen Modell vgl. wiederum KILLINGSWORTH (1983), S. 5 f.; FRANZ (1991), S. 33 f.

[76] Zur Abbildung vgl. BOULDING (1941), S. 614.

110

Abb. IV-B.1: Nutzenmaximales Arbeitsangebot bei alternativen Reallöhnen

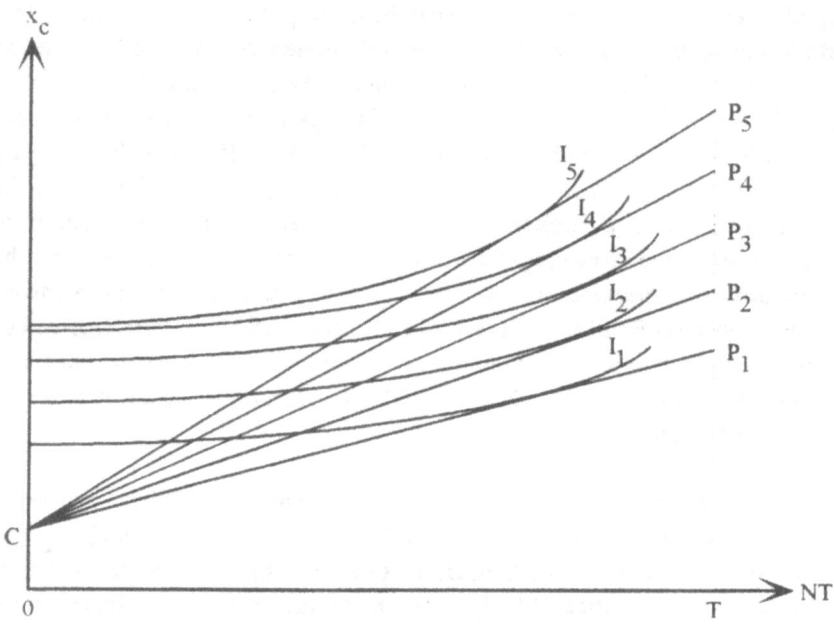

Indifferenzkurven I_1 bis I_5 beschreibt die Präferenzen des Haushalts bezüglich seines Arbeitsangebots und des Konsumgüterbündels. Die Kurven zeigen einen positiven Anstieg, weil der Haushalt bei steigendem Arbeitsangebot nur dann einen unveränderten Nutzen realisiert, wenn der Konsum zunimmt.[77] Bei gegebenem Reallohn ergibt sich dann die vom Haushalt gewünschte Kombination von Arbeitszeit und Güterkonsum in den (in der Abbildung nicht bezeichneten) Tangentialpunkten der Budgetgeraden mit der höchsten erreichbaren Indifferenzkurve. In diesen Tangentialpunkten stimmt die Steigung der Indifferenzkurve, d.h. die Relation aus marginalem Arbeitsleid und marginalem Güternutzen, mit der Steigung der Budgetgeraden, dem Reallohn, überein, so daß der Haushalt sein Nutzenmaximum erreicht.

---

[77] Zum Verlauf der Indifferenzkurven vgl. wiederum BOULDING (1941), S. 613 ff. Üblicherweise wird Abbildung IV-B.1 in der Arbeitsmarktliteratur, beispielsweise bei FRANZ (1991), S. 35, spiegelbildlich dargestellt, wobei die Nicht-Erwerbstätigkeit vom Ursprung 0 aus nach rechts abgetragen wird. Die hier gewählte Darstellung erleichtert es jedoch, die Arbeitszeit direkt abzulesen.

Eine Erhöhung des Nominallohns w bei Konstanz des gewichteten Preises p des Konsumgüterbündels - also ein Anstieg des Reallohnniveaus - führt zu einer Veränderung dieses Nutzenmaximums und damit zu einer veränderten Aufteilung der verfügbaren Gesamtzeit T auf Erwerbstätigkeit und Nichterwerbstätigkeit. Graphisch drückt sich dies in Abb. IV-B.1 darin aus, daß sich die Gerade CP_1 im Punkte C entgegen dem Uhrzeigersinn in die Position CP_2 bis CP_5 dreht. Ob damit ein Anstieg oder Absinken des Arbeitsangebots des Haushalts verbunden ist, hängt davon ab, ob der mit der Reallohnerhöhung verbundene, eindeutig positive "Substitutionseffekt" von dem im Vorzeichen unbestimmten "Einkommenseffekt" überkompensiert wird: Die Lohnerhöhung führt dazu, daß die Nichterwerbstätigkeit im Vergleich zur Erwerbstätigkeit relativ teurer wird und der Haushalt wegen dieser relativen Preisänderung Freizeit gegen Arbeit substituiert; zusätzlich ist mit dem Lohnanstieg aber auch eine Einkommenserhöhung verbunden, so daß der Haushalt mehr Güter - und damit auch mehr Freizeit - konsumieren wird, sofern Freizeit kein inferiores Gut darstellt. In diesem Fall führt der Einkommenseffekt zu einer Abnahme des Arbeitsangebots, und der Gesamteffekt der Lohnerhöhung ist von der relativen Stärke des Substitutions- und Einkommenseffekts abhängig. Verlaufen die Indifferenzkurven wie in Abb. IV-B.1 unterstellt, führt der Lohnanstieg zunächst zu einer Zunahme (bei Übergang von Budgetgerade CP_1 auf CP_3) und anschließend wieder zu einer Abnahme (beim Übergang von CP_3 auf CP_5) der angebotenen Arbeitsmenge und die - in der Abbildung nicht eingezeichnete - individuelle Arbeitsangebotskurve als Verbindungslinie der Tangentialpunkte ist zunächst positiv, dann negativ geneigt.

b. Das Arbeitsangebot bei Rationierung auf den Konsumgütermärkten

Die bisherigen Überlegungen gingen von der Annahme aus, daß der Haushalt bei herrschenden Nominallöhnen und Konsumgüterpreisen in der Lage ist, sowohl die von ihm gewünschte Arbeitsmenge als auch die gewünschte Konsumgütermenge frei zu wählen. Die Alltagserfahrung in sozialistischen Planwirtschaften scheint jedoch dafür zu sprechen, daß die Haushalte in ihren Konsumplänen nicht unbeschränkt sind und nicht jede zu herrschenden Preisen und Löhnen gewünschte Konsumgütermenge erhalten können. Vielmehr unterliegen sie Rationierungen auf den Konsumgütermärkten mit der Konsequenz, daß die Haushalte einen Teil ihres durch Erwerbstätigkeit im sozialistischen (staatlichen) Sektor erzielten Arbeitseinkommen $w \cdot NT$ nicht für Konsumzweckeverausgaben können. Sie unterliegen dann Zwangssparprozessen, die ungewünscht sind und - zumindest im bislang betrachteten statischen Modellrahmen - die

nutzenmaximale Aufteilung der gesamten verfügbaren Zeit T in Erwerbstätigkeit und Nichterwerbstätigkeit verändern müssen.

Die Reaktionen des Arbeitsangebotes eines Haushalts auf solche Mengenbeschränkungen auf den Konsumgütermärkten lassen sich mit Hilfe von Abbildung IV-B.2 verdeutlichen, die auf der Ordinate wiederum die Menge des konsumierten Güterbündels x_c und auf der Abszisse die geplante Arbeitszeit des
Haushalts NT angibt; für den Verlauf der Indifferenzkurven und der Ur-
sprungsgeraden gilt das oben Gesagte.[78] Erwartet der Haushalt, auf den Konsumgütermärkten dauerhaft und vollkommen rationiert zu werden, so daß er
über seine Zuteilung $\bar{x}_c$ hinaus keine zusätzlichen Konsumgüter erhalten kann,
sind für ihn alle Konsum-/Arbeitszeit-Kombinationen oberhalb der Güterration
$\bar{x}_c$ nicht realisierbar, so daß in der Abbildung die Budgetgeraden oberhalb von
$\bar{x}_c$ gestrichelt gezeichnet sind.

Steigende Reallöhne führen dann nur so lange zu einer Zunahme des Arbeitsangebots - eine Dominanz des Substitutionseffekts über den Einkommenseffekt
vorausgesetzt -, wie die Tangentialpunkte von Budgetgerade und Indifferenzkurve unterhalb oder auf der Zuteilung $\bar{x}_c$ liegen (was in der Abbildung in
den Punkten A_1 bis A_3 der Fall ist). Steigt der Reallohn jedoch weiter an, beispielsweise entsprechend der Linien CP_4 und CP_5, werden die Tangentialpunkte für das Arbeitsangebot des Haushalts bedeutungslos, sofern er sein Einkommen vollkommen für Konsumzwecke verausgabt, was er im statischen Modellrahmen ja muß, da eine Ersparnisbildung nicht sinnvoll ist. Sein Arbeitsangebot wird dann vielmehr durch die Schnittpunkte A_4 und A_5 der Budgetgeraden mit der Horizontalen $\bar{x}_c$ bestimmt, in denen der Haushalt seine höchstmögliche Indifferenzkurve erreicht. Konsequenz ist, daß sich das Arbeitsangebot
entsprechend der (in der Abbildung nicht eingezeichneten) Verbindungslinie der
Punkte A_1 bis A_5 entwickelt und bei Erreichen der Güterration mit steigenden
Reallöhnen abnimmt.

Zu negativen Veränderungen des nutzenmaximalen Arbeitsangebots kommt es
auch bei unveränderten Reallöhnen, wenn die Rationierung auf den Konsumgütermärkten zunimmt und die Haushalte eine sinkende Konsumgüterzuteilung erhalten. In Abb. IV-B.3 drückt sich dies darin aus, daß die horizontale Konsumschranke $\bar{x}_c$ sich bei gegebener Budgetgeraden CP_1 nach unten beispielsweise
von der Position $\bar{x}_{c1}$ in die Position $\bar{x}_{c2}$ bis $\bar{x}_{c6}$ verlagert. War der Haushalt in

---

[78] Zur Abbildung und den nachfolgenden Ausführungen vgl. CHARLESWORTH (1956), S. 31 ff.

Abb. IV-B.2: Arbeitsangebotsreaktionen bei gegebener Konsumgüter-
rationierung und steigenden Reallöhnen

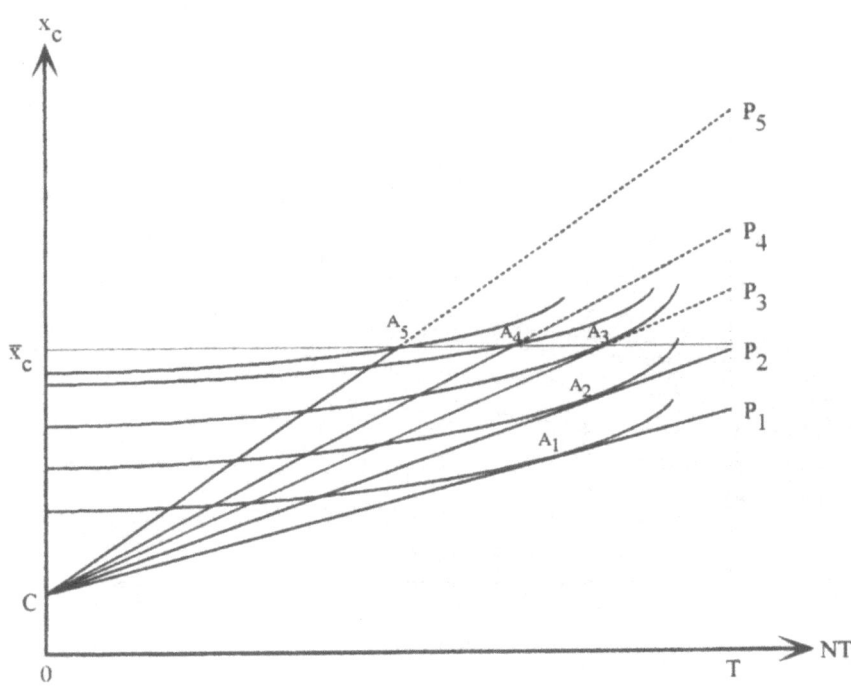

der Ausgangssituation noch nicht rationiert, weil der Tangentialpunkt A_1 von Indifferenzkurve I_1 und Budgetgerade noch auf der Güterration $\bar{x}_{c1}$ lag, führt eine verminderte Zuteilung dazu, daß der Haushalt sein Arbeitsangebot nach Maßgabe der Schnittpunkte von Budgetgeraden und jeweiliger Konsumschranke entsprechend den Punkten A_2 bis A_6 vermindert, in denen er unter den gegebenen Restriktionen die höchstmögliche Indifferenzkurve erreicht.[79] Das Arbeitsangebot nimmt dann bei gegebenen Reallöhnen ab.

---

[79] Vgl. auch FELDERER, HOMBURG (1984), S. 293 f., die allerdings den (für Marktwirtschaften typischen) umgekehrten Fall einer Absatzbeschränkung des Haushalts auf dem Arbeitsmarkt betrachten.

**Abb. IV-B.3: Arbeitsangebotsreaktion bei gegebenem Reallohn und zu-
nehmender Konsumgüterrationierung**

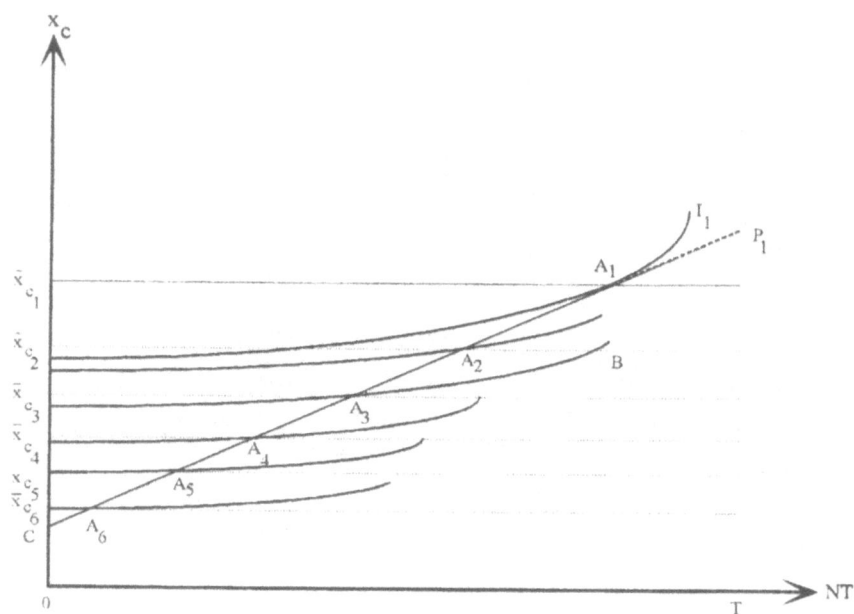

Diese negativen Arbeitsangebotsreaktionen auf eine zunehmende Konsumgüterrationierung bestehen auch dann fort, wenn der Haushalt nicht - wie zuvor
unterstellt - eine feste Güterration erhält, sondern mit anderen Haushalten um
die staatlich fixierte Konsumgütermenge $\bar{x}_c$ konkurrieren muß, d.h. freier Konsumguttausch fortbesteht.[80] Diese Annahme dürfte der Realität in sozialistischen Planwirtschaften eher entsprechen, weil die Güter nicht individuell
zugeteilt werden, sondern die Haushalte für ihre Arbeitsleistung monetär entlohnt werden und mit dem erhaltenen Geldeinkommen das gewünschte Konsumgüterbündel zu erwerben versuchen. Dann ist die Konsumschranke für den

---

[80] Freier Konsumguttausch liegt vor, wenn die Haushalte das Recht haben, die von der Zentralbehörde
zugeteilten Güter untereinander zu tauschen, jedoch Niveau und Struktur des angebotenen
Güterbündels nicht beeinflussen können; er unterscheidet sich von der freien Konsumwahl, bei der
die Haushalte durch ihre Kaufentscheidungen auch Einfluß auf Höhe und Zusammensetzung des
Güterangebots nehmen. Zur begrifflichen Unterscheidung vgl. EUCKEN (1939), S. 82 f.

Haushalt ex ante keine absolut vorgegebene, sondern eine stochastische Größe, weil er damit rechnen kann, sie durch vermehrte Suchaktivitäten, durch Manipulation (beispielsweise Bestechung) oder durch Äußerung eines überhöhten Bedarfs überspringen zu können. Bei stochastischer Rationierung wird der Haushalt unter Umständen sein hypothetisches Arbeitsangebot aufrechterhalten, um seine Möglichkeiten zur Überwindung der Konsumschranke nicht aufgeben zu müssen. In Abb. IV-B.3 bedeutet das, daß er bei einer Rationierung in Höhe von $\bar{x}_{c2}$ den Punkt B plant.[81] In diesen Fällen ist jedoch der Versuch, eine über die Schranke hinausgehende Konsumgüternachfrage zu äußern, für den Haushalt mit individuellen Kosten verbunden, die monetärer Art (etwa bei Fahrten zu Geschäften, in denen ein begehrtes Gut gerade angeboten wird, bei Zahlung von Bestechungsgeldern oder bei Lagerhaltung, wenn ein knappes Gut über dem augenblicklichen Bedarf hinaus erworben und gehortet wird) sein können oder in Form eines zusätzlichen Zeitaufwandes (durch "Schlangestehen", Suche nach begehrten Gütern oder durch Einlagerung gehorteter Gütermengen) entstehen und zumeist von der erworbenen Gütermenge unabhängig sind. Wenn monetäre Fixkosten in Höhe von $\overline{CD}$ entstehen, verschiebt sich wie in Abb. IV-B.4 die Budgetlinie CP_1 um den Betrag $\overline{CD}$ parallel nach unten, so daß der Haushalt ein geringeres (Netto-)Einkommen erzielt und sein Arbeitsangebot erhöht oder reduziert, je nachdem ob Freizeit ein superiores oder inferiores Gut ist.[82] Feste Zeitkosten 0T' haben zur Konsequenz, daß der Haushalt nicht mehr 0N Zeiteinheiten, sondern nur noch T'N an Arbeit Zeiteinheiten effektiv anbietet, sofern unterstellt wird, daß er die Konsumgüterbeschaffung - wie in sozialistischen Planwirtschaften üblich - während der offiziellen Arbeitszeit betreibt und deshalb seine Budgetgerade von den Zeitkosten der Konsumgüterbeschaffung unbeeinflußt bleibt.[83] Konsequenz ist, daß auch eine stochastische Rationierung bei gegebenem Reallohn zu einem -

---

[81] Der Fall, in dem der Haushalt seine hypothetischen Pläne aufrechterhält, wird als Clower-Nachfrage bezeichnet, im Unterschied zum weiter oben beschriebenen Fall, in dem der Haushalt sein Arbeitsangebot entlang der Budgetgerade reduziert und der als Drèze-Nachfrage bezeichnet wird. Vgl. FELDERER, HOMBURG (1984), S. 296 f., und die dort zitierte Literatur.

[82] Die Konsumschranke ist in Abb. IV-B.4 nicht eingezeichnet, da der Haushalt sie bei stochastischer Rationierung zu überwinden hofft.

[83] Sollte der Haushalt die Konsumgüter außerhalb der Arbeitszeit beschaffen, verschiebt sich die Budgetgerade noch einmal um den Betrag der entgehenden Arbeitseinkommen nach unten und weist zwischen 0 und T' einen horizontalen Abschnitt auf. Vgl. FRANZ (1991), S. 48 ff., der allerdings den Fall fester Zeitkosten bei der Arbeitsaufnahme betrachtet.

gegenüber einer rationierungsfreien Situation - verminderten effektiven Arbeitsangebot führt.[84]

Abb. IV-B.4: Individuelles Arbeitsangebot bei stochastischer Rationierung

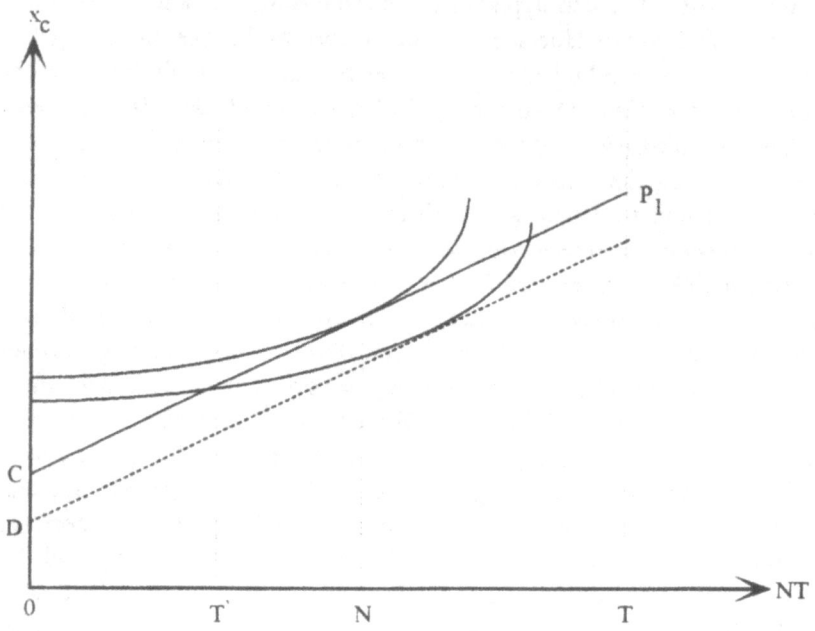

c. Angebotsreaktionen des Faktors Arbeit bei Existenz spontaner Güter- und Arbeitsmärkte

Unterliegen die Haushalte einer Rationierung auf den staatlichen Konsumgüter-märkten, treten neben dem staatlichen Handel noch - wie in den meisten der hier betrachteten sozialistischen Planwirtschaften - unkontrollierte Güter- und Arbeitsmärkte außerhalb des formalen Systems der administrativ-zentralen Planung hinzu, auf denen sich Güterpreise und Nominallöhne frei bilden können. Solche spontanen Marktbeziehungen können illegal, halblegal oder offiziell zugelassen sein. Sie können Aktivitäten ohne oder mit privater Produktionstätig-

---

[84] Zu den Angebotseffekten stochastischer Rationierung auf den Konsumgütermärkten in sozialistischen Planwirtschaften vgl. auch PODKAMINER (1989), S. 46.

keit umfassen: Im ersten Fall erwerben die privaten Haushalte Güter zu staatlich fixierten Preisen, um sie zu marräumenden Preisen auf Schwarzmärkten zu verkaufen. Im zweiten Fall tritt neben den staatlichen Produktionssektor ein zweiter privater Produktionssektor außerhalb des zentralen Planungssystems hinzu, der die Wirtschaftssubjekte ebenfalls zu Marktpreisen mit Gütern und Dienstleistungen versorgt; beispielhaft sei die private Produktion von landwirtschaftlichen Produkten oder von Gütern, die in Produktionskooperativen oder behördlich zugelassenen Privatunternehmen erzeugt werden, genannt.[85]

Die Existenz spontaner Gütermärkte ohne Produktionsaktivitäten bewirkt, daß die Haushalte von ihnen gewünschte Güter zu Markträumungspreisen erwerben können, wenn sie ihre Nachfrage von der offiziellen in die inoffizielle Wirtschaft verlagern. Die von ihnen im staatlichen Handel wahrgenommenen Rationierungen haben dann keine Zwangssparprozesse, sondern Zwangssubstitutionen in die inoffizielle Wirtschaft zur Folge. Solche Zwangssubstitutionen sind jedoch nicht ohne Konsequenzen für das private Arbeitsangebot, wenn "Schlangestehen" zum Erwerb eines Gutes in der offiziellen Wirtschaft notwendig ist. Wird dann der Preis in der offiziellen Wirtschaft unter dem Markträumungspreis fixiert, während der Preis in der Schattenwirtschaft auf dem Markträumungsniveau liegt, wird jeder Haushalt die individuell steigenden Transaktionskosten des Anstellens in der "Schlange" für eine weitere Einheit des gewünschten Gutes mit den Erträgen des Wiederverkaufs in der inoffiziellen Wirtschaft vergleichen. Damit jedoch der Schwarzmarkt mit Gütern versorgt wird, müssen die Haushalte die gewünschten Güter auf dem offiziellen Markt erwerben, um sie später wieder verkaufen zu können. Schwarzmarktaktivitäten führen dann zu einem Anstieg der gleichgewichtigen Länge der Schlange. Jeder Haushalt, der es präferiert, das Gut nicht auf den spontanen Märkten zu erwerben, muß dann eine im Durchschnitt steigende Zeit in der Schlange verbringen. Da ein Anstehen in der Schlange jedoch Zeit benötigt, die in der Regel zu Lasten der Arbeitszeit geht, verringert sich das effektive Arbeitsangebot der Haushalte quantitativ oder qualitativ.[86]

Diese negativen Reaktionen des privaten Arbeitsangebots auf eine Rationierung im staatlichen Handel bleiben prinzipiell auch dann erhalten, wenn neben dem

---

[85] Für einen Überblick über solche spontanen Marktbeziehungen vgl. KATSENELINBOIGEN (1977), S. 64 ff. In der ehemaligen UdSSR existierten Anfang 1989 etwa 78.000 Produktionskooperativen mit durchschnittlich etwa 18 Beschäftigten; vgl. MALLE (1990), S. 210.

[86] Vgl. dazu STAHL, ALEXEEV (1985), S. 240 ff.

118

offiziellen noch ein inoffizieller Produktionssektor auftritt, in dem zusätzliche Konsumgüter und Dienstleistungen privat erzeugt werden. Dies bedeutet auch, daß der gesamtwirtschaftliche Arbeitsmarkt um ein privates Segment ergänzt wird. Dann bewirkt eine steigende Rationierung auf den staatlichen Konsumgütermärkten Zwangssubstitutionen, wobei die Haushalte ihre unbefriedbare Nachfrage nach staatlich produzierten Gütern durch eine höhere Nachfrage nach privat erzeugten Gütern ersetzen und gleichzeitig ihr Arbeitsangebot im privaten Sektor zu Lasten eines verminderten Arbeitsangebots im sozialistischen Sektor ausweiten. Ob das gesamtwirtschaftliche Arbeitsangebot in diesem Zwei-Sektoren-Modell von dem im (zuvor dargestellten) Ein-Sektoren-Modell abweicht, hängt davon ab, inwieweit die Substitutionsprozesse auf Güter- und Arbeitsmärkten zu einem Angebots- oder Nachfrageüberschuß im privaten Sektor führen: Kommt es dort zu einem Angebotsüberschuß, weil die Nachfragesubstitution auf die privaten Konsumgütermärkte geringer als die durch die Angebotssubstitution auf die privaten Arbeitsmärkte ausgelösten Produktionssteigerungen ausfällt, verringert sich für die Haushalte die insgesamt wahrgenommene Konsumgüterrationierung, so daß gesamtwirtschaftlich das Arbeitsangebot gegenüber dem Ein-Sektoren-Modell zunimmt. Fällt dagegen die Nachfragesubstitution auf die privaten Konsumgütermärkte größer als die durch die Angebotssubstitution auf den privaten Arbeitsmärkten ausgelösten Produktionsausweitungen aus, verschärft sich die gesamtwirtschaftliche Güterrationierung weiter, so daß die Haushalte gesamtwirtschaftlich mit einer Einschränkung ihres Arbeitsangebots reagieren werden.[87]

3. Dynamische Modelle des Arbeitsangebots

Die bisherigen Überlegungen gingen davon aus, daß der Haushalt die Frage, ob er arbeitet, bereits positiv beantwortet hatte und er deshalb "nur" vor dem Entscheidungsproblem stand, wieviel Zeiteinheiten Arbeit er zu herrschenden Preisen, Löhnen und wahrgenommenen Konsumschranken bereitstellen wollte. Zwar war im obigen Modellrahmen die Möglichkeit nicht ausgeschlossen, daß der Haushalt überhaupt keine Arbeit mehr anbot; diese ergab sich darin bei-

---

[87] Vgl. dazu THIEME (1985), S. 313 f.; BENNETT, PHELPS (1988), insbes. S. 105 ff.; BENNETT (1989), S. 175 ff. Die zuletzt zitierten Modelle unterstellen, daß im privaten Sektor die Produktion in Familienbetrieben oder Produktionskooperativen erfolgt, so daß alle Beschäftigten ein Residualeinkommen in Form der Überschüsse der Verkaufserlöse über die Kosten erzielen. Unterstellt man hingegen, daß im privaten Sektor eine abhängige Beschäftigung möglich ist, weicht das gesamtwirtschaftliche Arbeitsangebot im Zwei-Sektoren-Modell nicht mehr von dem im Ein-Sektoren-Modell ohne schattenwirtschaftliche Produktion ab; dies zeigt analytisch HARE (1987), insbes. S. 57 ff.

spielsweise in Abb. IV-B.1 in der durch den Punkt C gekennzeichneten Ecklösung, bei der die gesamte Zeit T ausschließlich für Aktivitäten außerhalb des Arbeitsmarktes verwendet wurde. In diesem Fall überschritt der Anspruchslohn, zu dem der Haushalt Arbeit anzubieten bereit war, den tatsächlich herrschenden Reallohn, und der Haushalt bot überhaupt keine Arbeitsleistung mehr an. In dem bislang unterstellten statischen (einperiodigen) Modellrahmen würde dies jedoch bedeuten, daß der Haushalt bei unverändertem Reallohn sein ganzes Leben hindurch auf jegliche Erwerbstätigkeit verzichtet - ein Fall, der innerhalb der herrschenden Wirtschaftsverfassung ("Anti-Parasiten-Gesetze", u.ä.) zumindest für männliche Arbeitskräfte ausgeschlossen und für weibliche Arbeitskräfte sehr unwahrscheinlich ist. Diese Situation ist aber auch deshalb ein Grenzfall, weil die Nutzenindifferenzkurven im Vergleich zur Budgetgerade schon sehr steil verlaufen müssen - das Grenznutzenverhältnis aus Nichterwerbstätigkeit und Konsumgüterbündel den Reallohn übersteigen muß -, damit der Punkt C sich als nutzenmaximale Lösung ergibt. Die Möglichkeit temporärer beschäftigungsloser Zeiten wird jedoch plausibler, wenn man von der einperiodigen Betrachtungsweise zur mehrperiodigen Betrachtung übergeht und dynamische Modelle des Arbeitsangebotsverhaltens verwendet. Dann wird unterstellt, daß der Haushalt sein Arbeitsangebot über einen längeren Zeitraum als die laufende Periode plant, und die Frage, wann er in das Berufsleben eintritt und in den Ruhestand geht und wann er (im Falle von Frauen) vor Erreichen der Ruhestandsgrenze aus dem Erwerbsleben ausscheidet, wird zum Gegenstand einer Lebenszyklusplanung gemacht.

In solch einem Mehrperiodenmodell maximiert der Haushalt seinen intertemporalen Nutzen, d.h. die Summe seiner mit der individuellen Zeitpräferenz abdiskontierten zukünftigen Nutzen, unter der Nebenbedingung, daß das Anfangsvermögen A im Planungszeitpunkt plus die Summe der mit dem Marktzins abdiskontierten künftigen Einnahmeüberschüsse aus Arbeitseinkünften abzüglich der künftigen Konsumausgaben gleich Null ist, und der weiteren Nebenbedingung, daß die gesamte verfügbare Zeit T für Arbeit NT und Freizeit FT verwendet wird.[88] Die Lösung dieser Aufgabe ergibt die vom Haushalt in jeder Periode gewählte Angebotsmenge an Arbeit, Nachfragemenge nach Konsumgütern sowie die optimale Vermögenshaltung. Graphisch lassen sich die intertemporalen Arbeitsangebotsentscheidungen des Haushalts in verschiedenen Perioden mittels Abbildung IV-B.5 darstellen, die im oberen Teil wiederum das

---

[88] Für eine zusammenfassende Darstellung solcher mehrperiodigen Arbeitsangebotsmodelle vgl. erneut KILLINGSWORTH (1983), S. 209 ff.; FRANZ (1991), S. 57 ff. Dabei ist unterstellt, daß der Haushalt die Möglichkeit der Vererbung seines Endvermögens ausschließt.

Indifferenzkurvensystem I_t des Haushalts sowie seine Budgetgeraden in Abhängigkeit von dem Konsumgüterbündel x_{ct} und der Arbeitseinsatzmenge NT_t darstellt. Im Unterschied zum obigen statischen Modellansatz gelten die Indifferenzkurven und Budgetgeraden jetzt für unterschiedliche Perioden, und der Ordinatenabschnitt $\overline{OC}$ gibt jetzt - unter der Annahme, daß der Haushalt zum gegebenen Marktzins beliebig hohe Beträge aufnehmen oder verleihen kann - die durchschnittlichen Nicht-Arbeitseinkommen aus dem Anfangsvermögen wieder. Als "Anspruchslohn" w^R sei jener Lohnsatz bezeichnet, bei dem der Haushalt eine bestimmte - staatlich vorgegebene - Mindestarbeitszeit $NT_{Mind.}$ (beispielsweise 40 Stunden pro Woche) anzubieten und eine Beschäftigung zu der Mindestarbeitszeit anzunehmen bereit ist. Er entspricht jenem Reallohnsatz, bei dem die zugehörige Budgetgerade ausgehend vom Nicht-Arbeitseinkommen OC eine Indifferenzkurve bei $NT_t = NT_{Mind.}$ gerade tangiert (in der Abbildung ist das der den Budgetgeraden CP_2 bzw. CP_6 entsprechende Reallohnsatz) und ist dadurch definiert, daß der Grenznutzen der Freizeit bei einer Arbeitsmenge $NT_{Mind.}$ mit dem Grenznutzen des Konsums aus dem Anfangsvermögen gerade übereinstimmt.[89] Der tatsächlich herrschende Reallohn kann von diesem Anspruchslohn in einzelnen Perioden abweichen, wobei in Abb. IV-B.5 unterstellt ist, daß der Haushalt am Anfang seiner Planungsperiode t einen niedrigen, dann steigenden und zum Ende seiner Planungsperiode wieder sinkenden Lohn erhält, so daß die Budgetgeraden anfänglich einen flacheren, dann steileren und schließlich wieder flacheren Verlauf aufweisen. Trägt man diese Lohnentwicklung im Zeitablauf ab, ergibt sich die im unteren Teil der Abbildung dargestellte Entwicklung, wobei wegen Annahme eines konstanten Preisniveaus allein der Nominallohn auf der Ordinate abgetragen ist und der Anspruchslohn w^R eine Konstante darstellt: Im Zeitpunkt t_1 erhält der Haushalt einen Lohnsatz w_1 unterhalb von w^R und ist nicht bereit, die vorgeschriebene Mindestarbeitszeit anzubieten, weil im oberen Teil der Abbildung die zugehörige Budgetgerade CP_1 die höchstmögliche Indifferenzkurve in einem (nicht näher bezeichneten) Punkt links von $NT_{Mind.}$ tangiert. In t_2 stimmen tatsächlicher und Anspruchslohn gerade überein, so daß der Haushalt indifferent zwischen Arbeitsaufnahme und Freizeit ist; in den Zeitpunkten t_3 bis t_5 dagegen wird er die Beschäftigung annehmen, um in t_6 wiederum indifferent zu sein und in t_7 keine Arbeit aufzunehmen.

---

[89] Vgl. FRANZ (1991), S. 59.

Abb. IV-B.5: Arbeitsangebotsreaktionen im Lebenszyklusmodell

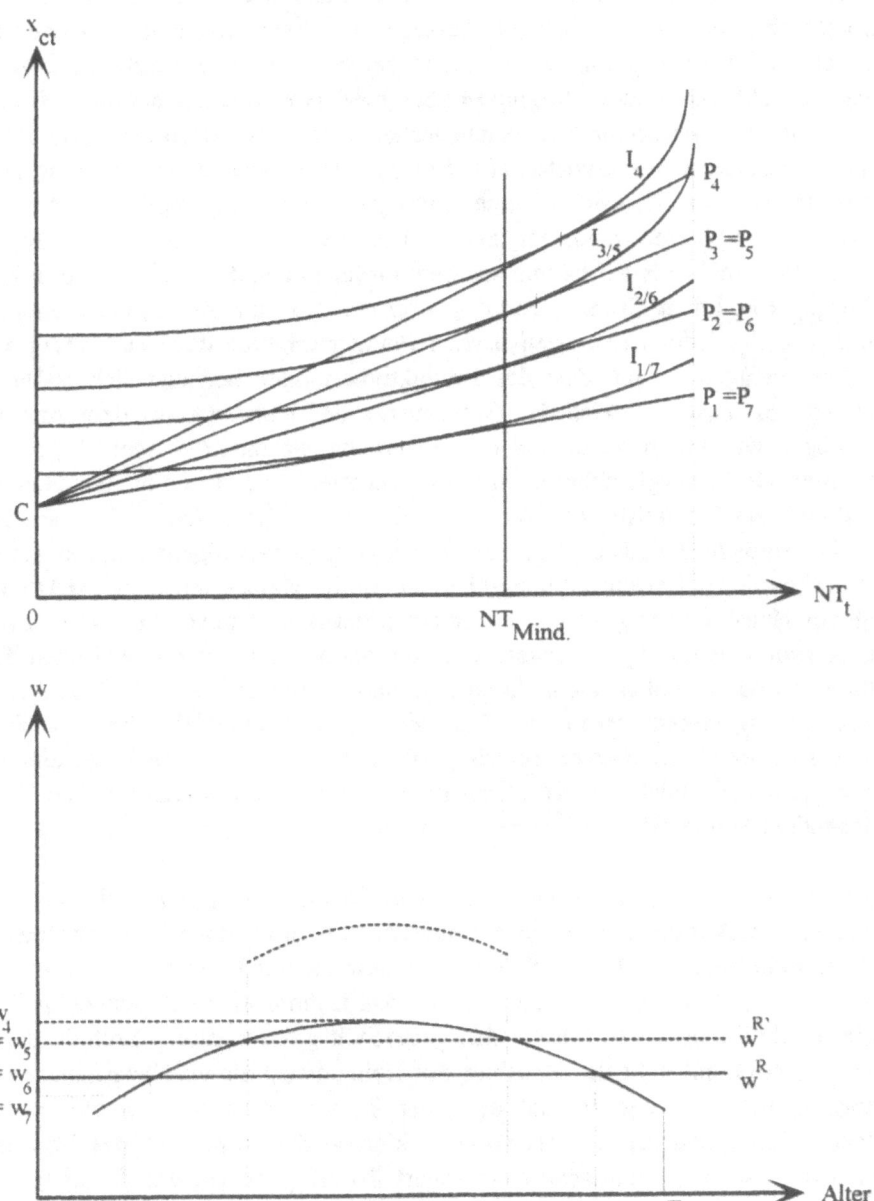

Das Lebenszyklusmodell macht damit die Entscheidung, ob ein Haushalt Arbeit anbietet oder nicht, vom Vergleich des tatsächlichen Lohnsatzes mit dem Anspruchslohn abhängig, so daß die Aussage, wann der Haushalt ins Erwerbsleben ein- oder austritt, nur bei Kenntnis beider Lohnsätze möglich ist. Allerdings erlaubt das Modell Prognosen über die Erwerbswahrscheinlichkeit eines repräsentativen Haushaltes in sozialistischen Planwirtschaften im Vergleich zu einem Haushalt in marktwirtschaftlichen Systemen, weil die Vermutung naheliegt, daß der Anspruchslohn - unter sonst gleichen Bedingungen - in sozialistischen Gesellschaften niedriger als in Marktwirtschaften ausfällt: Der Anspruchslohn mißt das Verhältnis aus dem Grenznutzen der Freizeit (bei $NT_t = NT_{Mind.}$) und dem Grenznutzen des Konsums aus dem Anfangsvermögen; da die Haushalte jedoch in sozialistischen Planwirtschaften über nur wenig Vermögen verfügen - zumindest das Produktivvermögen befindet sich ja im Eigentum des Staates -, wird der Grenznutzen des Konsums aus dem Anfangsvermögen wesentlich höher und der Anspruchslohn damit wesentlich geringer ausfallen als in vergleichbaren Marktwirtschaften - es sei denn, der Haushalt fühlt sich als "sozialistisches Wesen" und rechnet sich seinen Anteil am Produktivvermögen vollständig als Teil seines Anfangsvermögens an, was als unwahrscheinlicher Extremfall anzusehen ist. In die gleiche Richtung wirkt auch, daß der Haushalt - entgegen der oben getroffenen Annahme - keinerlei Zugang zu Konsumentenkrediten besitzt, d.h. temporäre Differenzen zwischen Einkommen und Ausgaben nicht durch Kreditaufnahme überbrücken kann. Diese Bedingungen lassen vermuten, daß der repräsentative Haushalt in einem sozialistischen Gemeinwesen ceteris paribus früher ins Erwerbsleben ein- und später austreten wird, als ein Haushalt in einem Wirtschaftssystem mit überwiegendem Sondereigentum an den Produktionsmitteln.

Das Lebenszyklusmodell erlaubt es auch, in einer komparativ-dynamischen Analyse die Auswirkungen einer Lohnerhöhung und einer Veränderung der Konsumschranke abzuleiten: Steigt beispielsweise der Lohnsatz in der Periode $t = t_3, \dots , t_4$ um Δw, verschiebt sich das Lohnprofil in dieser Zeitperiode (wie in Abbildung IV-B.5 durch den gestrichelt gezeichneten Abschnitt dargestellt) nach oben. Sieht der Haushalt den Lohnanstieg als vorübergehend (transitorisch) in dem Sinne an, daß er in der Zukunft wieder mit einem entsprechenden Rückgang des Lohnes rechnet, bleiben das Vermögen des Haushalts und sein Anspruchslohnniveau unverändert. Konsequenz ist, daß die Zeitpunkte des Eintritts in das Erwerbsleben und des Austritts aus dem Erwerbsleben unverändert bleiben.[90] Betrachtet der Haushalt die Lohnerhöhung in $t = t_3$, ... , t_4 jedoch als dauerhaft (permanent), d.h. erwartet er in der Zukunft keinen entsprechenden Rückgang des Lohnniveaus, erhöhen sich sein Vermögen und damit auch sein Anspruchslohnniveau (wie in Abbildung IV-B.5 durch die gestrichelt gezeichnete Konstante $w^{R'}$ dargestellt). Dies bewirkt, daß der Haushalt später (in t_3) ins Erwerbsleben eintritt und früher (in t_5) in den Ruhestand tritt. Eine permanente Lohnerhöhung hat damit eine Reduktion der Lebensarbeitszeit zur Folge.[91] Nimmt hingegen bei gegebenem Lohnsatz (und gegebenen Güterpreisen) die Rationierung auf den Konsumgütermärkten zu (d.h. sinkt die Konsumschranke), bleibt das Lohnprofil in der Abbildung IV-B.5 unverändert; statt dessen kann sich das Anspruchslohnniveau erhöhen, was jedoch wiederum davon abhängt, ob der Haushalt die (erhöhte) Konsumgüterrationierung als vorübergehend oder dauerhaft ansieht. Im ersten Fall bleibt der Grenznutzen des Konsums aus dem Vermögen unverändert, weil der Haushalt erwartet, daß die Konsumrationierung in den Folgeperioden wieder abnehmen wird; folglich wird er in der rationierten Periode seine Arbeitsangebotsentscheidung unverändert lassen, die nicht konsumierten Einkommensteile sparen in der Hoffnung, sie in einer Folgeperiode durch erhöhten Konsum wieder abbauen zu können. Im zweiten Fall einer dauerhaft gestiegenen Rationierung sinkt jedoch der Grenznutzen des Konsums aus dem Vermögen, so daß sich in Abbildung IV-B.5 wiederum der Anspruchslohn auf $w^{R'}$ erhöht (diesmal allerdings bei unverändertem Lohnprofil). Konsequenz ist wiederum, daß der Haushalt - ähnlich wie bei einer permanenten Lohnerhöhung - seine Lebensarbeitszeit reduziert.[92]

Als Zwischenergebnis kann damit festgehalten werden, daß sich das Instrumentarium der mikroökonomischen Haushaltstheorie durchaus dazu eignet, das Arbeitsangebotsverhalten eines repräsentativen Haushalts in sozialistischen Planwirtschaften abzuleiten, sofern einige im Vergleich zu Marktwirtschaften bestehende Besonderheiten berücksichtigt und die Erklärungsmodelle ent-

---

[90] Es sei denn, die temporäre Lohnerhöhung erfolgte in den Perioden t_1, ... , t_2 bzw. t_6, ... , t_7, denn dann würden sich auch Eintritts- bzw. Austrittszeitpunkte verändern. Ob infolge der transitorischen Lohnerhöhung in t_3, ... , t_4 die Gesamtzahl der angebotenen Arbeitsstunden verändert, ist unbestimmt, weil der Haushalt in dieser Periode mehr, in den übrigen Perioden jedoch weniger Arbeitsstunden anbieten wird. Vgl. FRANZ (1991), S. 60 ff.

[91] Zu den Auswirkungen (temporärer oder permanenter) Lohnsatzerhöhungen im Rahmen eines dynamischen Arbeitsangebotsmodells vgl. auch LUCAS, RAPPING (1969), S. 726 ff.

[92] Zu den Auswirkungen eines als permanent oder transitorisch angesehenen Anstiegs der Rationierung auf den Konsumgütermärkten auf das Arbeitsangebot im Lebenszyklusmodell vgl. auch BARRO, GROSSMAN (1974), S. 93 ff.

sprechend relativiert werden. Dabei zeigt sich im statischen Modellrahmen, daß der repräsentative Haushalt sich nur bei Fehlen jeglicher Rationierung auf den Konsumgütermärkten wie sein "marktwirtschaftliches Pendant" verhält und sein Arbeitsangebot - eine Dominanz des Substitutionseffekts über den Einkommenseffekt vorausgesetzt - infolge einer Reallohnerhöhung ausweitet. Unterliegt der Haushalt jedoch solchen Konsumschranken, wird er sein Arbeitsangebot bei steigenden Reallöhnen und sinkender Konsumgüterzuteilung vermindern. Solche negativen Angebotsreaktionen ergeben sich auch im dynamischen Lebenszyklusmodell, wo eine steigende Konsumgüterrationierung zu einer Abnahme der Lebensarbeitszeit führt und den Haushalt dazu anregt, später ins Erwerbsleben ein- bzw. früher aus dem Erwerbsleben auszutreten. Statische und dynamische Modelle des Arbeitsangebotsverhaltens liefern damit einige eindeutige Prognosen, und es ist zu prüfen, ob und inwieweit diese Prognosen mit den wenigen verfügbaren empirischen Belegen zum Arbeitsangebotsverhalten der Haushalte im Einklang oder im Widerspruch stehen.

4. Empirische Hinweise zum Arbeitsangebotsverhalten der Haushalte

Im Unterschied zu den zahlreichen empirischen Analysen zum Angebotsverhalten in marktwirtschaftlich organisierten Systemen, gibt es kaum entsprechende Untersuchungen zum Arbeitsangebotsverhalten der Haushalte in sozialistischen Planwirtschaften. Wie schon bei der empirischen Erforschung der Arbeitsnachfrage besteht das grundsätzliche Problem darin, daß für viele der in der theoretischen Analyse herausgearbeiteten Einflußfaktoren überhaupt keine Daten oder nur unzulängliche Zeitreihen verfügbar sind. Dies ist wiederum nicht bloße Folge unzureichender technischer Möglichkeiten der Datenerfassung durch die statistischen Zentralämter oder Folge der Geheimhaltung vieler der mit dem Arbeitskräfteeinsatz verbundenen Daten; dieser Mangel hat vielmehr vor allem systemimmanente Ursachen, weil Betriebe und Haushalte aus ihrem Eigeninteresse heraus daran interessiert sind, keine korrekten Zahlen über den Arbeitskräfteeinsatz, die effektiv geleisteten Arbeitsstunden oder die Fehlzeiten an die Planbehörde weiterzuleiten.

Aus diesen Gründen untersuchen die wenigen vorhandenen empirischen Analysen des Arbeitsangebotsverhaltens in sozialistischen Planwirtschaften kaum die Determinanten der effektiv geleisteten Arbeitsstunden im Rahmen statischer Arbeitsangebotsmodelle, sondern vor allem die Determinanten der Erwerbsbeteiligung im Rahmen dynamischer Erklärungsansätze. Dabei zeigt sich in der ehemaligen Sowjetunion insbesondere ein Rückgang der Erwerbsbeteiligung junger Menschen, dem eine wachsende Tendenz zu verlängerten Ausbildungszeiten und ein zunehmender Anteil von Absolventen allgemeinbildender Schulen gegenübersteht, der weiterführende Schulen besucht.[93] Dieser Anstieg des Ausbildungsniveaus wird jedoch begleitet von einer relativ sinkenden Nachfrage nach qualifizierten Arbeitskräften und einem steigenden Anteil von Personen, die nicht zu einer ihrer Ausbildung entsprechenden Tätigkeit eingesetzt und entsprechend entlohnt werden.[94] Konsequenz ist eine Abnahme der Lohndifferentiale zwischen Hochschulabsolventen und angelernten Arbeitnehmern und damit ein Rückgang der beobachtbaren Ertragsrate auf Humankapitalinvestitionen.[95] Dies zeigt, daß junge Sowjetbürger ihre Ausbildungszeiten nicht wegen verbesserter zukünftiger Einkommenserwartungen verlängern, sondern läßt vermuten, daß sie nur nach einem offiziell anerkannten Grund suchen, um angesichts wachsender Versorgungsengpässe auf den Konsumgütermärkten entsprechend der Vorhersagen des Lebenszyklusmodells später ins Erwerbsleben eintreten zu können.

Systematische empirische Untersuchungen zum Arbeitsangebotsverhalten der Haushalte stellen vor allem auf das Erwerbsverhalten von Frauen ab, deren Erwerbsbeteiligung im internationalen Vergleich außerordentlich hoch ist, obwohl sie ihre Erwerbstätigkeit innerhalb der herrschenden Wirtschaftsverfassung legal unterbrechen können.[96] Dabei lautet die Kernfrage, inwieweit sich das Angebotsverhalten von Frauen mittels der zuvor dargestellten dynamischen Arbeitsangebotsmodelle zufriedenstellend erklären läßt oder ob weitere, dort nicht enthaltene exogene (beispielsweise kulturelle) Erklärungsfaktoren herangezogen werden müssen: "The exceptionally high participation rate can be explained in one of two ways. The tastes of Soviet women may be the same as those of women elsewhere, but the costs and opportunities available to them may differ so greatly that their behaviour differs greatly so. Alternatively, Soviet women's tastes may differ greatly from those of women elsewhere, so that even if the costs and opportunities were the same their behaviour would

---

[93] Diese Entwicklung wird dokumentiert bei GRANICK (1987), S. 202 ff.; OXENSTIERNA (1990), S. 184.

[94] Vgl. GLOECKNER (1986), S. 224.

[95] Vgl. GRAESER (1988), S. 94 f.

[96] Siehe beispielsweise die Daten für die ehemalige UdSSR bei OXENSTIERNA (1990), S. 184, im Vergleich zu den von FRANZ (1991), S. 26, für westliche Marktwirtschaften angeführten Werten.

differ greatly."[97] Die meisten im Westen zum Erwerbsverhalten von Frauen - insbesondere in der ehemaligen Sowjetunion - durchgeführten Studien bestätigen die zuerst genannte Alternative und stellen einen statistisch signifikanten Einfluß der Löhne auf die weibliche Erwerbsbeteiligung fest, kommen allerdings zu dem Ergebnis einer "backward bending female supply curve", und zeigen, daß das Arbeitsangebot von Frauen ab einem gewissen Punkt mit steigendem Reallohn abnimmt, was auf die Existenz nicht geräumter Konsumgütermärkte hindeutet. Diese Ergebnisse zeigen, daß die neoklassischen Arbeitsangebotsmodelle auch zur Erklärung des Haushaltsverhaltens in sozialistischen Planwirtschaften herangezogen und erfolgreich empirisch überprüft werden können.[98]

---

[97] BERLINER (1989), S. 446 f.

[98] Vgl. GREGORY (1982), S. 24 ff.; BERLINER (1983), S. 151 f.; DERS. (1989), S. 459 ff.; KUNIANSKI (1983), S. 122 ff., sowie OFER, VINOKUR (1983), S. 166 ff. Für die Übertragbarkeit des neoklassischen Ansatzes auf sozialistische Planwirtschaften spricht auch, daß in der sowjetischen Literatur entwickelte Modelle diesem Ansatz weitgehend ähneln; siehe GREGORY (1983), S. 109 ff.

V. Ursachen der Arbeitslosigkeit in sozialistischen Planwirtschaften

Die vorstehende Partialanalyse hat gezeigt, von welchen Faktoren die einzelwirtschaftlichen Entscheidungen über die Höhe der von den Betrieben nachgefragten und von den Haushalten angebotenen Arbeitsleistungen abhängen. Arbeitslosigkeit ist Folge einer unvollkommenen gesamtwirtschaftlichen Koordination dieser Entscheidungen mit der Folge, daß für Betriebe und Haushalte gleichermaßen vorteilhafte Arbeitsverträge unterbleiben. Deshalb soll nachfolgend von der einzel- auf die gesamtwirtschaftliche Ebene übergegangen und geprüft werden, wie die ökonomische Theorie solche Störungen im Koordinationsmechanismus begründet und ob und inwieweit diese Ansätze zur Erklärung der diagnostizierten Arbeitslosigkeit in sozialistischen Planwirtschaften genutzt werden können.

A. Konkurrierende Erklärungsansätze im Überblick

Arbeitslosigkeit kann nach dem Zeitbezug der sie verursachenden Störungen (wie in Übersicht V-A.1 dargestellt) in vorübergehende und Dauerarbeitslosigkeit unterschieden werden:[1] Vorübergehende Arbeitslosigkeit ist Folge des in jeder dynamischen Volkswirtschaft existierenden Strukturwandels. Dieser bedingt, daß sich die Volkswirtschaft in ständiger Bewegung befindet und neben expandierenden Sektoren oder Regionen, die durch einen zunehmenden Bedarf an Arbeitskräften gekennzeichnet sind, auch kontraktierende Sektoren oder Regionen existieren, in denen der Arbeitskräftebedarf sinkt. In der modernen Beschäftigungstheorie wird diese Form der Arbeitslosigkeit auch als "natürliche Arbeitslosigkeit" bezeichnet, die als jenes Unterbeschäftigungsniveau definiert ist, "... das sich aus dem Walrasianischen Gleichgewichtssystem ergeben würde, vorausgesetzt, die aktuellen Strukturcharakteristika der Arbeits- und Gütermärkte sind eingebaut, und zwar einschließlich Marktunvollkommenheiten, Zufallsvariabilität von Angebot und Nachfrage, Kosten der Informationsbeschaffung über freie Stellen und Arbeitsreserven, Mobilitätskosten ... ."[2] Da ein Arbeitsplatzwechsel mit individuellen Kosten verbunden ist und daher Zeit benötigt, ist stets ein Teil der Erwerbsbevölkerung (vorübergehend) beschäftigungslos. Im einzelnen lassen sich je nach den Ursachen   solcher   relativen

---

[1] Zu dieser und den nachfolgend genannten Unterscheidungen vgl. beispielsweise BESTERS (1988), S. 17 ff.; DERS. (1990), S. 27 ff., der allerdings von "institutionalisierter" anstatt von struktureller Arbeitslosigkeit spricht.

[2] FRIEDMAN (1968), S. 144.

Verschiebungen der Angebots- und Nachfragebedingungen auf einzelnen Märkten drei Formen temporärer Arbeitslosigkeit unterscheiden:[3]

Übersicht V-A.1: Ursachen der Arbeitslosigkeit im Überblick

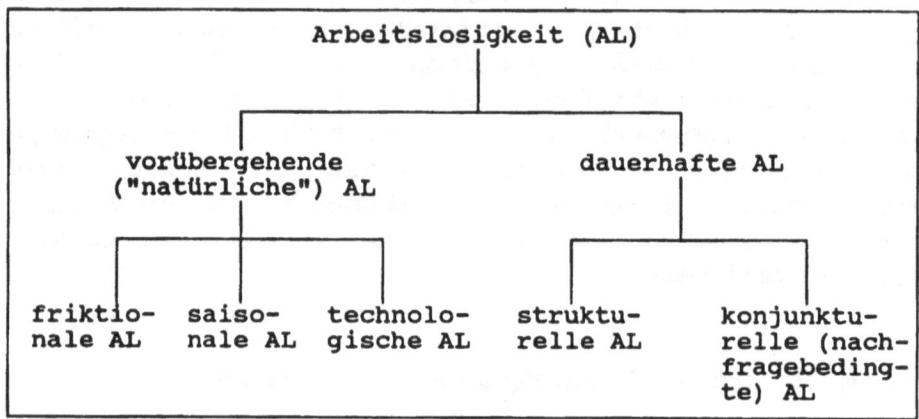

Quelle: Zusammengestellt nach BESTERS (1990), S. 27 ff.

- Saisonale Arbeitslosigkeit, bedingt durch periodische Schwankungen im Arbeitskräftebedarf (beispielsweise in der Landwirtschaft und im Bau- oder Fremdenverkehrsgewerbe) oder im Arbeitskräfteaufkommen (beispielsweise infolge des Berufseintritts von Schulabgängern);

- friktionale Arbeitslosigkeit, verursacht durch Nachfrageverschiebungen zwischen einzelnen Regionen und Branchen;

- technologische Arbeitslosigkeit, bei der infolge technischen Fortschritts der Faktor Arbeit durch Kapital ersetzt wird und die freigesetzten Arbeitskräfte in anderen, arbeitsintensiven Sektoren eingesetzt werden können.

All diese Formen temporärer Arbeitslosigkeit sind durch Friktionen bedingt, die zu verzögerten Anpassungen an natürliche oder wettbewerbsbedingte Veränderungen der Angebots- und Nachfragebedingungen auf individuellen Gütermärkten führen. Sie sind jedoch nicht mit einem Auseinanderklaffen von gesamtwirtschaftlichem Arbeitsangebot und -nachfrage verbunden. Sie bedingen zwar individuelle Härten, sind gesamtwirtschaftlich jedoch unvermeidbar

---

[3] Vgl. auch BEVERIDGE (1944), S. 409.

und - vor allem in den beiden letztgenannten Fällen - notwendig, um die mit einer evolutorischen Wirtschaft verbundenen wohlstandsmehrenden Effekte der Arbeitsteilung realisieren zu können.

Volkswirtschaftlich problematisch ist jedoch die dauerhafte Arbeitslosigkeit, bei der es zu einem Abweichen von gesamtwirtschaftlichem Arbeitsangebot und -nachfrage kommt und bei der Ungleichgewichte auf einzelnen Teilarbeitsmärkten nicht durch kompensatorische Ungleichgewichte auf anderen Märkten ausgeglichen werden. Solche Dauerarbeitslosigkeit ist Folge fundamentaler Störungen im Koordinationsmechanismus arbeitsteiligen Wirtschaftens, die wiederum auf zwei Ursachen zurückgeführt werden können:

- Strukturelle Arbeitslosigkeit entsteht, wenn durch den mikroökonomischen Strukturwandel bedingt sich die Angebots- und Nachfragebedingungen auf einzelnen Gütermärkten ändern und die Arbeitskräfte - anders als bei vorübergehender Arbeitslosigkeit - nicht von den kontrahierenden Sektoren oder Regionen in die expandierenden Bereiche der Volkswirtschaft wandern. Ihre Erscheinungsform hängt davon ab, ob der Marktaustritt der Arbeitskräfte aus den kontrahierenden Bereichen oder ihr Zutritt in die expandierenden Sektoren oder Regionen der Volkswirtschaft behindert wird. Sie erscheint als offene Arbeitslosigkeit, wenn die Unternehmen in den expandierenden Bereichen - wie in marktwirtschaftlichen Systemen - infolge falsch gesetzter Lohnrelationen oder regulativer Eingriffe des Staates nicht an einer Wiedereinstellung der freigesetzten Arbeitnehmer interessiert sind. Dann bleiben diese Arbeitskräfte dauerhaft ohne Beschäftigung. Demgegenüber wird strukturelle Arbeitslosigkeit in sozialistischen Planwirtschaften versteckt, weil die Betriebe in den schrumpfenden Bereichen der Volkswirtschaft selbst unbenötigte Arbeitskräfte nicht freisetzen, sondern - infolge staatlicher Eingriffe oder fehlender materieller Anreize - formal beschäftigt lassen. Deshalb kommt es zu einem Rückgang der Produktion bei unveränderter Beschäftigung und damit zu einem Rückgang der Arbeitsproduktivität, der nach der hier verwendeten Terminologie als versteckte Arbeitslosigkeit bezeichnet werden muß.

- Konjunkturelle (nachfragebedingte) Arbeitslosigkeit beruht - anders als die beiden zuvor genannten Formen der Arbeitslosigkeit - nicht auf einer Nachfrageverschiebung zwischen den Gütermärkten, sondern auf einer Verschiebung der gesamtwirtschaftlichen Güternachfrage relativ zum gesamtwirtschaftlichen Angebot. Solche Ungleichgewichte auf den makroökonomischen Konsumgütermärkten führen zu Dauerarbeitslosigkeit, wenn das makroökonomische Güterpreis- und Nominallohnniveau rigide ist und auf Variationen der gesamtwirtschaftlichen Nachfrage nicht reagiert. Dann kommt es zu Situationen nicht geräumter Güter- und Arbeitsmärkte, auf denen die "kürzere" der beiden Marktseiten ihre gewünschten (Angebots- oder Nachfrage-) Mengen nicht realisieren kann und rationiert wird. Konsequenz sind multiplikative Kontraktionsprozesse, in deren Folge die gesamtwirtschaftliche Beschäftigung bis zu einem mengenbeschränkten Gleichgewicht bei reduziertem Einkommen sinkt. Anders als in marktwirtschaftlichen Systemen, wo solche Kontraktionsprozesse durch eine zu geringe Güternachfrage verursacht sind, ist konjunkturelle Arbeitslosigkeit in sozialistischen Planwirtschaften Folge eines Nachfrageüberschusses auf den makroökonomischen Konsumgütermärkten: Weil das Güterpreisniveau vollkommen rigide ist, sind die Haushalte dann nicht mehr imstande, ihr gewünschtes Konsumniveau zu erreichen und werden ihr effektives Arbeitsangebot einschränken. Die Folge ist ein Rückgang der Produktion, der - solange die Haushalte wegen der bestehenden Pflicht zur Arbeit ihre Beschäftigung formal beibehalten müssen - sich wiederum in einem Absinken der Arbeitsproduktivität und damit in einem Anstieg der versteckten Arbeitslosigkeit zeigt.

Für marktwirtschaftliche Systeme ist umstritten, ob und inwieweit Dauerarbeitslosigkeit in nennenswertem Umfang eine autonome, mit dem Marktprozeß notwendigerweise verbundene oder eine durch die staatliche Wirtschaftspolitik induzierte Erscheinung ist. Vor allem Keynesianer und andere Befürworter umfassender staatlicher Eingriffe in den Wirtschaftsprozeß vertreten die Auffassung, daß das Verhalten der privaten Wirtschaftssubjekte in Marktwirtschaften inhärent instabil und der Marktmechanismus nicht in der Lage sei, Dauerarbeitslosigkeit zu vermeiden. Diese sei damit sichtbarer Ausdruck eines "Marktversagens", das zu korrigieren umfangreiche prozeßpolitische Interventionen des Staates auf der Mikro- und Makroebene erfordere. Demgegenüber gehen Monetaristen und andere Gegner diskretionärer Wirtschaftspolitik davon aus, daß der private Sektor in Marktwirtschaften ein makroökonomisch stabiles Verhalten zeigt und der Marktmechanismus durchaus in der Lage ist, mikroökonomische Fehlsteuerungen zu vermeiden. Dauerarbeitslosigkeit resultiert damit nicht aus einem Marktversagen, sondern aus einem Versagen des Staates bei der Verstetigung seines stabilitätspolitischen Instrumentariums und bei der Setzung des ordnungspolitischen Rahmens. Länger andauernde Arbeitslosigkeit wird damit als Folge einer diskretionären makroökonomischen Stabilitätspolitik, staatlicher Eingriffe in den Preis- und Mengenbildungsprozeß oder einer wettbewerbsrechtlichen Ausnahmebehandlung des Arbeitsmarktes durch den Staat - und damit als Ausdruck eines "Staatsversagens" - angesehen.

Diese Kontroverse findet ihre Parallele - allerdings mit umgekehrtem Vorzeichen als in Marktwirtschaften - in der Diskussion um die Ursachen der Dauerarbeitslosigkeit in sozialistischen Planwirtschaften. Dabei wird einerseits behauptet, dauerhafte Arbeitslosigkeit sei hier keine autonome, mit der Logik des planwirtschaftlichen Systems eng verbundene Erscheinung, sondern lediglich durch fehlerhafte wirtschaftspolitische Eingriffe des Staates in den Planungsmechanismus induziert. Sie zu beseitigen, setze damit allein Änderungen der staatlichen Wirtschaftspolitik voraus, ohne daß es einer Variation konstituierender Formelemente der bestehenden Wirtschaftsordnung bedürfe. Demgegenüber steht die Auffassung, Dauerarbeitslosigkeit sei keine bloße durch planerische Fehlleistungen induzierte, sondern eine autonome, systemimmanente Erscheinung, die notwendigerweise aus dem durch die Logik der realisierten Ordnungselemente folgenden Verhalten der Betriebe und Haushalte resultiere. Sie zu bekämpfen, erfordere damit nicht einen bloßen wirtschaftspolitischen Strategiewechsel der zentralen Planer, sondern schlicht die vollständige Transformation des bestehenden Wirtschaftssystems in eine marktwirtschaftliche Ordnung. Nachfolgend soll deshalb untersucht werden, ob die in den hier betrachteten sozialistischen Planwirtschaften diagnostizierten Beschäftigungsprobleme Ausdruck vorübergehender oder dauerhafter Arbeitslosigkeit sind, auf welchen Ursachen die dauerhafte Arbeitslosigkeit zurückzuführen ist und inwieweit diese lediglich durch die staatliche Wirtschaftspolitik induziert oder eine autonome, mit der bestehenden Wirtschaftsordnung notwendigerweise verbundene Erscheinung ist.

B. Vorübergehende Arbeitslosigkeit in sozialistischen Planwirtschaften

Nach allgemeiner Auffassung ist es unumstritten, daß auch sozialistische Planwirtschaften unter vorübergehender Arbeitslosigkeit leiden. Dabei wird anerkannt, daß dort saisonale Schwankungen der Nachfrage- und Angebotsbedingungen auf Teilarbeitsmärkten unvermeidbar sind - vor allem infolge von Produktionszyklen im Agrarsektor und dem durch das Ende des Schuljahres bedingten Auftreten von Schulabgängern auf dem Arbeitsmarkt. Darüber hinaus gilt ebenfalls ein Mindestmaß an friktioneller Arbeitslosigkeit als unvermeidbar, solange Berufsanfänger ihre erste Beschäftigung faktisch frei wählen können und Beschäftigte das Recht zum Arbeitsplatzwechsel haben. Schließlich muß auch technologische Arbeitslosigkeit existieren, wenn es zu technischen Neuerungen kommt und der Faktor Arbeit nicht vollkommen mobil ist. Insofern kann kein Unterschied zu marktwirtschaftlichen Systemen bestehen, da vorübergehende Arbeitslosigkeit eine notwendige Begleiterscheinung des Strukturwandels und der damit verbundenen Friktionen jeder sich entwickelnden Volkswirtschaft ist.[4]

Trotz der mit ihr verbundenen einzelwirtschaftlichen Kosten stellt temporäre Arbeitslosigkeit gesamtwirtschaftlich gesehen einen effizienten Weg der Anpassung an die sich ständig verändernden Angebots- und Nachfragebedingungen auf einzelnen Märkten dar. Solche strukturellen Verschiebungen führen zu Differenzen in den Grenzwertprodukten des Faktors Arbeit in verschiedenen Verwendungsrichtungen, so daß durch eine Reallokation von Arbeitskräften eine Produktionssteigerung erreicht werden kann. Das Wissen, auf welchen der Millionen von Einzelmärkten solche Angebots- und Nachfrageverschiebungen stattgefunden haben, wird aber in seiner Gesamtheit weder einer einzelnen Person oder Personengruppe noch einer staatlichen Planungsbehörde zur Verfügung stehen, sondern sich über eine Vielzahl von Wirtschaftssubjekten verteilen. Es muß durch einen zeitraubenden Suchprozeß erst "entdeckt" werden, während dessen die betroffenen Personen zeitweilig zwischen zwei Beschäftigungsverhältnissen stehen. "On this interpretation, unemployment as commonly understood is not simply waste and idleness; it rather corresponds to 'time between jobs', or to the production activity of searching for the best use of resources."[5]

Damit dieser "Entdeckungsprozeß" effizient abgewickelt werden kann, bedarf es eines Systems von Knappheitsindikatoren, mit dessen Hilfe die Wirtschaftssubjekte die Grenzproduktivität ihrer Arbeitskraft in verschiedenen Verwendungsrichtungen korrekt beurteilen können. In Marktwirtschaften existieren solche Knappheitsindikatoren in Form dezentral bestimmter Lohnsätze, die unter Wettbewerbsbedingungen dem Grenzwertprodukt der Arbeit entsprechen müssen. Sie bewirken, daß Arbeitskräfte an die Orte ihrer höchsten Produktivität gelenkt werden und es damit tendenziell zu einem Ausgleich der Grenzwertprodukte (und damit auch der Lohnsätze) in verschiedenen Einsatzrichtungen kommt. Ist diese Bedingung auch für alle anderen Produktionsfaktoren erfüllt, ergibt sich eine effiziente Faktorallokation, bei der das Verhältnis der physischen Grenzprodukte aller Faktoren in allen Produktionsbereichen iden-

---

[4] Vgl. GUTMANN (1979), S. 137 ff.; BORNSTEIN (1985), S. 309; PORKET (1986), S. 44 f.; DERS. (1989), S. 20.

[5] FRIEDMAN (1962), S. 234.

tisch ist. Dann ist ein Gütermaximum erreicht in dem Sinne, daß die Produktion eines Gutes nur zu Lasten einer verminderten Produktion eines anderen Gutes ausgedehnt werden kann.[6] Solch ein System von Knappheitsindikatoren existiert auch im Modell der Zentralverwaltungswirtschaft, wenn der gesamte Wirtschaftsprozeß natural vollständig durchgeplant wird, d.h. die Planzentrale während der Planaufstellungsphase so viele Arbeitskräftebilanzen aufstellt, wie es Beschäftigtengruppen gibt. Als Knappheitsindikatoren stehen dann die Mengensalden in diesen Planbilanzen zur Verfügung, die es der Planbehörde erlauben, ein gleichgewichtiges Lohnsystem zu konstruieren, indem sie die (vom Standpunkt der politischen Führung sich ergebenden) Grenznutzen der Grenzerträge jedes einzelnen Faktors in verschiedenen Verwendungsrichtungen zum Ausgleich bringt. In der Realität ist diese Bedingung jedoch niemals erfüllt; vor allem der dazu erforderliche, periodisch wiederkehrende Informationsbedarf bedingt, daß in allen Planwirtschaften zentrale Planbilanzen nur für politisch präferierte Güter und aggregierte Gütergruppen aufgestellt werden.[7] Die sich durch Vergleich von Aufkommen und Verwendung solcher Beschäftigtengruppen ergebenden Knappheitsindikatoren sind damit nicht exakt. Deshalb wird es der Planbehörde auch niemals möglich sein, die Lohnrelationen so festzulegen, daß die Arbeitskräfte in die von ihr präferierten Sektoren wandern.

Aus diesem Grunde ist es weit verbreitete Praxis in sozialistischen Planwirtschaften, zentrale Vorgaben nur für aggregierte Beschäftigtengruppen aufzustellen und noch während der Planaufstellungsphase die "Feinabstimmung" den planausführenden Wirtschaftssubjekten selbst zu überlassen. Die Betriebe erhalten dann für die Ausarbeitung ihrer Produktionspläne Obergrenzen für die Beschäftigten und den auszahlbaren Lohnfonds und erarbeiten dann auf der Grundlage dieser Vorgaben eigene Planentwürfe. Dabei sind sie verpflichtet, mit ihren Beschäftigten Arbeitsverträge abzuschließen. Auf diese Weise ergibt sich ein System von Arbeitskontrakten, mit dem die Teilpläne auf Betriebsebene - quasi auf dem Umweg durch ein Hilfsverfahren - koordiniert werden

---

[6] Zu den Bedingungen einer optimalen Faktorallokation vgl. beispielsweise SOHMEN (1976), S. 39 ff. Ist das Verhältnis der Grenzprodukte aller Faktoren in allen Produktionsbereichen identisch, stimmt auch die Grenzrate der Substitution der Faktoren in allen Sektoren überein; vgl. EBENDA, S. 43.

[7] So wurden in der ehemaligen DDR während der 50er Jahre höchstens 1.500 solcher naturalen Planbilanzen aufgestellt, und zwar hauptsächlich für Güter letzter Ordnung und für Engpaßgüter; in der UdSSR wird die zentrale Planung wahrscheinlich für weniger als 50.000 Gütergruppen durchgeführt, die zwischen 12 und 25 Millionen individuelle Güter enthalten. Vgl. GUTMANN (1965), S. 157; GRANICK (1987), S. 137.

sollen. Auch diese Koordination setzt jedoch ein System geeigneter Knappheitsindikatoren voraus, das die Bewertung aller ökonomischen Güter durch die politische Führung widerspiegelt und das sich flexibel an Veränderungen ihrer außerwirtschaftlichen Ziele anpaßt. Diese Funktion können die zentral gesetzten Löhne nicht erfüllen, da der Gesamtprozeß zentral und natural nicht vollständig durchgeplant werden kann. Dann können die Löhne nur willkürlich festgelegt werden und die tatsächlich herrschenden Knappheitsrelationen nicht korrekt wiedergeben.

Sofern Betriebe und Haushalte ihre Entscheidungen über den Arbeitskräfteeinsatz ausschließlich an diesen willkürlich festgelegten Lohnrelationen orientieren, muß es zu Fehlallokationen des Faktors Arbeit kommen: Jene Betriebe, deren Lohnsätze von der Zentrale gemessen an ihrem Grenzwertprodukt zu niedrig festgelegt werden, sind nicht in der Lage, auf dem Arbeitsmarkt die zur Erfüllung ihrer Produktionsaufgaben notwendigen Arbeitskräfte anzuwerben. Demgegenüber können solche Betriebe, deren Lohnsätze von den Behörden zu hoch angesetzt wurden, mehr Arbeitskräfte einstellen, als zur Erfüllung ihrer Produktionspläne erforderlich ist. Solche Fehlallokationen des Faktors Arbeit haben zur Konsequenz, daß die Produktionspläne der Betriebe nicht mehr kompatibel sind, sofern die Produkte beider Betriebe keine vollkommenen Substitute darstellen. Dann muß die Planuntererfüllung der zuerst genannten Betriebe in einem arbeitsteilig organisierten Wirtschaftsystem, in dem das Endprodukt eines Sektors zum Vorprodukt eines anderen Sektors wird, eine Kette von Planverfehlungen zur Folge haben, weil auch andere Betriebe nur einen Teil ihrer planmäßig vorgesehenen Produktion erfüllen können. Im Extremfall, in dem alle Betriebe weiterhin die zentral vorgesehenen Beschäftigungskennziffern einhalten, würde durch solche Planungleichgewichte der Output aller voneinander abhängigen Sektoren auf Null reduziert werden.[8]

Um solch einen katastrophalen Rückgang der Produktion zu verhindern, müßten die Planbehörden die Lohnrelationen laufend anpassen und für Betriebe mit höheren marginalen Produktivitäten zu Lasten von Betrieben mit niedrigeren Grenzproduktivitäten erhöhen. Eine zentrale Lohnanpassung setzt jedoch geeignete Informationen über die bestehenden Knappheitsverhältnisse voraus. Diese Informationen können der Planbehörde während der Plandurchführung entweder direkt durch Klagen der Betriebe oder indirekt in Form von quantitativen Knappheitsindikatoren zufließen. Sie erfährt, daß die Betriebe außerplanmäßig Lagerbestände abbauen, Sonderschichten einlegen, planmäßig vorgese-

---

[8] Dies zeigt BRADA (1971), passim, sowie DERS. (1978), S. 68.

hene Lieferungen nicht termingerecht oder überhaupt nicht durchführen und hohe Auftragsrückstände aufweisen. Solche Informationen lassen auf einen Arbeitskräftemangel schließen. Auf der anderen Seite beobachtet die Behörde, daß andere Betriebe übermäßige Lagerbestände aufbauen, die Zahl der Produktionsschichten reduzieren und Beschäftigte für Verwaltungstätigkeiten außerhalb der Produktion einstellen, was Anzeichen für einen Arbeitskräfteüberschuß ist. Diese Beobachtungen erlauben es der Planbehörde, die relativen Knappheiten des Faktors Arbeit in verschiedenen Verwendungsrichtungen zu beurteilen und entsprechende Lohnänderungen vorzunehmen. "Because prices are fixed, they do not change, but nonprice indicators do change and, for the most part, automatically."[9] Unter diesen Bedingungen führten die dargestellten Unzulänglichkeiten in der naturalen Planung des Wirtschaftsprozesses zwar zu Fehlallokationen des Faktors Arbeit, die jedoch nicht von Dauer wären, sofern die Planbehörde die damit verbundenen quantitativen Signale wahrnehmen und die zentral festgelegten Lohnsätze entsprechend korrigieren würde. Solche Variationen der Lohnsätze lösten dann Wanderungen der Arbeitskräfte aus, die einen reibungslosen Ablauf der Produktion bei zentral und natural unzureichend geplantem Wirtschaftsprozeß sicherstellten. Insofern könnte es tatsächlich in sozialistischen Planwirtschaften eine der "natürlichen Arbeitslosigkeit" marktwirtschaftlicher Systeme entsprechende "produktive Tätigkeit" scheinbar unbenutzter Arbeitskräfte geben, die letztlich die Funktionsfähigkeit des Systems garantierte.

Damit dieser Wanderungsprozeß jedoch stattfinden kann, muß die Planbehörde die herrschenden Lohnsätze laufend an von ihr durch quantitative Signale wahrgenommene Veränderungen der bestehenden Faktorknappheit anpassen und eine Arbeitskräftefluktuation hinzunehmen bereit sein. Obwohl die Planer die Produktionspläne der Betriebe oftmals auch während der laufenden Planperiode ändern, finden Variationen der Lohnsätze jedoch nur in großen Zeitabständen statt. Darüber hinaus ist ein Arbeitsplatzwechsel durch einen Arbeitnehmer mit hohen individuellen Kosten verbunden: Eine Arbeitslosenunterstützung ist völlig unbekannt und eine Beschäftigungslosigkeit, die über eine festgelegte Karenzzeit von in der Regel einem Monat hinausgeht, ist als "parasitäres Verhalten" unter Strafe gestellt. Die zentrale Planbehörde sieht solche Arbeitskräftefluktuationen als sozial schädlich an, weil sie mit Verlusten an Arbeitszeit und oft mit einer beruflichen Umorientierung des Betroffenen verbunden sind und deshalb zu einer temporär verminderten Arbeitsprodukti-

---

[9] POWELL (1977), S. 66.

vität des in eine neue Tätigkeit einzuarbeitenden Arbeitsplatzwechslers führen. "All in all, the prevailing tendency is to view labour turnover as a negative phenomenon, as a process that promotes individual interests but creates problems for enterprises and does substantial damage to the economy."[10] Dies dokumentiert sich in der bereits dargestellten geringen Fluktuationsquote der Arbeitnehmer, die deutlich geringer als in westlichen Marktwirtschaften ist und darüber hinaus im Trend abnimmt.[11]

Noch bedeutender ist jedoch, daß die Planbehörde auch nur in der Lage ist, durch ständige Variationen der Lohnsätze permanente Fehlallokationen und damit Dauerarbeitslosigkeit zu vermeiden, wenn die von ihr wahrgenommenen quantitativen Signale die bestehenden Knappheiten des Produktionsfaktors Arbeit auch korrekt widerspiegeln. Dies setzt jedoch voraus, daß die Betriebe nicht nur einen Mangel, sondern auch einen Überschuß an Arbeitskräften zu erkennen geben, d.h. mit den zusätzlich verfügbaren Arbeitskräften die Produktionspläne übererfüllen. Solch ein Verhalten widerspricht jedoch den betrieblichen Zielen, die darauf ausgerichtet sind, von der Zentrale möglichst weiche, leicht zu erfüllende Pläne vorgegeben zu bekommen und diese auch nur geringfügig überzuerfüllen. Dann müssen die von den Planern empfangenen quantitativen Signale aber systematisch in Richtung auf einen Arbeitskräftemangel verzerrt sein. Damit funktioniert das System von Knappheitsindikatoren aber asymmetrisch. "It sends far clearer signals on emerging shortages than it does on emerging surpluses; and it sends higher-quality information on physical shortages than it does on inefficiencies (although those may lie at the source of the shortages). In that the de facto system cannot compensate for the failings of the formal system."[12] Diese Asymmetrie in der Knappheitsanzeige hat zur Konsequenz, daß es den Planbehörden unmöglich ist, die Lohnsätze so zu variieren, daß die Arbeitskräfte von den Sektoren mit niedriger marginaler Produktivität in jene mit hoher Grenzproduktivität der Arbeit wandern. Sie bewirkt, daß der mikroökonomische Strukturwandel, der in Wirtschaftssystemen mit funktionierendem Preis- und Lohnmechanismus lediglich eine vorüber-

---

[10] PORKET (1989), S. 96; ähnlich auch BORNSTEIN (1985), S. 215; OXENSTIERNA (1990), S. 28 f.

[11] Vgl. für Polen auch WORLD BANK (1987), S. 152f., wonach zudem ein Großteil der Arbeitsplatzwechsel nicht aus ökonomischen, sondern aus persönlichen Gründen erfolgt: Von den 2,3 Millionen Separationen im Jahre 1985 waren ca. 65 Prozent bedingt durch Einberufungen zum Militärdienst, Pensionierungen etc. und nicht durch Wechsel auf einen ökonomisch attraktiveren Arbeitsplatz.

[12] HEWETT (1988), S. 197.

gehende Arbeitslosigkeit von zwischen Betrieben flukturierenden Arbeitskräften zur Folge hat, in sozialistischen Planwirtschaften zu anhaltenden Fehlallokationen des Faktors Arbeit und damit dauerhafter versteckter Arbeitslosigkeit führt.

C. Dauerarbeitslosigkeit in sozialistischen Planwirtschaften

Anders als die durch Anpassungen an den mikroökonomischen Strukturwandel in dynamischen Volkswirtschaften bedingte vorübergehende Arbeitslosigkeit ist Dauerarbeitslosigkeit keine zur Lösung der bestehenden Knappheitsprobleme notwenige "produktive Tätigkeit", sondern Ausdruck einer Verschwendung knapper Ressourcen. Sie entsteht in sozialistischen Planwirtschaften, weil die Betriebe auch unbenötigte Arbeitskräfte nicht freizusetzen bereit sind, und die Haushalte wegen der inflatorischen Zerstörung des Leistungsprinzips ihr Arbeitsangebot einschränken. Dann wird der Faktor Arbeit nur noch unvollständig genutzt, während die Betriebe einen gleichzeitigen Mangel an Arbeitskräften aufweisen. Dauerarbeitslosigkeit ist damit in sozialistischen Planwirtschaften mit einem ständigen Nachfrageüberschuß auf dem makroökonomischen Arbeitsmarkt verbunden. Insofern lassen sich sozialistische Planwirtschaften als angebotsbeschränkte ("resource-constraint") Systeme kennzeichnen, in denen ein Arbeitskräftemangel ("shortage") und interne Arbeitslosigkeit ("slack") koexistieren.[13]

1. Ansätze zur Erklärung struktureller Arbeitslosigkeit

Strukturelle Arbeitslosigkeit entsteht in dynamischen Volkswirtschaften, wenn - bedingt durch den mikroökonomischen Strukturwandel - der Arbeitskräftebedarf in einigen Sektoren der Volkswirtschaft relativ zum Arbeitskräftebedarf in anderen Sektoren sinkt und die Arbeitskräfte nicht vollständig von den schrumpfenden in die wachsenden Sektoren wandern.[14] In der auf Marktwirtschaften bezogenen arbeitsmarkttheoretischen Literatur werden hierfür institutionelle Ursachen, vor allem jedoch nach unten starre Löhne angeführt.[15] Sol-

---

[13] Vgl. KORNAI (1980a), S. 26 ff.

[14] Vgl. MANEVAL (1977), S. 269; CARLBERG (1988), S. 131 f.

[15] Zur Begründung solcher Lohnrigiditäten vgl. FRANZ (1991), S. 292 ff.

che Lohnrigiditäten bedingen, daß in den schrumpfenden Bereichen relativ mehr Arbeitskräfte freigesetzt als in den wachsenden Bereichen zusätzlich eingestellt werden, und ein Teil der freigesetzten Arbeitskräfte in dauerhafte Arbeitslosigkeit gerät, sofern die gesamtwirtschaftliche Nachfrage stabil ist.[16] Diese Ansätze scheinen aber zur Erklärung struktureller Arbeitslosigkeit in sozialistischen Planwirtschaften wenig geeignet zu sein, weil die Betriebe wegen der "weichen Budgetbeschränkung" kaum Arbeitskräfte wegen zu hoher Reallöhne entlassen werden, sondern vielmehr bestrebt sind, jede verfügbare Arbeitskraft einzustellen. Strukturelle Arbeitslosigkeit entsteht hier nicht dadurch, daß von den Betrieben in schrumpfenden Sektoren entlassene Arbeitnehmer keine neue Beschäftigung finden, sondern vielmehr, weil diese Betriebe selbst unbenötigte Arbeitskräfte nicht freisetzen, sondern im Betrieb belassen, so daß die wachsenden Sektoren die von ihnen benötigten Arbeitskräfte nicht erhalten. Dann nutzen die Betriebe ihre Produktionsmöglichkeiten nicht voll aus, mit der Konsequenz einer Abnahme der gesamtwirtschaftlichen Produktion und damit bei insgesamt unveränderter Beschäftigung eines Rückgangs der Arbeitsproduktivität, der als versteckte Arbeitslosigkeit bezeichnet werden muß.

Graphisch läßt sich dieses Verhalten der Betriebe für den Fall zweier Sektoren (die unterschiedliche Güter x und y herstellen und dabei zwei Produktionsfaktoren Arbeit N und Kapital K einsetzen) wie in Abb. V-C.1 darstellen, die in ihrem oberen Teil die (partiellen) Produktionsfunktionen f_x und f_y der beiden Betriebe in Abhängigkeit vom Arbeitskräfteeinsatz N zeigt; dabei ist die partielle Produktionsfunktion des ersten Betriebes ausgehend vom Ursprungspunkt 0_x, die des zweiten Betriebes ausgehend vom Ursprung 0_y gezeichnet, und die Strecke $\overline{0_x 0_y}$ beschreibt den insgesamt verfügbaren Arbeitskräftebestand.[17] Zur Vereinfachung ist unterstellt, daß beide Betriebe die gleiche (linear-homogene) Produktionsfunktion aufweisen (die partiellen Produktionsfunktionen f_x und f_y also identisch verlaufen) und in der Ausgangssituation (Punkt A) dieselben Produktionsmengen $x_1 = y_1$ mit denselben Faktoreinsatzmengen herstellen, so daß die Faktorallokation zwischen den beiden Sektoren (pareto-) optimal ist. Dies wird aus dem unteren Teil der Abb. V-C.1 deutlich, die - für den Fall substitutiver Produktionsfunktionen - das dem oberen Teil zugehörige Edge-

---

[16] Deshalb wird in der Arbeitsmarktliteratur auch der Begriff der "inflationsstabilen Arbeitslosigkeit" oder "non-accelerating inflation rate of unemployment" (NAIRU) verwendet, die allerdings neben der strukturellen auch die vorübergehende, "natürliche" Arbeitslosigkeit enthält. Zum Begriff der NAIRU vgl. wiederum FRANZ (1991), S. 352 ff.

[17] Der Arbeitseinsatz N_x des ersten Betriebes ist von 0_x aus nach rechts, der Arbeitseinsatz N_y des zweiten Betriebes von 0_y aus nach links abgetragen.

Abb. V-C.1: Strukturelle Arbeitslosigkeit im Edgeworth-Box-Diagramm

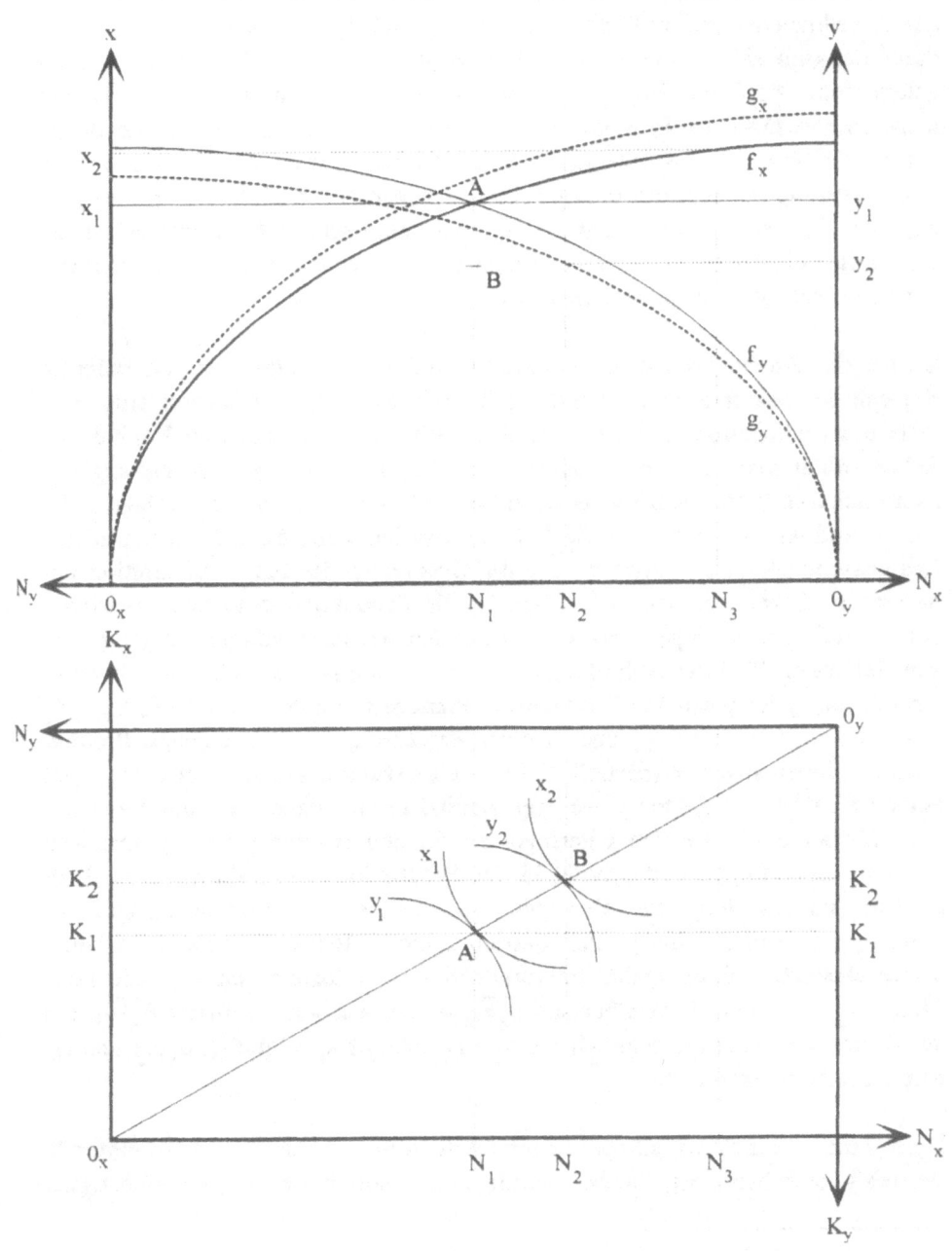

worth-Box-Diagramm zeigt. In diesem Schach-teldiagramm sind die Isoquanten für die beiden Sektoren dargestellt, wobei die Isoquanten für das Gut x durch das Koordinatensystem mit dem Ursprung 0_x und die Isoquanten für das Gut y durch das (um 180° gedrehte) Koordinatensystem mit dem Ursprung 0_y festgelegt sind. Die Seitenlängen der Box entsprechen den in der Volkswirtschaft insgesamt verfügbaren Einsatzmengen an Arbeit N und Kapital K, und die in der Produktion von x verwendeten Faktoreinsatzmengen N_x und K_x werden vom Ursprung 0_x, und die in der Produktion von y verwendeten Inputmengen N_y und K_y werden vom Ursprung 0_y aus gemessen.[18] Im Punkt A ist die Faktorallokation optimal, weil die Isoquanten sich tangieren und die Grenzraten der Faktorsubstitution ausgeglichen sind.

Ordnet die Planbehörde eine veränderte Produktionsstruktur an und wünscht sie, daß der Sektor x zu Lasten des Sektors y expandiert, erfordert eine optimale Faktorallokation, daß der Betrieb x mehr Einsatzmengen an Kapital und Arbeit erhält und sich der Produktionspunkt im Box-Diagramm entlang der Kontraktkurve $\overline{0_x 0_y}$ nach rechts oben beispielsweise bis nach B verlagert. Im neuen Produktionspunkt B ist die Faktorallokation weiterhin effizient, weil die Ertragsisoquanten sich tangieren und die Grenzraten der Faktorsubstitution immer noch übereinstimmen; allerdings ist die Produktion des ersten Betriebes von x_1 auf x_2 angestiegen und die des zweiten Betriebes von y_1 auf y_2 gesunken. Im oberen Teil der Abbildung drückt sich diese Faktorreallokation in einer Verschiebung der partiellen Produktionsfunktionen von der Position f_x bzw. f_y in die Position g_x bzw. g_y und in einer Bewegung auf diesen neuen Produktionsfunktionen aus: Die (partiellen) Produktionsfunktionen verlagern sich, weil Sektor x mehr und Sektor y weniger Kapital erhält; dabei fällt die Verschiebung für den ersten Betrieb x geringer als für den zweiten Betrieb y aus, weil die marginale Kapitalproduktivität in der Produktion von x sinkt, in der Produktion von y ansteigt. Die Bewegung auf der neuen Produktionsfunktion g_x bzw. g_y ist darin begründet, daß Betrieb x mehr, Betrieb y weniger Arbeitskräfte einsetzt. Bei optimaler Faktorallokation produziert Sektor x die neue Menge x_2 mit einem Kapitalbestand $\overline{0_x K_2}$ und einem Arbeitseinsatz $\overline{0_x N_2}$ und der Sektor y erzeugt die neue Menge y_2 mit einem Kapitaleinsatz $\overline{0_y K_2}$ und einem Arbeitsvolumen $\overline{0_y N_2}$.

Diese effiziente Faktorreallokation setzt jedoch voraus, daß der schrumpfende Betrieb y auch bereit ist, die bei verminderter Planproduktion y_2 unbenötigten

---

[18] Zur Herleitung der Edgeworth-Box vgl. SOHMEN (1976), S. 44 ff.

Inputmengen an Arbeit und Kapital auch freizusetzen und an den Betrieb x abzugeben, was jedoch seinen einzelwirtschaftlichen Interessen widerspricht: "Planerfüllungs"- und "Ratchet-Prinzip" bedingen vielmehr, daß der kontrahierende Betrieb y versuchen wird, die jetzt unbenötigten Faktormengen zu horten und gegenüber der Planzentrale einen "weichen" Plan durchzusetzen, d.h. die verringerte Planproduktion y_2 mit den ursprünglichen Faktoreinsatzmengen zu produzieren.[19] Gelingt ihm dies, wird es dem Betrieb x unmöglich, die Produktion auf x_2 auszuweiten. Im oberen Teil der Abb. V-C.1 zeigt sich dies darin, daß Betrieb x weiterhin im Punkt A produziert, d.h. seinen Produktionsplan untererfüllt, während Betrieb y die Menge y_2 im Punkt B unterhalb der partiellen Produktionsfunktion f_y herstellt. Im Schachteldiagramm produziert der zweite Betrieb y die gleiche Menge y_2, wie es bei effizienter Faktorallokation der Fall wäre, während der erste Betrieb x weiterhin nur die ursprüngliche Menge x_1 im Punkt A erzeugen kann. Konsequenz ist, daß die Produktion von y auf y_2 sinkt, ohne daß sich die Produktion von x entsprechend auf x_2 ausweitet, so daß - gemessen an einer effizienten Faktorallokation - die gleiche Gütermenge mit einem um $(N_2 - N_1)$ verringerten Arbeitskräfteeinsatz und einem um $(K_2 - K_1)$ verminderten Kapitaleinsatz hergestellt werden könnte. Das Verhalten des schrumpfenden Betriebes y bewirkt damit eine Abnahme der gesamtwirtschaftlichen Produktion, eine Unterauslastung des Kapitalstocks und eine Unterauslastung des Arbeitskräftebestandes in Höhe von $(N_2 - N_1)$, die als strukturelle Arbeitslosigkeit bezeichnet werden kann. Dieser strukturellen Arbeitslosigkeit steht ein Arbeitskräftemangel bei Betrieb x in Höhe von $(N_3 - N_1)$ gegenüber, weil dieser Betrieb bei gegebenem Kapitalbestand ein Beschäftigungsvolumen $0_x N_3$ benötigt, um seinen Produktionsplan x_2 erfüllen zu können. Strukturelle Arbeitslosigkeit und Arbeitskräftemangel existieren damit nebeneinander.

Die westliche ökonomische Literatur bietet zwei unterschiedliche Erklärungsansätze dafür, warum schrumpfende Betriebe in sozialistischen Planwirtschaften sich einer erforderlichen Reallokation vor allem ihres Arbeitskräftebestandes widersetzen. Beide Ansätze begründen dieses betriebliche Verhalten jedoch nicht mit den betrieblichen Eigeninteressen, sondern mit exogenen, von der Planbehörde gesetzten Restriktionen: Der erste Ansatz unterstellt, daß die politische Führung den Arbeitskräften in den schrumpfenden Sektoren eine umfangreiche individuelle Arbeitsplatzgarantie sichert und versucht, das verfassungsmäßig gewährleistete "Recht auf Arbeit" auch materiell umzusetzen, so

---

[19] Zu dem aus "Planerfüllungs"- und "Ratchet-Prinzip" folgenden Streben nach "weichen Plänen" vgl. Kapitel IV-A., S. 73 ff. dieser Arbeit.

daß die Betriebe vor umfangreichen arbeitsrechtlichen Problemen stehen, wollten sie ihren Arbeitskräftebestand verringern:[20] In der ehemaligen Sowjetunion bedurfte jede Entlassung der formalen Zustimmung durch das betriebliche Gewerkschaftskomitee, dessen Entscheidung auch nicht durch überbetriebliche Gewerkschaftsgremien revidiert werden konnte. Diese Zustimmung mußte mit einer qualifizierten Mehrheit der Mitglieder dieses Komitees getroffen werden, so daß Entlassungen nur selten dessen Zustimmung erlangten. Darüber hinaus waren alle Entscheidungen des Betriebs einer gerichtlichen Überprüfung zugänglich und konnten nachträglich aufgehoben werden.[21] Obwohl diese Regelungen die Arbeitnehmer vor willkürlich ausgesprochenen Entlassungen schützen sollten, boten sie eine Arbeitsplatzgarantie auch für solche Personen, die die Arbeitsdisziplin verletzten, unfähig (oder unwillig) waren, die ihnen gestellten Aufgaben zu erfüllen oder aus der Sicht des Betriebes unbenötigte Arbeitsplätze besetzten. Verletzungen der Arbeitsdisziplin, wie häufiges unentschuldigtes Fehlen oder Alkoholmißbrauch am Arbeitsplatz, wurden in der Sowjetunion zwar häufig beklagt, faktisch jedoch nur selten sanktioniert; Entlassungen aus disziplinarischen Gründen drohten jährlich nur etwa 1 bis 2 Prozent der Erwerbstätigen - wobei diese Zahl zudem noch viele Personen enthält, die mehrmals erfaßt wurden. Noch geringer war für viele Arbeitnehmer die Gefahr, aus Gründen mangelhafter Leistungsfähigkeit (und -willigkeit) entlassen zu werden. Hiervon konnten allenfalls Manager der oberen und mittleren Führungsebenen eines Betriebs betroffen werden; für die überwiegende Zahl der Beschäftigten führten Verletzungen beispielsweise der vorgegebenen Arbeitsnormen durch nachweisbar eigenes Verschulden (außer während einer sehr kurzen Probezeit) niemals zu Entlassungen. Ähnlich perfekt war die Beschäftigungssicherheit für Arbeitnehmer, deren Arbeitsplätze infolge von betrieblichen Rationalisierungsinvestitionen, Veränderungen der Produktionsprozesse oder sonstigen Rationalisierungsmaßnahmen abgebaut werden konnten. Solche Arbeitnehmer konnten in der ehemaligen Sowjetunion nur entlassen werden, sofern der Betrieb in der Lage war, ihnen in ihrer Wohnregion die gleiche berufliche Tätigkeit mit vergleichbarem Einkommensniveau und ähnlichen Arbeitsbedingungen zu vermitteln. Da dies jedoch nur selten der Fall war, verblieben diese Arbeitnehmer zumeist innerhalb ihres alten Betriebes und wurden allenfalls in andere Betriebsteile versetzt - was in der Mehrzahl der

---

[20] Zum folgenden vgl. HAUSLOHNER (1984), insbesondere S. 661, und GRANICK (1987), passim.

[21] Vgl. BROWN (1966), S. 121; McAULEY (1969), S. 141 ff. und S. 212; GRANICK (1987), S. 102 ff. McAuley bietet auch Datenmaterial darüber an, wie oft in den 50er Jahren in der ehemaligen UdSSR von Betriebsleitern ausgesprochene Entlassungen vom Gewerkschaftskomitee revidiert wurden.

Fälle sogar mit einem Aufstieg innerhalb der betrieblichen Hierarchie verbunden war.[22]

Diese Sichtweise, nach der ausschließlich rechtliche Restriktionen die Betriebe an einer eigentlich erforderlichen Reallokation von Arbeitskräften hinderten, widerspricht jedoch der Beobachtung, wonach selbst innerbetriebliche Umsetzungen von Arbeitskräften in nur geringem Umfang stattfanden. Solche Umbesetzungen standen nicht im Konflikt mit den herrschenden Gesetzen, bedurften nicht der Zustimmung durch das betriebliche Gewerkschaftskomitee und waren damit auch kaum gerichtlich anfechtbar. Andererseits gab es in der sowjetischen Presse zahlreiche Hinweise, daß die Betriebsleiter sich sehr wohl von solchen Arbeitnehmern trennen konnten, die durch öffentliche Kritik an der Betriebsleitung in "Ungnade" gefallen waren. Solche "Störenfriede" mußten mit umfangreichen Repressalien rechnen, wie Kürzungen der Boni, Transfers zu schlechter bezahlten Arbeitsplätzen oder als ultima ratio mit der Entlassung - Maßnahmen, die vom Gesetzgeber ausschließlich zur Sanktionierung von unproduktiven Arbeitnehmern gedacht waren. Diese Schritte konnten von den Managern leicht mit Argumenten begründet werden, die den Buchstaben des Arbeitsschutzgesetzes entsprachen, beispielsweise indem einem Betroffenen Unfähigkeit attestiert wurde, was bei extrem spezialisierten und nur schwer quantifizierbaren Tätigkeiten schwierig zu widerlegen war. Die Betriebsleiter ignorierten zudem häufig die formalen gesetzlichen Bestimmungen, wonach das betriebliche Gewerkschaftskomitee einer Entlassung zustimmen mußte. Wurde es dennoch konsultiert, war es faktisch äußerst unwahrscheinlich, daß es seine Billigung verweigerte, weil auch die Gewerkschaftssekretäre Teil der betrieblichen Hierarchie waren und für ihre Tätigkeit zahlreiche materielle und immaterielle Vergünstigungen erhielten, deren Höhe von der "persönlichen Wertschätzung" durch die Betriebsleiter abhing. Zudem wurden die Kandidaten für das Gewerkschaftskomitee in der Regel von der Betriebsleitung in Verbindung mit der örtlichen Parteileitung vorgeschlagen und auf den Wahlversammlungen selten abgelehnt. Entlassungen hatten auch nur geringe Chancen, von den Gerichten nachträglich revidiert zu werden, weil diese lediglich die Entscheidungen der Betriebe auf formale Mängel überprüften, kaum die Motive der

---

[22] Vgl. GRANICK (1987), S. 88 ff. "... the *de facto*, although not *de jure*, provision of the right of the individual to his existing job ... goes far beyond what is found, even in periods of normal prosperity, in any capitalist economy. Such a job right is common to the public service in most countries, but is limited to only a small proportion of the national labor force. ... In contrast to all capitalist countries, Soviet job rights apply to the vast bulk of the labor force. Only a small number of employees specifically hired as temporary or seasonal employees, or holding particular responsible posts such as managerial ones, or violating such Soviet mores as those prohibiting political opposition, are excluded from such rights." GRANICK (1987), S. 85.

Entlassung hinterfragten und nicht selten eine heimliche "Komplizenschaft" mit den beklagten Betriebsleitern eingingen, die - zumindest wenn sie einen Großbetrieb führten - in der Parteihierarchie einige Stufen über dem Richter standen. Deshalb beantragten nur wenige entlassene Arbeitnehmer eine gerichtliche Überprüfung.[23] Diese Beobachtungen machen deutlich, daß die Betriebe in sozialistischen Planwirtschaften Arbeitnehmer durchaus entlassen konnten und davon auch Gebrauch machten. Allerdings trennten sie sich nicht aus wirtschaftlichen Gründen von ihren Arbeitnehmern, sondern nur von solchen Personen, die die "Regeln" des Betriebs verletzten: "People can be, and are, sacked, but not for being an embarrassment for the profit and loss-account. They are sacked, broadly speeking, for persitent drunkenness, absentism, political dissent, exit-visa application and annoying the boss."[24] Die bestehenden Regulierungen konnten - auch wenn sie dem Schutz der Arbeitnehmer dienten - leicht umgangen werden und schränkten dieses Verhalten der Betriebe kaum wirksam ein. Auch wenn sie aufgehoben worden wären, hätten die Betriebe sich weiterhin bemüht, Arbeitskräfte zu horten. Deshalb müssen andere Gründe als lediglich die bestehenden Kündigungsschutzregeln für die geringe Neigung der Betriebe verantwortlich sein, sich von zur Erfüllung der Planaufgaben nicht erforderlichen und unproduktiven Arbeitskräften zu trennen.

Der zweite erwähnte Erklärungsansatz begründet die betriebliche Arbeitskräftehortung und die damit verbundene "Scheu" vor einem Arbeitskräfteabbau mit der in allen sozialistischen Planwirtschaften verfolgten Entwicklungsstrategie, wonach die Planbehörde den Betrieben "angespannte", ihre Vollbeschäftigungskapazität überschreitende (und damit kaum zu erfüllende) Planaufgaben ("taut planning") vorgab.[25] Solche ambitiösen Pläne sollten den fehlenden Wettbewerbsprozeß ersetzen und die Betriebe dazu anregen, die Produktivität ihrer verfügbaren Produktionsfaktoren zu erhöhen, die ökonomische Effizienz zu verbessern und damit das bestehende Leistungsproblem zu lösen.[26] Sie wer-

---

[23] Vgl. dazu LAMPERT (1986), insbesondere S. 259 ff. und die dort zitierte Literatur.

[24] HANSON (1986), S. 88.

[25] "Tautness is the relationship between the plan enterprises are expected to fulfill and their productive capacity or inputs allocated to them. The greater the difference between what planners expect or believe the enterprises can achieve and what they can actually do, the greater the degree of tautness." FRERIS (1984), S. 82.

[26] Der Einsatz angespannter Pläne als Mittel zur Produktionssteigerung wird zu begründen versucht durch HUNTER (1961), S. 563 ff., und DOLAN (1970), S. 11 ff.

den in der Literatur als notwendiger Anreizmechanismus angesehen, um die Produktionsmöglichkeiten der Volkswirtschaft besser zu nutzen, indem sie

- die Verfügbarkeit der von der zentralen Planung nicht erfaßten Inputs vermindern und damit den Einfluß der Planbehörden auf die Faktorallokation erhöhen; und

- leistungsstimulierend auf die Betriebsleiter wirken, deren Bonuszahlungen vom Grad der Planverwirklichung abhängen und die deshalb größere Anstrengungen unternehmen werden, ihre Produktion auszuweiten.[27]

Angespannte Pläne sollen damit einen "ermahnenden Effekt" auf die Betriebe ausüben, noch verfügbare Reserven aufzuspüren und in der Produktion einzusetzen.

Diese positiven Effekte auf das Produktionsvolumen lassen sich von der Planbehörde jedoch nicht beliebig vermehren, da die einzelnen Produktionspläne nur noch unvollkommen miteinander koordiniert sind und von einzelnen Betrieben nicht erfüllt werden können. Dann weiten sich partielle Planuntererfüllungen über die gesamte Volkswirtschaft aus mit der Folge, daß die Produktionsziele von einer wachsenden Anzahl von Betrieben als unerfüllbar angesehen werden.[28] Deshalb werden die ermahnenden Effekte allmählich durch Dysfunktionalitäten beeinträchtigt, weil die Betriebe versuchen, Inputfaktoren als "Sicherheitsreserven" zu halten und dazu übergehen, während der Planvorbereitungsphase einen überhöhten Faktorbedarf gegenüber der Planzentrale durchzusetzen.[29] Die Planbehörde hätte deshalb den Betrieben nur solange angespanntere Pläne vorzugeben, bis sich die positiven und negativen Effekte auf den Produktionsanstieg gerade ausgleichen. Alle in sozialistischen Planwirtschaften beobachtbaren Ineffizienzen im Faktoreinsatz wären dann Folge überhöhter, diese "optimale Angespanntheit" übersteigender Planvorgaben und damit wirtschaftspolitischer Fehlsteuerungen bei der Setzung der Planziele, jedoch nicht des Planungssystems selbst.[30]

---

[27] Vgl. dazu PORTES (1969) und KEREN (1972).

[28] Dies zeigt ICKES (1986), insbesondere S. 396 ff.

[29] Vgl. LINZ, MARTIN (1982), insbesondere S. 26 ff.

[30] Die klassische Formulierung dieser Sichtweise stammt von LEVINE (1966), S. 269 f., der argumentiert, "... that the observed operating characteristics of the Soviet economy can be said to be as much, if not more a result of the pressure (exerted on the producing units to increase output) in the system than they are of the mechanism of centralized planning itself. ... This pressure for more output per unit of input ... imparted to all the producing units in the economy a constant and omnipresent condition of excess effective demand." Klammerzusatz vom Verfasser. Ähnlich auch BERLINER (1976), S. 62.

Sobald die Planer diese Grenze überschreiten und den Betrieben übermäßig
ambitiöse Pläne aufbürden, neigen diese dazu, aus Gründen der Risikovorsorge
Arbeitskräfte in einem Umfang zu horten, der weit über das hinausgeht, was
beispielsweise zur Sicherung von unternehmensspezifischem Humanvermögen
im Strukturwandel erforderlich wäre. Diese Arbeitskräftehortung kann einen
quantitativen und qualitativen Aspekt beinhalten: Ersterer umfaßt jene bei weniger angespannter Planung freigesetzten Arbeitskräfte, die die Betrieb horten,
um über genügend Reserven zu verfügen, damit sie sich intern möglichst rei-
bungslos an plötzlich auftretende Veränderungen einzelwirtschaftlicher Knappheiten anpassen können und die Erfüllung der Outputpläne nicht gefährden. Sie
halten Arbeitskräfte, um von Vorlieferern nicht bereitgestellte Materialien
selbst herstellen und um knappe Inputs durch den Produktionsfaktor Arbeit substituieren zu können oder um sich gegen das Fortbleiben unzuverlässiger Arbeitskräfte zu sichern. Diese Arbeitsplatzpolitik ist für die Betriebe angesichts
der überzogenen Planauflagen einzelwirtschaftlich rational und "... bedingt
durch das betriebliche Interesse, für jede kommende Plananforderung gewapp-
net zu sein. Insofern sind Arbeitskraftreserven das Pendant zur planbedingten
Vorsorgelagerhaltung."[31] Eine weitere Möglichkeit der Betriebe, sich intern an
bestehende Risiken im naturalen Planungssystem anzupassen, besteht in einem
qualitativ überhöhten Arbeitskräfteeinsatz, indem Arbeitnehmer zu Tätigkeiten
unterhalb ihres Ausbildungsstandes eingesetzt werden. Diese Alternative ist für
die Betriebe vergleichsweise kostengünstig, weil sie die mit der Ausbildung
verbundenen Aufwendungen nicht selbst tragen müssen. Deshalb ist es stetes
Bestreben der Betriebe, ihre Arbeitnehmer möglichst breit ausbilden zu lassen,
um sie dann im Bedarfsfall flexibel in verschiedenen betriebsinternen Verwendungsrichtungen einsetzen zu können. Je höher das Ausbildungsniveau der Arbeitnehmer ist, desto größer ist ihre Anpassungsfähigkeit an wechselnde betriebliche Anforderungen. Diese Überausbildung der Arbeitnehmer relativ zu
ihren tatsächlichen Tätigkeiten stellt für die Betriebe eine "qualitative Lagerhaltung" dar, die ihnen eine flexible Anpassung an wechselnde mikroökonomische Knappheiten erlaubt.[32] Übermäßig angespannte Pläne induzieren damit
ein betriebliches Hortungsstreben und bewirken, daß die Betriebe unbenötigte
Arbeitskräfte nicht freizusetzen bereit sind und deren Existenz vor den Auf-
sichtsorganen durch gezielte Fehlinformationen zu verstecken versuchen. Damit
erhält jeder Arbeitnehmer eine faktische Arbeitsplatzgarantie, die verhindert,
daß er von Betrieben mit sinkenden zu solchen mit steigenden Produktions-

[31] HAFFNER (1978), S. 144. Ähnlich auch BERLINER (1957), S. 325 ff.; FEIWEL (1974), S. 351.

[32] Vgl. PORKET (1989), S. 153; GLOECKNER (1986), S. 231.

auflagen wandert. Als Konsequenz entsteht in den zuerst genannten Betrieben ein Arbeitskräfteüberschuß, der sich jedoch nicht in einer effektiv sinkenden Nachfrage nach Arbeitsleistungen niederschlägt, während in den zuletzt genannten Betrieben die Arbeitsnachfrage zunimmt, ohne daß dieser Mangel durch einen Zustrom zusätzlicher Arbeitskräfte befriedigt werden kann. Damit befindet sich der makroökonomische Arbeitsmarkt im Ungleichgewicht und gesamtwirtschaftlich existiert gleichzeitig ein Arbeitskräftemangel und strukturelle Arbeitslosigkeit.[33]

Auch nach dieser Erklärung wäre die in den hier betrachteten Volkswirtschaften beobachtbare versteckte Arbeitslosigkeit keine systemimmanente, mit den realisisierten Formelementen der bestehenden Wirtschaftsordnung zwangsläufig verbundenen Erscheinung, sondern ausschließlich durch die verfolgte Entwicklungsstrategie (und damit wirtschaftspolitisch) induziert. Die zentrale Planbehörde würde mit steigender "tautness" einen Anstieg der internen Arbeitslosigkeit verursachen; umgekehrt könnte sie das Ausmaß interner Arbeitslosigkeit reduzieren oder sogar völlig beseitigen, indem sie die Planauflagen senkt und realistischere Ziele vorgibt. Damit müßte aber der in der ehemaligen Sowjetunion und den anderen Planwirtschaften diagnostizierte Rückgang im wirtschaftlichen Wachstum mit einer steigenden Plananspannung verbunden gewesen sein. Die empirische Evidenz scheint dies jedoch nicht zu bestätigen: Wertet man die Häufigkeit und die Höhe der Planuntererfüllung als Indiz für den Grad der Angespanntheit der Pläne, so hat diese in der ehemaligen Sowjetunion während der Nachkriegszeit erheblich abgenommen; Mitte der 60er Jahre haben alle Industrieministerien ihre Pläne (teilweise erheblich) übererfüllt.[34] Diese Tendenz hat sich auch in jüngerer Zeit fortgesetzt und wird von den Planbehörden auch offiziell bestätigt. Trotz dieser offensichtlichen Strategieänderung hat sich die Verlangsamung im Wirtschaftswachstum weiter fortgesetzt. Dieser Rückgang belegt, daß wirtschaftspolitische Fehlsteuerungen und überhöhte Planvorgaben allein kaum für die wachsende Ineffizienz der sowjetischen Wirtschaft verantwortlich gemacht werden können. [35]

---

[33] Zu dieser Erklärung der Arbeitslosigkeit in sozialistischen Planwirtschaften als Folge überhöhter Planvorgaben vgl. auch BERLINER (1976), S. 165 ff.; ADAM (1982), S. 130 f.; DERS. (1984), S. 20 f.

[34] Vgl. FRERIS (1984), S. 99 ff.

[35] Dies räumt inzwischen auch Berliner ein: "In the Western literature, excessive tautness has long been regarded as the source of the shortage phenomenon in the USSR. ... Under this interpretation what is required is a policy decision to strive hereafter for optimal, rather than excessive tautness. ... In 1975 the (Soviet) government (took) the bold decision to sharply reduce tautness, in defiance of longstanding planning tradition. ... This bold attempt to reduce tautness did not in fact do so (reduce the shortage phenomenon)." BERLINER (1988), S. 286 ff.; Klammerzusätze vom Verfasser.

Die zunehmende Planerfüllung sowjetischer Betriebe ist dadurch bedingt, daß die Planauflagen der Betriebe oftmals noch während der Plandurchführungsphase reduziert werden.[36] Solche Planrevisionen nach unten dienen dem Zweck, die persönlichen Einkommen von Angehörigen solcher Betriebe zu sichern, die ihre ursprünglichen Pläne wegen der unvollkommenen naturalen Planung und damit aus von ihnen nicht zu vertretenen Gründen nicht erfüllen können. Sie mindern damit die Einkommensrisiken der Betriebsleiter, die deshalb auch nicht mehr die Vorgabe übermäßig angespannter Pläne zu fürchten haben. Damit sinkt aber für sie auch die Notwendigkeit einer vorsorgebedingten Hortung von Arbeitskräften (und anderer Produktionsfaktoren), so daß die diagnostizierte interne Arbeitslosigkeit in sozialistischen Planwirtschaften nicht durch wirtschaftspolitisch bestimmte Planvorgaben induziert, sondern durch andere, in der Wirtschaftsordnung begründete Mängel verursacht sein muß.

Die Funktionsbedingungen sozialistischer Planwirtschaften begründen bei den Betrieben auch bei weniger angespannten Plänen eine Hortung von Arbeitskräften. Dieses Hortungsstreben ist durch die Unzulänglichkeit des naturalen Planungssystems bedingt, durch die es stets von Vorteil ist, über Arbeitskräftereserven zu verfügen. Deshalb streben die Betriebe wegen der Bindung der Prämienzahlung am Planerfüllungsprinzip nach möglichst weichen, leicht zu erfüllenden Plänen und versuchen, so viele Arbeitskräfte wie möglich in ihren Produktionsplan aufzunehmen, weil dann die Planvorgaben mit geringeren Anstrengungen verwirklicht werden können. Die Planungsbehörden haben wegen ihrer Informationsdefizite nur geringe Möglichkeiten, sich diesen Forderungen der Betriebe zu widersetzen, und müssen - sobald die Arbeitskräfte in den Produktionsplan eines Betriebes eingehen - auch die entsprechenden Lohnfonds bereitstellen, selbst wenn dadurch geplante Verluste entstehen.[37] Diese Arbeitskräfte werden von den Betrieben auch dann nicht abgegeben, wenn die Planauflagen sinken und mit den gegebenen Arbeitskräften die Produktionspläne übererfüllt werden könnten. Solche Planübererfüllungen signalisieren der Planbehörde die Existenz von Arbeitskräftereserven und führen

---

[36] Vgl. GRANICK (1980), S. 260, und KEREN (1982), S. 229 ff., wonach infolge solcher Planrevisionen der Anteil der Betriebe, die ihre Pläne nicht erfüllen konnten, erheblich gesunken ist; zu ähnlichen Ergebnissen kommen auch von FRERIS (1984), S. 109 ff., zitierte sowjetische Untersuchungen, die bestätigen, daß sich die endgültigen Planauflagen dem tatsächlichen Ergebnis angepaßt haben und nicht umgekehrt.

[37] Vgl. HANSON (1986), S. 88 ff., der dieses Verhalten am Beispiel sowjetischer Betriebe illustriert, denen es schon während der Planaufstellungsphase gelingt, höhere Beschäftigtenzahlen in ihre Pläne aufzunehmen, als von den Planern ursprünglich vorgesehen war.

dazu, daß die Produktionspläne späterer Perioden gemäß dem "Ratchet-Prinzip" angehoben werden und die Betriebe mit den vorhandenen Arbeitskräften höhere Produktionsauflagen übernehmen oder die gegebenen Produktionsaufgaben mit weniger Arbeitskräften erfüllen müssen. Beides widerspricht jedoch den Interessen der Betriebe, die deshalb darauf ausgerichtet sind, solche Planübererfüllungen und Kosteneinsparungen möglichst zu vermeiden, weil dadurch ihre stillen Arbeitskräftereserven aufgedeckt werden. Sie verzichten deshalb darauf, unbenötigte Arbeitskräfte freizusetzen, sondern reduzieren ihre Produktion (relativ zu ihren Produktionsmöglichkeiten), so daß ihre Arbeitsproduktivität abnimmt und damit strukturelle Arbeitslosigkeit entsteht.[38]

Die Betriebe sind zur Aufstellung solcher weichen Arbeitskräfteeinsatzpläne in der Lage, weil sie faktisch konkursunfähig sind und mögliche Auswirkungen ihrer Produktionsentscheidungen auf ihre Rentabilitäts- und Liquiditätslage nicht zu berücksichtigen haben. Sie unterliegen damit einer "weichen Budgetrestriktion" und können erwarten, daß die Planbehörde ihnen bei allen finanziellen Schwierigkeiten helfen wird, so daß sie nicht durch finanzielle Größen in ihrer Nachfrage nach Arbeitskräften und andere Inputfaktoren beschränkt werden. Dieses Wissen löst damit einen permanenten Sog auf die noch verfügbaren Ressourcen aus, der mit einer zunehmenden Unterauslastung einhergeht. Von der Planungsbehörde vorgegebene ambitiöse Pläne mögen diesen Nachfragesog noch verstärken; solange jedoch die Betriebe einer weichen Budgetbeschränkung unterliegen, wird sich an diesem betrieblichen Verhalten auch bei "optimaler Angespanntheit" der Pläne nichts ändern. Dieser Nachfragesog stellt damit eine systemspezifische, keinesfalls durch die staatliche Wirtschaftspolitik induzierte Erscheinung dar.[39] Die staatlichen Behörden müssen den Betrieben bei allen entstehenden finanziellen Schwierigkeiten helfen, weil diese in die zentrale Planung des Wirtschaftsprozesses eingebunden sind und ihr Erfolg nicht nur von ihrer eigenen Wirtschaftlichkeit, sondern auch von den Entscheidungen ihrer Lieferanten und der zentralen Planungsbehörde abhängt. Darüber hinaus befinden sich die Betriebe im staatlichen Eigentum, so daß der Staat über ihre Weiterexistenz entscheidet. Die Vermischung von betrieblichen und zentralen Entscheidung bedingt, daß auch die Betriebsleiter für die entstehen-

---

[38] "... the economic leader cannot lose a lot, but in the same way he cannot gain a lot either. There is no scope for any great advance. The firm with uncommon und provocatively high profits will sooner or later be 'tapped'. The levelling of incomes involves more or less also the levelling of performance." KORNAI (1980a), S. 130; ähnlich schon MISES (1920), S. 119 f.

[39] Vgl. KORNAI (1979), S. 22 f., und DERS. (1980a), S. 63.

den Verluste niemals voll haftbar gemacht werden können, da diese stets in der Lage sind, erfolgreich zu behaupten, die Verluste seien nicht durch ihr eigenes Verschulden, sondern durch Mängel in der zentralen Allokation von Inputfaktoren oder durch ungenügende, qualitativ minderwertige oder verspätete Lieferungen anderer Betriebe entstanden. Zudem unterliegen die Manager während der Plandurchführungsphase zahlreichen bürokratischen Interventionen durch die Planungsbehörde und können stets darauf verweisen, daß die von ihnen getroffenen Entscheidungen von ihren Leitungsorganen "abgesegnet" worden seien. "Under these circumstances, the bureaucracy feels obliged to shelter the loss maker."[40]

Der permanente Sog der Betriebe nach Arbeitskräften läßt sich auch nicht durch von der Planungsbehörde vorgegebene Beschäftigtenplafonds oder durch Einsatz lohnpolitischer Instrumente begrenzen: Den Betrieben wird es stets gelingen, durch gezielte Fehlinformationen über die Entwicklung der Arbeitsproduktivität mit der Planungsbehörde höhere Beschäftigungsquoten auszuhandeln, als sie tatsächlich benötigen; Überschreitungen werden oftmals nachträglich akzeptiert, wenn sie mit einer Übererfüllung der Produktionspläne einhergehen. Darüber hinaus beschränken auch Veränderungen der Lohnsätze nicht die betriebliche Arbeitskräftenachfrage, weil die Betriebe die steigenden Lohnkosten einfach durch erhöhte Subventionsforderungen oder Kreditaufnahmen an die Planungsbehörde weitergeben können.[41] Steigende Subventionen und überhöhte Kreditgewährungen an unrentable und illiquide Betriebe lassen sich nur solange gesamtwirtschaftlich geldmengenneutral abwickeln, wie diese Zahlungen durch entsprechende Steuererhebungen und Kreditkürzungen bei noch rentabel arbeitenden und liquiden Betrieben finanziert werden können. Dann hätte die faktische Konkursunfähigkeit der Betriebe keine gesamtwirtschaftlichen Geldmengeneffekte, sondern lediglich wachsende Umverteilungen und erhebliche Fehlallokationen des Faktors Arbeit zur Folge. Längerfristig ist solch eine geldmengenneutrale Finanzierung jedoch unmöglich, weil eine wachsende Zahl von Betrieben erkennen wird, daß (nahezu jede) von ihnen verursachte Unwirtschaftlichkeit von der Planungsbehörde akzeptiert und jede Einsparung von Ressourcen nachträglich sanktioniert wird. Deshalb erwirtschaften immer mehr Betriebe planmäßig überhöhte oder außerplanmäßige Verluste, mit der Konsequenz, daß der monetäre Kreislauf nicht mehr geschlossen ist, weil die Finanz-

---

[40] KORNAI (1986b), S. 1698.

[41] Zum geringen Einfluß von Lohnänderungen auf den betrieblichen Arbeitskräftebedarf vgl. KORNAI (1980a), S. 377 ff.

abführungen der noch rentablen und liquiden Betriebe nicht mehr ausreichen, um die wachsenden Defizite der Verlustbetriebe zu decken.[42] Letztlich muß die Staatsbank die steigenden Finanzierungslücken der Betriebe durch Geldschöpfung abdecken, so daß neben strukturelle auch konjunkturelle Ursachen der Arbeitslosigkeit treten.

2. Ansätze zur Erklärung konjunktureller Arbeitslosigkeit

Die Funktionsbedingungen sozialistischer Planwirtschaften erfordern, daß die zentrale Planungsbehörde nicht nur einzelwirtschaftlich für jede Güterkategorie Aufkommen und Verwendung festlegt, sondern auch gesamtwirtschaftlich die Verwendung des produzierten Nationaleinkommens plant. Diese makroökonomische Planung muß einen güterwirtschaftlichen und einen geldwirtschaftlichen Teil umfassen. Die güterwirtschaftliche Planung bestimmt, welche Teile des produzierten Nationaleinkommens für privaten und öffentlichen Konsum, Investitionen der staatlichen Betriebe und Außenhandelsüberschüsse verwendet werden. Sie wird ergänzt durch eine monetäre Planung, da der Güteraustausch nicht natural, sondern unter Zwischenschaltung eines allgemeinen Tausch- und Wertaufbewahrungsmittels erfolgt. Gesamtwirtschaftliches Gleichgewicht herrscht nur, wenn die gesamtwirtschaftliche Güterproduktion vollständig absorbiert wird und den Wirtschaftssubjekten die zu Tausch- und Wertaufbewahrungszwecken notwendigen Geldbestände zur Verfügung stehen, d.h. wenn sowohl die güterwirtschaftliche als auch die geldwirtschaftliche Planung des Wirtschaftsprozesses im Gleichgewicht ist.

Störungen dieses gesamtwirtschaftlichen Gleichgewichts führen zu einem Rückgang der Produktion und der effektiven Beschäftigung und damit zu makroökonomischen Kontraktionsprozessen, die in der Vergangenheit Gegenstand verschiedener Erklärungsansätze waren.[43] Diese Modelle basieren auf den - ursprünglich für marktwirtschaftliche Systeme entwickelten - Ansätzen der "Neuen Makroökonomik", die die Anpassungsreaktionen der Wirtschaftssubjekte auf von ihnen wahrgenommene Mengenbeschränkungen auf Güter- und Arbeitsmärkten analysieren und wegen der zentralen Annahme nicht vollständig flexibler Güter- und Faktorpreise nach entsprechenden Modifikationen insbe-

---

[42] Vgl. THIEME (1990), S. 85 ff.

[43] Vgl. HOWARD (1976); DERS. (1979), S. 25 ff.; PORTES (1981); HARTWIG (1982); DERS. (1987a), S. 111 ff.; THIEME (1985) sowie BRADA, KING (1986).

sondere auf sozialistische Planwirtschaften anwendbar sind.[44] In diesen Modellen werden vier verschiedene Rationierungsgleichgewichte unterschieden, die als "Keynesianische Arbeitslosigkeit", "Unterkonsumtion", "Klassische Arbeitslosigkeit" und "zurückgestaute Inflation" bezeichnet werden, von denen allerdings nur der letzte Fall für sozialistische Planwirtschaften besonders bedeutsam ist:[45] Keynesianische Arbeitslosigkeit und Unterkonsumtion sind mit einem Überschußangebot auf dem makroökonomischen Konsumgütermarkt verbunden, was für sozialistische Planwirtschaften kaum von großer empirischer Relevanz ist, weil der Staat jeden Angebotsüberschuß absorbieren wird; empirisch wenig relevant ist auch der Fall klassischer Arbeitslosigkeit, in dem ein Überschußangebot auf dem Arbeitsmarkt herrscht, weil die Interessen der staatlichen Betriebe darauf ausgerichtet sind, jede noch verfügbare Arbeitskraft zu beschäftigen. Von besonderer Bedeutung ist dagegen der Fall einer zurückgestauten Inflation, in dem die Nachfrage auf dem makroökonomischen Konsumgütermarkt das verfügbare Konsumgüterangebot dauerhaft übersteigt, so daß die privaten Haushalte ihr effektives Arbeitsangebot einschränken. Konsequenz ist ein Rückgang der gesamtwirtschaftlichen Beschäftigung, der - weil die Ursachen in einer Störung des makroökonomischen Gleichgewichts liegen - als konjunkturelle (nachfragebedingte) Arbeitslosigkeit bezeichnet werden muß.

Graphisch läßt sich dieser Beschäftigungsrückgang wie in Abb. V-C.2 darstellen, die das gesamtwirtschaftliche Konsumgüterangebot C^S in Abhängigkeit vom Arbeitskräfteeinsatz N^S und das gesamtwirtschaftliche Arbeitsangebot N^S in Abhängigkeit von der Konsumgüterversorgung C^S zeigt:[46] Die C^S-Funktion ergibt sich für einen gegebenen Kapitalbestand K aus der (partiellen) gesamtwirtschaftlichen Produktionsfunktion:

(V-C.1) $Y = F(N, \overline{K})$,

wenn gemäß der Definitionsgleichung:

(V-C.2) $C^S = Y - G$

---

[44] Zu den Ansätzen der Neuen Makroökonomik vgl. insbesondere BARRO, GROSSMAN (1971); DIES. (1974); DIES. (1976); MALINVAUD (1977) und MUELLBAUER, PORTES (1978), sowie die Darstellung bei FELDERER, HOMBURG (1984), S. 287 ff.

[45] Zu dem zuerst und den beiden zuletzt genannten Begriffen vgl. erneut MALINVAUD (1977), S. 31; der Begriff "Unterkonsumtion" wurde wieder aufgegriffen von MUELLBAUER, PORTES (1978), S. 808.

[46] Zur Abbildung vgl. auch BENNETT (1989), S. 167; THORNTON (1976), S. 19, wo allerdings ein Zwei-Sektoren-Modell verwendet wird.

von der gesamtwirtschaftlichen Güterproduktion Y das vom Staat und den staatlichen Betrieben für Konsum- und Investitionszwecke beanspruchte Güterbündel G zum Abzug gebracht wird, wobei unterstellt ist, daß keine Außenwirtschaftsbeziehungen existieren und der Staatsverbrauch nach Maßgabe eines "staatlichen Absorptionskoeffizienten" b auf Veränderungen von Y gemäß der Gleichung

(V-C.3) $G = b \cdot Y$

reagiert:[47]

(V-C.4) $C^S = Y - b \cdot Y = (1\text{-}b) \cdot Y = (1\text{-}b) \cdot F(N,\overline{K})$.

Die Position der C^S-Funktion hängt damit bei gegebenem Kapitalbestand $\overline{K}$ vor allem von der Höhe des staatlichen Absorptionskoeffizienten b ab; je höher b ausfällt, desto geringer ist die für den Konsum verfügbare Gütermenge und desto weiter unten liegt die gesamtwirtschaftliche Konsumgüterangebotskurve. Die N^S-Funktion ergibt sich durch Aggregation aus den einzelwirtschaftlichen Arbeitsangebotsfunktionen, deren mikroökonomische Determinanten bereits dargestellt wurden:[48] Solange die Haushalte ihre geplante Transaktionen vollständig realisieren können und auf den Konsumgütermärkten nicht rationiert werden, steigt das unbeschränkte ("notionale") Arbeitsangebot N_*^S (eine Dominanz des Substitutions- über den Einkommenseffekt vorausgesetzt) mit steigendem Reallohn w/p an. Unterliegen die Haushalte dagegen einer Rationierung auf den Konsumgütermärkten, muß dieses notionale Arbeitsangebot um eine Korrekturkomponente $N_{\text{Korr.}}^S$ vermindert werden, deren absolute Höhe von der effektiven Konsumschranke und wiederum vom Reallohnniveau abhängt. Diese Korrekturkomponente fällt um so höher aus, je geringer die Konsumgüterversorgung C^S bei gegebenem Reallohn und je höher der Reallohn bei gegebener Konsumschranke ist, mit der Konsequenz, daß das effektive Arbeitsangebot N^S unter das notionale Arbeitsangebot sinkt:[49]

---

[47] Vgl. auch HARTWIG (1982), S. 370 f.; DERS. (1987a), S. 112.

[48] Vgl. Kapitel IV-B. dieser Arbeit.

[49] Zur gesamtwirtschaftlichen Arbeitsangebotsfunktion in sozialistischen Planwirtschaften bei Rationierung auf den Konsumgütermärkten vgl. auch HARTWIG (1982), S. 370; DERS. (1987a), S. 114, sowie THIEME (1985), S. 305, wo allerdings anstelle der Konsumgüterversorgung die Akkumulation ungewünschter Kassenbestände als Argument in die Arbeitsangebotsfunktion aufgenommen ist.

(V-C.5) $N^S = N_*^S (w/p) - N_{Korr.}^S (C^S, w/p)$,

$N^S = N^S (C^S, w/p)$.

Abb. V-C.2: Arbeitsangebotsreaktionen bei zurückgestauter Inflation

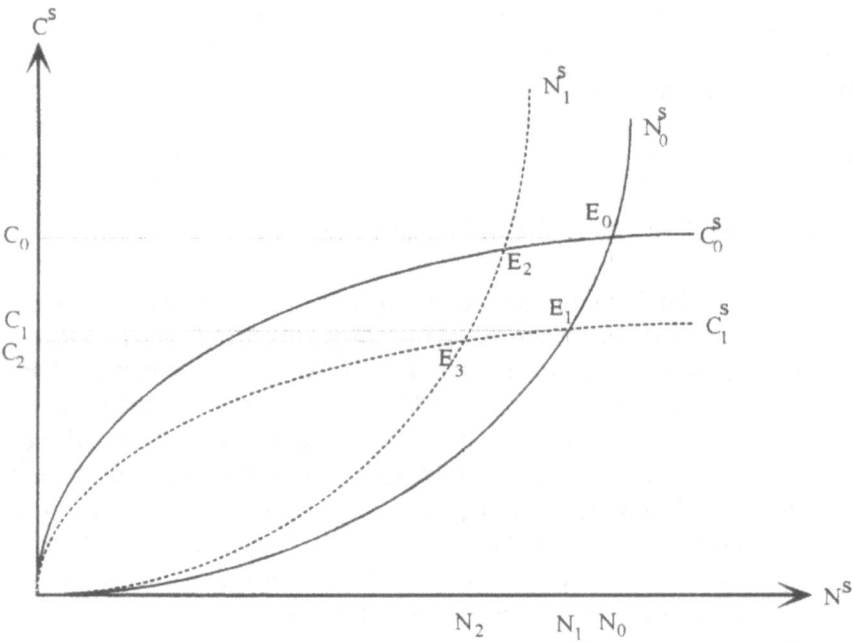

Die N^S-Funktion steigt damit bei gegebenem Reallohnniveau mit zunehmendem Konsumgüterangebot an und dreht sich bei gegebener Konsumgüterversorgung mit steigendem Reallohn im Ursprung nach oben.[50]

Der Schnittpunkt E_0 von Konsumgüterangebotsfunktion C_0^S und Arbeitsange-botsfunktion N_0^S repräsentiert ein temporäres Gleichgewicht bei Mengenratio-nierung, in dem das von den Haushalten bei gegebener Konsumschranke C_0 an-gebotene Beschäftigungsvolumen N_0 gerade ausreicht, um bei gegebener staat-licher Absorption das Konsumgüterbündel C_0 zu produzieren. Störungen dieses

---

[50] Diese negativen Reaktionen einer Reallohnerhöhung auf das Arbeitsangebot gelten allerdings nur, sofern der negative Einfluß auf die Korrekturkomponente den positiven Einfluß auf das notionale Arbeitsangebot überwiegt, was im folgenden unterstellt sei; vgl. auch HARTWIG (1982), S. 374 f.

temporären Gleichgewichts führen zu einer Abnahme von gesamtwirtschaftlicher Produktion und effektivem Arbeitsangebot, deren Ausmaß davon abhängt, auf welche Ursachen die Störungen zurückzuführen sind:[51]

- Erhöht der staatliche Sektor bei konstantem Lohnniveau den Absorptionskoeffizienten b, dreht sich die C^S-Funktion gemäß Gleichung (V-C.4) nach unten in die Position C_1^S, so daß die Haushalte bei gegebenem Arbeitsangebot eine verringerte Konsumgüterversorgung erhalten und deshalb ihr Arbeitsangebot entlang der unverändert bleibenden Angebotsfunktion N_0^S bis zu einem neuen mengenbeschränkten Gleichgewicht E_1 reduzieren, in dem die Beschäftigung auf N_1 gesunken ist.

- Hebt der staatliche Sektor bei unverändertem Absorptionskoeffizienten b die Lohnsätze an, dreht sich die Arbeitsangebotsfunktion gemäß Gleichung (V-C.5) nach links oben in die Position N_1^S, weil die Haushalte bei gegebener Konsumschranke weniger Arbeit anzubieten bereit sind. Konsequenz ist ebenfalls ein Rückgang von gesamtwirtschaftlicher Produktion und Beschäftigung (auf N_1) bis zu einem mengenrationierten Gleichgewicht E_2.

- Kombiniert der staatliche Sektor beide Maßnahmen, d.h. erhöht er die staatliche Absorption bei steigenden Löhnen, wirken die beiden soeben beschriebenen Anpassungsprozesse zusammen, so daß ein Rationierungsgleichgewicht E_3 mit einer auf N_2 gesunkenen Beschäftigung eintritt.

In allen drei Fällen wird ein multiplikativer Kontraktionsprozeß ausgelöst, bei dem sich Güterproduktion, Konsumgüterangebot und Arbeitseinsatz so lange reduzieren, bis ein neues temporäres Rationierungsgleichgewicht mit einer erheblich angestiegenen Arbeitslosigkeit erreicht ist. Dieser realwirtschaftliche Kontraktionsprozeß wird stets von einer Störung auch des geldwirtschaftlichen Gleichgewichts begleitet, weil die Haushalte ungewünschte Kassenbestände akkumulieren: Im ersten Fall bleiben zwar die Geldeinnahmen der Haushalte unverändert, allerdings sinkt der Rückfluß der Geldbestände vom privaten zum staatlichen Sektor, weil der Zugriff auf Konsumgüter vermindert wird. Im zweiten Fall wird dieser Rückfluß gegenüber der Ausgangssituation E_0 zwar nicht verändert, allerdings steigen die privaten Geldeinnahmen infolge steigender Lohnsätze, während im dritten Fall beide Wirkungen kombiniert auftreten.

---

[51] Vgl. THIEME (1985), S. 308.

Umstritten ist zwischen westlichen Beobachtern, auf welche Ursachen solche Störungen des gesamtwirtschaftlichen Gleichgewichts zurückzuführen sind: Sie können durch die staatliche Wirtschaftspolitik induziert sein, wenn die zentrale Planbehörde bewußt oder unbewußt eine die Produktionsmöglichkeiten der Volkswirtschaft übersteigende Güterabsorption plant oder einen überhöhten Lohnsatz festlegt und damit gleichzeitig auch eine Verletzung des geldwirtschaftlichen Gleichgewichts herbeiführt. Sie können aber auch durch das betriebliche Verhalten verursacht sein, wenn die staatlichen Betriebe entgegen den Absichten der Planzentrale ihre Güterabsorption erhöhen und versteckte Lohnsteigerungen gewähren und damit ein Inflationspotential auf den Gütermärkten schaffen, das nicht durch offene Preissteigerungen ausgeschöpft werden kann. Keynesianische Beobachter sozialistischer Planwirtschaften unterstellen eine vollständige Integration der staatlichen Betriebe in den zentralen Planungs- und Lenkungsmechanismus und präferieren damit den zuerst genannten Erklärungsansatz.[52] Sie gehen davon aus, daß die Organisationsbedingungen des monetären Sektors eine vollständige Steuerbarkeit der gesamtwirtschaftlichen Güternachfrage garantieren und daß makroökonomische Ungleichgewichte nur durch bewußte oder unbewußte wirtschaftspolitische Impulse herbeigeführt werden. Diese Steuerbarkeit der gesamtwirtschaftlichen Güternachfrage wird durch die direkte und umfassende Kontrolle der Planer über die den Haushalten zur Verfügung stehende Kaufkraft begründet, wodurch - quantitätstheoretisch gesprochen - ungeplante Variationen sowohl des gesamtwirtschaftlichen Geldangebots als auch der gesamtwirtschaftlichen Geldnachfrage ausgeschlossen sind. Dabei wird eine exakte Steuerbarkeit des gesamtwirtschaftlichen Geldangebots durch die hierfür formal günstige Organisationsstruktur des staatlichen Bankensystems gewährleistet: Dieses Bankensystem besteht aus einer einzigen staatlichen Monobank, d.h. einer kombinierten Zentral- und Geschäftsbank mit zahlreichen Filialen, so daß es zu keiner sekundären Geld- und Kreditschöpfung kommen kann. Der gesamte Geldkreislauf ist strikt in einen ausschließlich innerhalb des staatlichen (sozialistischen) Sektors verwendeten Buchgeldkreislauf und einen zwischen dem sozialistischen Sektor und den privaten Haushalten verwendeten Bargeldkreislauf getrennt. Zwar sind monetäre Ungleichgewichte innerhalb des sozialistischen Sektors denkbar, dort wird Geld aber als weitgehend "passiv", d.h. ohne Einfluß auf ökonomische Entscheidungen angesehen: Es gibt keine Konsumentenkredite oder Offenmarkttransaktionen, so daß ungeplante Geldangebotsvariationen nur durch überhöhte Lohnzahlungen in den pri-

---

[52] Vgl. auch HARTWIG (1987a), S. 112 und S. 117, der darauf hinweist, daß in den bisherigen Übertragungen der Modelle der Neuen Makroökonomik die Betriebe als Erfüllungsgehilfen der zentralen Planinstanz angesehen werden.

vaten Sektor gelangen können; dies ist faktisch aber wegen der angeblich strikten Lohnfondskontrolle durch die Staatsbank ausgeschlossen. Zudem sind Veränderungen in der privaten Geldnachfrage ebenfalls kaum zu erwarten, da die Haushalte lediglich über ein eingeschränktes Vermögensspektrum verfügen und Veränderungen relativer Ertragssätze zwischen diesen Vermögensformen nicht vorkommen. Damit scheinen sozialistische Planwirtschaften ein "monetaristisches Paradies" zu sein, das durch eine vollständige Steuerbarkeit des gesamtwirtschaftlichen Geldangebots und eine hohe Stabilität der Geldnachfrage charakterisiert ist.[53]

Wenn die Planungsbehörde diese vollständige Kontrolle über die gesamtwirtschaftliche Güternachfrage besitzt, können makroökonomische Ungleichgewichte auf den Konsumgüter- und Arbeitsmärkten - und damit konjunkturelle Arbeitslosigkeit - nur entstehen, wenn die Planer bewußt oder infolge von Erwartungsirrtümern eine die Produktionsmöglichkeiten der Volkswirtschaft übersteigende Güterabsorption planen. Eine Strategie bewußt ex ante ungleichgewichtiger güterwirtschaftlicher Pläne kann aus der Sicht der zentralen Planbehörde so lange sinnvoll sein, wie sie gleichzeitig die Nominallöhne erhöht und die Haushalte hierauf mit einer Ausweitung ihres Arbeitsangebots reagieren, weil sie erwarten, daß sie die zusätzlich akkumulierten Geldbestände in künftigen Perioden konsumptiv verausgaben können. Dann kann die Planbehörde mehr Arbeitsinputs und daher mehr staatlichen Konsum (bei konstantem privaten Konsum) erwarten und ihre außerwirtschaftlichen Ziele besser verwirklichen.[54] Allerdings wird die Zentrale auf diese Weise nicht beliebig fortfahren können, weil die Haushalte allmählich der zusätzlich akkumulierten Geldbestände überdrüssig und erkennen werden, daß die von den Planern versprochenen Verbesserungen des Konsumgüterangebots nicht entstehen. In diesem Fall werden die Haushalte ihr Arbeitsangebot einschränken, so daß die positiven Beschäftigungseffekte ungleichgewichtiger Pläne wieder abnehmen. Deshalb haben die Planbehörden schon frühzeitig darauf verzichtet, bewußt solche ex ante ungleichgewichtigen Pläne aufzustellen, weil sie erkennen mußten, daß der positive Anreizeffekt steigender Nominallöhne auf das Arbeitsangebot bald abnahm.[55]

---

[53] Vgl. dazu PORTES (1977), S. 115 ff.; DERS. (1983), S. 152 ff.

[54] Vgl. hierzu THORNTON (1976), S. 18 ff.

[55] Vgl. zu dieser Auffassung PORTES (1979), S. 332.

Verzichten die Planer darauf, bewußt einen Nachfrageüberhang auf dem
makroökonomischen Konsumgütermarkt herbeizuführen, können solche Ungleichgewichte nur noch infolge von Erwartungsirrtümern der Zentrale entstehen. Solche Erwartungsirrtümer treten auf, wenn die Planbehörde außerhalb
des sozialistischen Sektors verursachte Veränderungen exogener Variablen
nicht sofort erkennen oder sich nur verzögert daran anpassen kann. Sie betref-
fen alle Größen, die ihren Ursprung im privaten Sektor haben. "During the
current period [the planners] discover errors in the expectation and perhaps the
assumption about households behavior and technology and their actual behavior
diverges from the plans as a function of these errors and of some variables (in
particular output) determined endogenously during the period. The interaction
of the planners' behavior with that of households on the market for consumption goods and labor determines the actual values of the macro variables."[56]
Deshalb haben Verhaltensänderungen der an der Planverwirklichung beteiligten
Personen nur insoweit einen Einfluß auf das gesamtwirtschaftliche Gleichgewicht, wie sie von der Planungsbehörde nicht erwartet werden. Solche Erwartungsirrtümer werden für die Planer jedoch schnell an einem Anstieg der Fi-
nanzaktiva in den Händen der privaten Haushalte erkennbar. Sie können deshalb sofort (sofern Revisionen des laufenden Jahresplanes möglich sind) oder
spätestens bei der Aufstellung des Folgeplanes korrigiert werden. "Thus, in the
medium and longer run, the planning process and its response to indicators of
'disequilibrium' serve as equilibrating mechanisms."[57] Äußere Anzeichen un-
befriedigter Kaufwünsche der Haushalte, wie Warteschlangen, zunehmende
Transaktionen auf Schwarzmärkten außerhalb des sozialistischen Sektors oder
ein Anstieg der Kassenhaltungsbestände der privaten Haushalte relativ zu ihrem
Einkommen oder Transaktionsvolumen, bieten deshalb aus keynesianischer
Sicht keineswegs hinreichende Evidenz für die Existenz eines permanenten
Nachfrageüberhangs auf dem makroökonomischen Konsumgütermarkt: Warteschlangen und andere sichtbare Hinweise auf einen Nachfrageüberhang sind
danach die Folge beispielsweise von Unzulänglichkeiten im Distributionssystem
oder verzerrter relativer Preise, die eine Überschußnachfrage bei einigen
Gütern hervorrufen, der aber ein entsprechend hohes Überschußangebot bei
anderen Gütern gegenübersteht; in beiden Fällen liegt keine gesamtwirtschaftliche Überschußnachfrage vor.[58] Veränderungen der zuvor genannten Knapp-

---

[56] EBENDA, S. 327, eckiger Klammerzusatz vom Verfasser; ähnlich DERS. (1981).

[57] DERS. (1979), S. 327.

[58] Vgl. beispielsweise TURCAN (1977), S. 136.

heitsindikatoren sind vielmehr allein Folge zunehmender relativer Preisverzerrungen oder spekulativer Aktivitäten der Haushalte; dann ist die sichtbare Güternachfrage höher als die gewünschte, weil sich ein Haushalt in mehreren Schlangen anstellen kann, um das gewünschte Gut zu erhalten, und Warteschlangen können länger werden infolge einer Verbesserung statt einer Verschlechterung der Angebotssituation. In ähnlicher Weise ist selbst ein beobachtbarer Anstieg der Kassenhaltung privater Haushalte relativ zu ihrem Einkommen Folge fehlender Zugriffsmöglichkeiten auf alternative Formen der Vermögensanlage, eines steigenden Anteils der Transaktionen in der Schattenwirtschaft oder steigender Unsicherheiten hinsichtlich der Verfügbarkeit einzelner Konsumgüter und damit mikroökonomischer Fehlsteuerungen und nicht gesamtwirtschaftlicher Ungleichgewichte.[59] Konsequenz ist, daß Ungleichgewichte auch auf dem makroökonomischen Arbeitsmarkt und damit konjunkturelle Arbeitslosigkeit allenfalls transitorische Erscheinungen sind und Vollbeschäftigung der Normalzustand eines planwirtschaftlichen Systems ist. "... full employment is assured at the microeconomic planning level. ... Thus output stays around the level given by full employment of labour (employment at the 'natural rate')."[60]

Die Ergebnisse dieser keynesianischen Modelle geben jedoch das Verhalten der Betriebe in sozialistischen Planwirtschaften nicht richtig wieder und vernachlässigen mögliche Übertragungswege der Ungleichgewichte im Sektor der staatlichen Betriebe auf den privaten Sektor. Zweckmäßigkeitsüberlegungen bei der Durchführung der zentralen Pläne bedingen, daß in sozialistischen Planwirtschaften der Austausch von Gütern und Dienstleistungen sowohl innerhalb des sozialistischen Sektors als auch zwischen Betrieben und privaten Haushalten nicht natural, sondern unter Zwischenschaltung eines generellen Tausch- und Wertaufbewahrungsmittels erfolgen. Diese monetäre Organisation des Wirtschaftsprozesses begründet, warum die Nachfrage der Betriebe nach Vorprodukten und Inputfaktoren nicht nur von der zentralen Zuteilung von Bezugsrechten innerhalb des formellen Planungssystems, sondern auch von ihrer Aus-

---

[59] Vgl. DELHAES (1978); PODKAMINER (1982); PORTES (1989). Deutlich pointiert vertritt PORTES (1974), S. 25 f., diese These: "Suppose we thought that in CPEs the Ministry of Finance were responsible for the wage rate (or the money supply ...), through bank controls on wage expenditures, and the Price Office for the consumer price structure, subject to the (political constraint) that the price *level* be kept constant. Both act on the basis of the consumer goods supply plan. We are then suggesting that Finance Ministries may have done rather a good job, at least since the mid-1950s, and that phenomena interpreted as symptoms of repressed inflation are in fact due to the inflexibility and errors of the Price Office." Hervorhebung und Klammerzusätze im Original.

[60] PORTES (1983), S. 153; Klammerzusatz im Original. Ähnlich auch WILES (1977), S. 369; PIETSCH, VOGEL, SCHROEDER (1982), S. 153; BORNSTEIN (1985), S. 309.

stattung mit liquiden Mitteln abhängt; darüber hinaus erhalten die privaten Haushalte ihr Einkommen in monetärer Form und können über deren Verwendung frei verfügen. Solche für Tausch- und Wertaufbewahrungszwecke notwendigen Geldbestände entstehen durch Kreditvergabe der Staatsbank an In- und Ausländer und werden durch entsprechende Gegenoperationen wieder vernichtet. Hauptentstehungskomponente der gesamtwirtschaftlichen Geldmenge in sozialistischen Planwirtschaften ist die Kreditvergabe an staatliche Betriebe, deren Höhe von den betrieblichen Zielen und administrativen Regulierungen und Kontrollen vor allem durch die Staatsbank abhängt. Da die Interessen der Betriebe darauf ausgerichtet sind, weiche Planvorgaben und dadurch bedingt möglichst hohe Inputzuweisungen zu erhalten, entstehen planmäßig überhöhte Kreditausleihungen, denen keine entsprechenden Outputsteigerungen gegenüberstehen. Verstärkt wird dieser Kreditnachfragesog durch außerplanmäßige Kreditzuweisungen, die zur Finanzierung unerwarteter Liquiditätsengpässe (beispielsweise infolge von Verzögerungen bei der Fertigstellung von Investitionsvorhaben oder Bestandserhöhungen an nicht absetzbaren Erzeugnissen) benötigt werden. Konsequenz dieser Praktiken ist ein ökonomisch überhöhter Finanzierungsbedarf, der nicht durch zentrale Kontrollen, durch Einsatz zinspolitischer Instrumente oder durch mengenmäßige Plafonds bei der Kreditvergabe beschränkt werden kann: Direkte Kontrollen sind wegen der betrieblichen Fehlinformationspolitik wirkungslos und können von der Staatsbank kaum effektiv durchgesetzt werden. Zinserhöhungen reduzieren die betriebliche Kreditnachfrage nicht, weil der Gewinn als prämienrelevante Kennziffer ein geringes Gewicht hat und der Zins als Kostenfaktor aufgrund der "weichen Budgetbeschränkung" auf die Erzeugerpreise oder an den Staatshaushalt überwälzt werden kann; zudem können die Betriebe die durch solche Zinserhöhungen erwachsenden Liquiditätsprobleme durch zusätzliche Kreditanträge leicht umgehen. Plafonds auf die Kreditvergabe können von der Staatsbank nicht durchgesetzt werden, weil solche Mengenbeschränkungen nicht nur bei dem reglementierten Betrieb, sondern auch bei dessen Lieferanten wirken und in einem monetär organisierten Wirtschaftsprozeß die gesamte Planerfüllung gefährden.[61]

Der betriebliche Kreditnachfragesog schafft damit innerhalb des sozialistischen Sektors einen Liquiditätsüberhang, der sich auch auf den privaten Haushaltssektor überträgt, wobei sich zwei verschiedene Transmissionskanäle unter-

---

[61] Vgl. dazu ausführlicher THIEME (1983), S. 196 ff.; HARTWIG, THIEME (1985), S. 224 ff.; HARTWIG (1987a), S. 72 ff.

scheiden lassen, die im Zusammenhang mit Abb. V-C.2 bereits dargestellt wurden:[62]

- Die Konkurrenz der Betriebe um die immer knapper werdenden Arbeitskräfte führt zu planmäßig überhöhten oder außerplanmäßigen Lohnsteigerungen, die sich in einem Anstieg der effektiven Lohnzahlungen relativ zu den tariflich festgelegten Lohnsätzen ausdrücken. Diese "Lohndrift" entsteht, indem die Betriebe den Arbeitnehmern weiche, leicht zu erfüllende Arbeitsnormen vorgeben, sie in höhere, ihrer Qualifikation und Tätigkeit nicht entsprechenden Lohngruppen einstufen oder ihnen nicht gerechtfertigte Lohnzuschläge gewähren. Solche übertariflichen Lohnzahlungen führen zu Lohnfondsüberschreitungen, die sich vor allem an den von den jährlichen Planzielen abweichenden Lohnsteigerungen zeigen. Dadurch steigen die nominellen Einkommen der Arbeitnehmer, ohne daß sich das angebotene Konsumgütervolumen entsprechend ausweitet.

- In ähnlicher Weise besteht auch zwischen den Betrieben und den privaten Haushalten eine Konkurrenz um knappe Güter, die in den meisten Fällen sowohl zu Konsum- als auch Investitionszwecken genutzt werden können. Der Liquiditätsüberschuß innerhalb des sozialistischen Sektors überträgt sich dann auf die privaten Haushalte, indem die Betriebe für die Konsumgüterproduktion vorgesehene Rohstoffe und Materialien in der Investitionsgüterproduktion einsetzen oder ursprünglich für den privaten Konsum bestimmte Fertigerzeugnisse aufkaufen und im Betrieb horten. Dann verringert sich das den Haushalten zur Verfügung stehende Konsumgüterangebot, und die Haushalte müssen ungewünschte liquide Bestände akkumulieren, die sie nicht zu Konsumzwecken verwenden können.[63] In der Realität werden beide Übertragungskanäle simultan wirken.

Aus dem sozialistischen Sektor stammende monetäre Impulse lösen damit Nominallohnsteigerungen, Konsumgüterverknappungen und Zwangssparprozesse bei den privaten Haushalten aus, die zu Anpassungsreaktionen am Arbeitsmarkt führen, deren Ausmaß und Richtung davon abhängen, wie stark die Wirtschaftssubjekte auf eine von ihnen wahrgenommene Nominallohnerhöhung

---

[62] Vgl. auch WINIECKI (1985), der damit der keynesianischen Auffassung widerspricht, wonach ein (beispielsweise durch "angespannte Pläne" initiierter) Nachfrageüberhang innerhalb des sozialistischen Sektors sich nicht auf den privaten Sektor übertrage.

[63] Vgl. KORNAI (1980a), S. 486, der von einem durch die Betriebe ausgelösten "siphoning-off-effect" spricht.

mit einer Ausweitung des Arbeitsangebots reagieren und wie schnell sie in Abhängigkeit von Erfahrungen ihre Erwartungen über künftige Mengenrationie-
rungen am Konsumgütermarkt anpassen: Im Falle einer Nominallohnerhöhung
dürften die privaten Haushalte bei kurzfristig unveränderten Rationierungserwartungen allenfalls vorübergehend ihr Arbeitsangebot ausweiten, solange sie
sich täuschen lassen und die Lohnerhöhung mit einer verbesserten Konsumgüterversorgung gleichsetzen. Längerfristig werden sie jedoch erkennen, daß den
steigenden Löhnen kein entsprechend vergrößertes Konsumgüterangebot gegenübersteht, so daß sie ungewünschte liquide Mittel akkumulieren, deren Grenznutzen gegen Null sinkt. Dann werden die Haushalte ihr Arbeitsangebot wieder
einschränken. Diese negativen Angebotsreaktionen werden um so höher ausfallen, je stärker die von den Haushalten akkumulierten liquiden Mittel ansteigen und je länger sie erwarten, in der Zukunft auf den Konsumgütermärkten
rationiert zu werden. Die Angebotsreaktionen werden weiter verstärkt durch
die Konsumgüterhortung der staatlichen Betriebe. Damit ergibt sich ein Ver-
laufsmuster, bei dem die positiven Beschäftigungseffekte monetärer Impulse
allenfalls transitorisch sind und nur so lange andauern, wie die privaten Wirtschaftssubjekte durch steigende Nominallöhne in Hoffnung auf eine verbesserte
Konsumgüterversorgung getäuscht werden und der "sozialistischen Geldillu-
sion" unterliegen. Längerfristig führen solche monetären Impulse zu negativen
Beschäftigungseffekten und einem Anstieg der konjunkturellen Arbeitslosigkeit
in sozialistischen Planwirtschaften.[64]

Diese negativen Beschäftigungseffekte monetär verursachter Rationierungen auf
dem makroökonomischen Konsumgütermarkt werden längerfristig noch dadurch verstärkt, daß die privaten Wirtschaftssubjekte infolge von Portfolioan-
passungsprozessen ihre Nachfrage nach Ausbildungsinvestitionen erhöhen, d.h.
häufiger und länger studieren. Dadurch verzögert sich einerseits das Eintritts-
alter von Jugendlichen in das Berufsleben; auf der anderen Seite investieren die
Auszubildenden vor allem in solche Ausbildungsgänge ("Leistungssportler"),
die einen leichteren Zugriff auf knappe Konsumgüter versprechen, jedoch
kaum den Bedürfnissen der Betriebe angepaßt sind.[65] Konsequenz ist beispielsweise ein Mangel an Facharbeitern, der die Produktionsmöglichkeiten der
Volkswirtschaft weiter vermindert. Darüber hinaus verursachen Konsumgüter-

---

[64] Zum Einfluß von Rationierungserwartungen auf das Arbeitsangebotsverhalten der privaten Haushalte vgl. auch THIEME (1985), S. 308 ff.

[65] Vgl. auch ADAM (1982), S. 128, wonach die Erwerbsbeteiligung junger Menschen wegen verlängerter Ausbildungs- und Studienzeiten sinkt.

rationierungen bei den privaten Haushalten umfangreiche Umgehungs- und Anpassungsstrategien, die zu Lasten des effektiven Arbeitsangebots gehen. Sie müssen in der offiziellen Wirtschaft "Schlangestehen" und es kommt zu Abwanderungen von Arbeitskräften in die Schattenwirtschaft, wodurch sich in der offiziellen Wirtschaft das Angebot leistungswilliger und -fähiger Arbeitskräfte verringert und es zu verstärktem Absentismus kommt.[66]

Die vorhergehenden Überlegungen haben gezeigt, wie sich verschiedene - ursprünglich für westliche Marktwirtschaften entwickelte - Ansätze zur Erklärung von Arbeitslosigkeit nach entsprechender Modifikation auf sozialistische Planwirtschaften übertragen lassen und daß sozialistische Planwirtschaften unter dauerhafter Arbeitslosigkeit leiden, weil die Betriebe aufgrund ihrer spezifischen Einkommensinteressen Arbeitskräfte zu horten wünschen und wegen der staatlich garantierten Konkursunfähigkeit nicht gezwungen sind, unbenötigte Arbeitskräfte freizusetzen. Dadurch entsteht (versteckte) Dauerarbeitslosigkeit. Sie hat zur Konsequenz, daß der verfügbare Faktor Arbeit von der Volkswirtschaft ineffizient genutzt wird, weil die Arbeitskräfte nicht an den Ort ihrer höchsten Effizienz gelenkt werden. Darüber hinaus verursachen die staatlichen Betriebe einen permanenten Kreditnachfragesog, der sich durch übermäßige, nicht durch ein entsprechendes Konsumgüterangebot gedeckte, Nominallohnsteigerungen auf die privaten Haushalte überträgt und dort zu Einschränkungen des effektiven Arbeitsangebots führt. Dieser Teil der Arbeitslosigkeit hat damit konjunkturelle Ursachen und bedingt, daß die Volkswirtschaft ihre Produktionskapazität nicht vollständig nutzt. Strukturelle und konjunkturelle Arbeitslosigkeit sind damit der Preis, den sozialistische Planwirtschaften für die zentrale Planung und Lenkung des Wirtschaftsprozesses und den Verzicht auf Privateigentum am Produktivvermögen zu zahlen haben und der sich auch empirisch nachweisen läßt.

D. Empirische Evidenz vorübergehender und dauerhafter Arbeitslosigkeit in sozialistischen Planwirtschaften

Die vorgestellten Modelle lassen erwarten, daß in sozialistischen Planwirtschaften eine vorübergehende, "natürliche" Arbeitslosigkeit empirisch eine nur geringe Rolle spielt, weil die betrieblichen Interessen darauf ausgerichtet sind, die Fluktuation der Arbeitskräfte möglichst gering zu halten; typisch ist vielmehr die Dauerarbeitslosigkeit, bei der schrumpfende Betriebe - im Falle

---

[66] Vgl. dazu CASSEL (1985), S. 277 ff.

struktureller Ursachen - unbenötigte Arbeitskräfte horten und nicht für die wachsenden Sektoren freigeben, oder bei der die Haushalte - im Falle konjunktureller Gründe - ihr Arbeitsangebot wegen mangelnder Konsummöglichkeiten dauerhaft einschränken. In beiden Fällen befindet sich der makroökonomische Arbeitsmarkt im Ungleichgewicht, und die betriebliche Arbeitsnachfrage übersteigt das effektiv verfügbare Arbeitsangebot. Demgegenüber wäre bei Vorliegen ausschließlich vorübergehender, "natürlicher" Arbeitslosigkeit der gesamtwirtschaftliche Arbeitsmarkt im Gleichgewicht, weil rein rechnerisch jedem unbesetzten Arbeitsplatz eine Beschäftigung suchende Arbeitskraft gegenüberstehen müßte. Deshalb geben empirische Daten über (Un-)gleichgewichtssituation auf dem makroökonomischen Arbeitsmarkt darüber Auskunft, wie groß die Bedeutung der vorübergehenden Arbeitslosigkeit im Vergleich zur Dauerarbeitslosigkeit ist.

In der Beschäftigungstheorie ist es üblich, die Gleichgewichtssituation auf dem makroökonomischen Arbeitsmarkt mit Hilfe des Konzepts der "Beveridge-Kurve" zu illustrieren, die eine inverse Relation zwischen der Zahl der registrierten Arbeitslosen AL und der Zahl der offenen Stellen OS herstellt.[67] Diese Relation beschreibt die Situation auf dem makroökonomischen Arbeitsmarkt, weil sich die gesamtwirtschaftliche Arbeitsnachfrage N^d aus der Zahl der Beschäftigten N und der Zahl der von den Betrieben gemeldeten Vakanzen OS ergibt:

$$(V\text{-}D.1) \quad N^d = N + OS \, ,$$

während das gesamtwirtschaftliche Arbeitsangebot N^s sich aus der Zahl der Beschäftigten N und der registrierten Arbeitslosen AL zusammensetzt:

$$(V\text{-}D.2) \quad N^s = N + AL \, ,$$

so daß gilt:

$$(V\text{-}D.3) \quad N^d - N^s = OS - AL \, .$$

Befindet sich der Arbeitsmarkt im Gleichgewicht ($N^d = N^s$), stimmt auch die Zahl der offenen Stellen mit der Zahl der registrierten Arbeitslosen überein, so daß rein rechnerisch für jeden Arbeitslosen ein Arbeitsplatz existiert, den er wegen bestehender Informationsdefizite, Qualifikations- oder Ausbildungsunterschiede oder wegen räumlicher Immobilitäten (noch) nicht eingenommen

---

[67] Zur "Beveridge-Kurve" vgl. den Überblick bei FRANZ (1987).

hat, was auf die Existenz vorübergehender Arbeitslosigkeit schließen läßt. Herrscht auf dem Arbeitsmarkt ein Angebotsüberschuß ($N^d < N^s$), übersteigt auch die Zahl der registrierten Arbeitslosen die Zahl der offenen Stellen, während bei Vorliegen eines Nachfrageüberschusses ($N^d > N^s$) die umgekehrte Situation vorliegt und die Zahl der Vakanzen die noch verfügbaren Arbeitslosen überschreitet. Die "Beveridge-Kurve" nutzt diesen Zusammenhang, indem sie für einen gegebenen "Mismatch" zwischen Arbeitsnachfrage und Arbeitsangebot die mit unterschiedlichen Ungleichgewichten auf dem makroökonomischen Arbeitsmarkt gemäß Gleichung (V-D.3) verbundenen AL/OS-Kombinationen als zum Ursprung konvexe Relation darstellt.

Abbildung V-D.1 zeigt den Verlauf solch einer "Beveridge-Kurve" für Polen und den Zeitraum 1960 bis 1983, weil für Polen als einzige der hier betrachteten Planwirtschaften Daten über die Zahl der offenen Stellen vorliegen; jeder der in der Abbildung miteinander verbundenen Punkte beschreibt die in dem jeweiligen Jahr herrschende Kombination von registrierten Arbeitslosen AL und offenen Stellen OS.[68] Die Kurve zeigt im Trend einen hyperbelförmigen Verlauf, wie er bei einer stilisierten "Beveridge-Kurve" idealtypisch zu erwarten wäre. Zusätzlich in die Abbildung ist eine 45°-Linie eingetragen, auf der Punkte liegen, die bei unterschiedlichem "Mismatch" zwischen Arbeitsangebot und Arbeitsnachfrage ein makroökonomisches Arbeitsmarktgleichgewicht (OS = AL) beschreiben. Es wird deutlich, daß in Polen der Arbeitsmarkt sich allenfalls in den 60er Jahren (annähernd) im Gleichgewicht befand, weil die Punkte auf der "Beveridge-Kurve" in der Umgebung dieser 45°-Linie lagen. Seit Beginn der 70er Jahre ist die Zahl der offenen Stellen relativ zur Zahl der registrierten Arbeitslosen erheblich angestiegen, und die polnische Volkswirtschaft ist entlang der stilisierten "Beveridge-Kurve" nach rechts gewandert. Dies zeigt die wachsenden Nachfrageüberschüsse auf dem makroökonomischen Arbeitsmarkt und läßt vermuten, daß die vorübergehende, mit einem Gleichgewicht auf dem makroökonomischen Arbeitsmarkt zu vereinbarende ("natürliche") Arbeitslosigkeit im Vergleich zur dauerhaften (strukturellen oder konjunkturellen) Arbeitslosigkeit erheblich an Gewicht verloren hat.[69]

---

[68] Die Daten sind entnommen aus FALLENBUCHL (1982), Table 2.3, S. 34.

[69] Vgl. auch KORNAI (1980a), S. 250, der ebenfalls eine "Beveridge-Kurve" für sozialistische Planwirtschaften stilisiert und den "normalen Zustand" dieser Volkswirtschaften durch eine hohe Überschußnachfrage auf dem makroökonomischen Arbeitsmarkt charakterisiert.

Abb. V-D.1: Beveridge-Kurve für Polen, 1960 - 1983

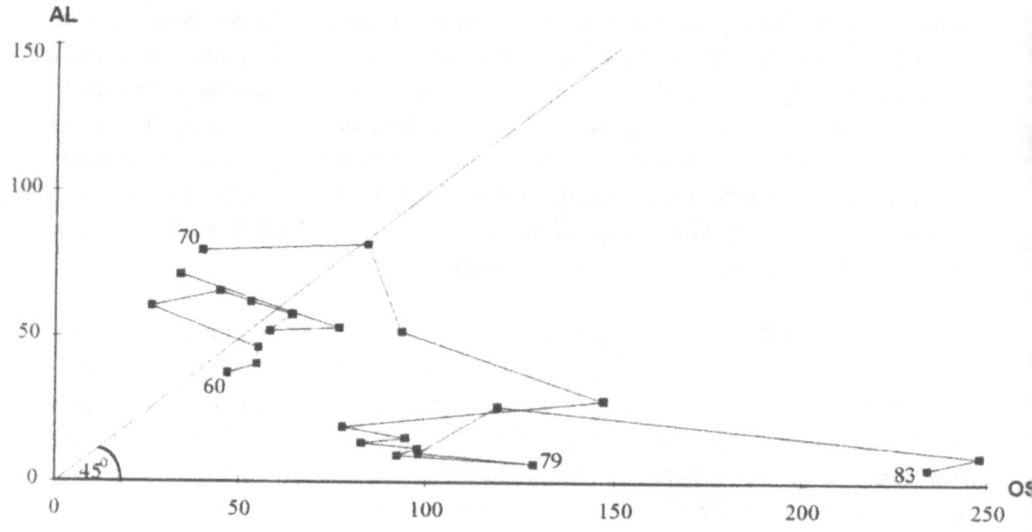

Strukturelle Arbeitslosigkeit führt - wie im Zusammenhang mit Abb. V-C.1 ausgeführt wurde - zu einer Unterauslastung der Produktionsfaktoren, wenn Betriebe in den schrumpfenden Sektoren der Volkswirtschaft die zur Erfüllung ihrer Produktionspläne unbenötigten Inputs horten und nicht für die Betriebe mit steigenden Produktionsaufgaben freigeben. Dann kommt es zu Faktorfehlallokationen, deren Ausmaß für zwei der hier betrachteten sozialistischen Planwirtschaften zu ermitteln versucht wurde: Diese Studien schätzen jedoch für die ehemalige Sowjetunion während der 60er Jahre einen Produktionsverlust von lediglich 3 bis 4 Prozent der Wertschöpfung, so daß das tatsächliche Produktionsvolumen bei einer Faktorreallokation mit einer um nur 1 bis 1,6 Prozent verminderten Beschäftigung hätte erstellt werden können.[70] Spätere Studien zeigen einen höheren Outputverlust, der bis auf 10 Prozent der Wertschöpfung im Jahre 1975 angestiegen ist, was einer Unterauslastung von 8

---

[70] Vgl. THORNTON (1971), S. 551 und S. 560. Die referierten Ergebnisse beziehen sich auf die Jahre 1960 und 1964. Zu wesentlich höheren Verlusten gelangt TODA (1976), S. 345, der die Produktionseinbußen auf 14 Prozent der Wertschöpfung schätzt.

bis 9 Prozent der geleisteten Arbeitsstunden entspricht.[71] Ähnliche Werte ergeben sich auch für Polen, wo die mit Faktorfehllenkungen verbundenen Produktionseinbußen auf 8 bis 10 Prozent der Wertschöpfung geschätzt werden.[72] Allerdings scheinen diese Outputverluste zumindest in der ehemaligen Sowjetunion während der 80er Jahre nicht weiter angestiegen oder sogar erheblich zurückgegangen und inzwischen auf ein mit Marktwirtschaften vergleichbares Niveau gesunken zu sein.[73] Damit ergibt sich das Paradoxon, daß "(d)espite the conventional wisdom that the Soviet economy is inefficient in every dimension, there is a rather large amount of statistical and econometric evidence that some aspects of the Soviet economy may be allocatively efficient relative to market economies."[74]

Diese empirisch feststellbare Abnahme der Faktorfehlallokationen dürfte jedoch einen großen Teil des im Rückgang des wirtschaftlichen Wachstums sichtbaren Anstiegs der strukturellen Arbeitslosigkeit vernachlässigen, weil die genannten Studien von der Existenz "weicher Pläne" abstrahieren und unterstellen, daß die geschätzten Produktionsfunktionen die Produktionsmöglichkeiten der Betriebe korrekt wiedergeben: Methodisch ermitteln diese Studien den Faktorbestand, den die sowjetische oder polnische Volkswirtschaft bei einer Faktorreallokation hätte einsparen können, sofern es zu einem Ausgleich der Grenzraten der Faktorsubstitution in allen Verwendungsrichtungen gekommen wäre.[75] Graphisch läßt sich dies mit Hilfe von Abb. V-D.2 verdeutlichen, die das bereits verwendete Schachteldiagramm aus dem unteren Teil der Abb. V-C.1 wiedergibt, allerdings alternative Anpassungsstrategien des schrumpfenden Sektors y unterscheidet. Dabei bezeichnet Punkt A wiederum die effiziente Faktorallokation, wie sie annahmegemäß in der Ausgangssituation geherrscht hatte und bei der im ersten Sektor ein Produktionsvolumen x_1 und im zweiten Sektor ein Produktionsvolumen y_1 erzeugt wurde; Punkt B beschreibt die effiziente Faktorallokation nach Abschluß des Umstrukturierungsprozesses, sofern Sektor y die zur Produktion von y_2 unbenötigten Inputs freigibt, so daß Sektor x das Produktionsniveau x_2 erreichen kann. Zwischen diesen beiden Punkten

---

[71] Vgl. DESAI, MARTIN (1983a), S. 126; DANILIN, MATEROV, KNOX LOVELL, ROSEFIELD (1985), S. 230.

[72] Vgl. KEMME (1990), S. 143 ff.

[73] Vgl. DESAI (1987), S. 28; WHITESELL (1990), S. 260 ff., sowie die dort zitierte Literatur.

[74] WHITESELL (1990), S. 259.

[75] Zur Methode vgl. auch die Ausführungen bei DESAI, MARTIN (1983b), S. 91 ff.

Abb. V-D.2: Strukturelle Arbeitslosigkeit bei alternativen Anpassungsstrategien des schrumpfenden Betriebes

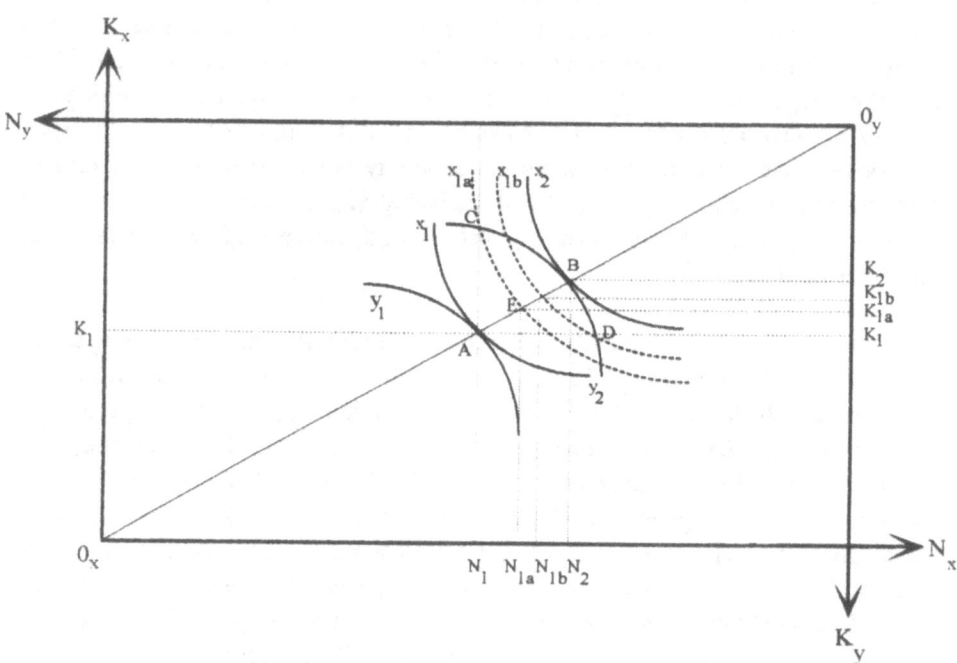

sind unterschiedliche Faktorkombinationen denkbar, die sich darin unterscheiden, wie der schrumpfende Betrieb y auf die Verringerung seines Produktionsplans von y_1 auf y_2 reagiert: Hortet er allein Arbeitskräfte und reduziert er seinen Kapitalbestand, kann der Sektor x bei unveränderter Arbeitskräfteallokation maximal ein Produktionsvolumen x_{1a} erreichen, so daß beide Betriebe im Punkt C produzieren; hortet Sektor y allein Kapital und gibt er seine Arbeitskräfte frei, kann Sektor x ein maximales Produktionsvolumen x_{1b} erreichen und beide Sektoren produzieren im Punkt D. In beiden Fällen divergieren die Grenzraten der Faktorsubstitution, weil die Isoquanten sich nicht tangieren, so daß beide Sektoren bei einer Faktorreallokation dasselbe Produktionsniveau mit einem verminderten Faktoreinsatz erreichen könnten: Im ersten Fall könnten beide Sektoren ein Arbeitsvolumen $\overline{N_{1a} \, N_2}$ und eine Kapitalmenge $\overline{K_{1a} \, K_2}$, im zweiten Fall eine Arbeitsmenge $\overline{N_{1b} \, N_2}$ und einen Kapitalbestand $\overline{K_{1b} \, K_2}$ einsparen. Diese Faktoreinsparungen werden von den oben angeführten empirischen Studien erfaßt. Unberücksichtigt bleiben jedoch all jene

Ineffizienzen, die entstehen, wenn der Sektor y Arbeit und Kapital im gleichen Verhältnis zueinander hortet und einen Teil beider Faktoren entlang der Kontraktkurve 0_x0_y freigibt, so daß Sektor x beispielsweise den Produktionspunkt E mit einem Produktionsvolumen x_{1a} erreicht. In diesem Fall weichen die Grenzraten der Faktorsubstitution nicht mehr voneinander ab, obwohl weiterhin dieselbe Unterauslastung an Arbeit wie im Produktionspunkt C besteht. "If labour, energy and metal are wastefully utilised, but in equal proportions, presumably it would not be possible to show that their substitution for one another at the margin would yield a greater degree of static allocational efficiency."[76]

Konjunkturelle Arbeitslosigkeit beruht auf einem Ungleichgewicht auf dem makroökonomischen Konsumgütermarkt, deren Ausmaß in der Literatur umstritten ist: Einige, auf dem keynesianischen Modellansatz beruhende empirische Studien kommen zu dem Ergebnis, daß für die Mehrzahl der hier betrachteten sozialistischen Planwirtschaften - die ehemalige CSFR, die ehemalige DDR, Polen und Ungarn - zumindest bis Mitte der 70er Jahre die Hypothese eines andauernden Nachfrageüberschusses auf dem makroökonomischen Konsumgütermarkt verworfen werden müsse.[77] Kurzfristige Nachfrageüberhänge ließen sich nur für einzelne Teilperioden diagnostizieren; ansonsten sei es den Planbehörden weitgehend gelungen, das Konsumgüterangebot an von ihnen wahrgenommene Ungleichgewichte anzupassen und eine dauerhafte Überschußnachfrage auf den Konsumgütermärkten zu vermeiden. Eine Studie kommt sogar zu dem Ergebnis, daß ein Angebotsüberschuß das dominante Regime in drei (der ehemaligen CSFR, Polen und Ungarn) der vier untersuchten Planwirtschaften war; darüber hinaus werden Angebotsüberschüsse in Polen (einem Land mit traditionell unzuverlässiger Geldangebotskontrolle) in den meisten Beobachtungsjahren diagnostiziert, während für die ehemalige DDR (die traditionell eine eher stabilitätsgerechte Geldpolitik aufwies) Nachfrageüberschüsse als dominantes Regime angesehen werden.[78]

---

[76] NOVE (1991), S. 577; vgl. auch BRADA (1992).

[77] Vgl. PORTES, QUANDT, WINTER, YEO (1984); DIES. (1987); BURKETT (1988), S. 500 ff.; DLOUHY (1989), S. 201; VAN DER LIJN (1990).

[78] Vgl. PORTES, WINTER (1980), insbesondere S. 149 ff. Diese Ergebnisse werden häufig kritisiert und als "absurd" bezeichnet; vgl. beispielsweise KORNAI (1982), S. 35. PORTES und WINTER weisen jedoch darauf hin, daß die statistischen Ergebnisse ihrer Untersuchung mit Vorsicht interpretiert werden müssen und nur erlauben, für alle vier betrachteten Länder die Hypothese einer permanenten Überschußnachfrage abzulehnen. Vgl. PORTES, WINTER (1980), S. 156, und die Klarstellung bei PORTES (1989), S. 37 f.

Diese empirischen Studien ermitteln jedoch nur die Überschußnachfrage auf den staatlichen Konsumgütermärkten und geben das Verhalten der Haushalte unter Rationierung nicht richtig wieder, denn sie lassen die vielfältigen Möglichkeiten unberücksichtigt, die auch in den sozialistischen Planwirtschaften den Haushalten zur Verfügung stehen, um einer Rationierung auf den staatlichen Konsumgütermärkten zu entgehen. Die Haushalte weiten bei zunehmender Rationierung auf den offiziellen Märkten ihre Nachfrage dort nicht beliebig aus, sondern weichen ab einer bestimmten Schwelle auf andere Märkte mit höheren Transaktionskosten aus. Sie werden - sobald die Wartezeiten auf den offiziellen Märkten zu lang werden - Zwangssubstitutionen vornehmen, auf legalen oder illegalen freien Märkten auftreten, ihre Nachfrage nach finanziellen oder nicht-finanziellen Bestandsgütern ausweiten und schließlich ihr Arbeitsangebot quantitativ oder qualitativ einschränken. Diese Substitutionsprozesse haben zur Konsequenz, daß sich ein vorhandener gesamtwirtschaftlicher Nachfrageüberhang nur zu einem geringen Teil auf den offiziellen Konsumgütermärkten, vornehmlich jedoch auf Märkten mit höheren Transaktionskosten zeigen wird. Sie bewirken, daß ein empirisches Modell, das den gesamtwirtschaftlichen Nachfrageüberschuß messen will, sich dabei aber auf die Erfassung des Nachfrageüberhangs auf den offiziellen Märkten beschränkt, zwangsläufig den tatsächlichen Umfang des inflatorischen Überhangs unterschätzen muß. Deshalb ist es durchaus möglich, "... to reconcile estimates of low excess demand and repressed inflation with the widespread concern for market imbalance expressed by many observers and officials alike: consumers may be quantity rationed in their purchases from the state sector at state prices, but are not rationed in their purchases in the nonstate sector where nonstate goods may be supplied and state goods may be retraded at higher prices. Excess demand at state prices is channelled into the nonstate sectors driving prices there up to the point where liquid balances for transactions plus those speculatively held are voluntarily demanded by the population. ... excess demand in the economy as a whole is likely to be small."[79] Das gleiche Argument trifft auch zu, wenn die Haushalte nicht auf (legale oder illegale) freie Märkte ausweichen, sondern im staatlichen Sektor verbleiben und gewünschte gegen ungewünschte Konsumgüter zwangs-

---

[79] NUTI (1989), S. 128 f. NUTI führt hier Überlegungen von GROSSMAN (1977) und HARTWIG (1983) fort, wonach die Wirtschaftssubjekte auch in sozialistischen Planwirtschaften überschüssige Kassenbestände längerfristig stets auf anderen Märkten (unter Inkaufnahme höherer Transaktionskosten) verausgaben können, so daß - abgesehen von kurzfristigen Anpassungsfriktionen - hohe Nachfrageüberschüsse auf den staatlichen Konsumgütermärkten unplausibel erscheinen.

weise substituieren.[80] Eine korrekte Schätzung, die den Umfang der aggregierten Überschußnachfrage auf dem makroökonomischen Konsumgütermarkt ermitteln will, muß deshalb solche Substitutionsprozesse von den rationierten Gütern im staatlichen Sektor auf nicht rationierte (aber ungewünschte) Güter im staatlichen Sektor, auf die freien Konsumgütermärkte oder auf die Märkte für finanzielle und nichtfinanzielle Bestandsgüter berücksichtigen. Darüber hinaus lassen sich die Schätzergebnisse von PORTES et al. auch hinsichtlich des verwendeten ökonometrischen Verfahrens kritisieren, das mit der Hypothese arbeitet, in sozialistischen Planwirtschaften seien Gleichgewichts- und Ungleichgewichtssituationen a priori gleich möglich, und die Wahrscheinlichkeit eines Überschußnachfrageregimes schätzt. Diese Ergebnisse sind jedoch in Richtung auf die Gleichgewichtssituation statistisch verzerrt, falls die unterstellte Hypothese gleichwahrscheinlicher Gleichgewichts- und Ungleichgewichtssituationen falsch ist und die Beobachtungswerte (wie das bei einem permanenten Nachfrageüberschuß der Fall wäre) ausschließlich die Angebotsseite widerspiegeln. Dann geben die ermittelten Schätzwerte allein Schwankungen der beobachtbaren Ungleichgewichte um einen (nicht erfaßten) Trend steigender Nachfrageüberschüsse wieder.[81]

Die Mehrzahl der für die hier betrachteten sozialistischen Planwirtschaften durchgeführten empirischen Studien bestätigt, daß diese Volkswirtschaften unter einer anhaltenden Überschußnachfrage auf dem makroökonomischen Konsumgütermarkt leiden. Tabelle V-D.1 gibt die Ergebnisse dieser Studien für Polen seit Anfang der 50er Jahre wieder und zeigt, daß dort - anders als die ebenfalls dargestellten Schätzungen von PORTES et al. implizieren - eine hohe und trendmäßig steigende Überschußnachfrage (in Prozent des tatsächlichen Konsums) auf dem makroökonomischen Konsumgütermarkt zu beobachten ist. Zu ähnlichen Ergebnissen kommen für die ehemalige DDR und Ungarn durch-

---

[80] Dieses Argument erklärt, warum PORTES, WINTER (1980) in ihrer Studie eine geringe Überschußnachfrage für Polen, jedoch eine hohe Überschußnachfrage für die ehemalige DDR erhielten: Sie messen allein die Überschußnachfrage im staatlichen Sektor und müssen deshalb niedrige Schätzwerte für ein Land (wie Polen) mit ausgeprägter Schattenökonomie erhalten im Vergleich zur ehemaligen DDR, die über kaum ausgeprägte spontane Märkte verfügte.

[81] Zu dieser Kritik vgl. KORNAI (1982), S. 35; CHAREMZA (1988), S. 89 f.; DERS. (1989), S. 296 ff.; CHAREMZA, GRONICKI (1988), S. 28. PORTES argumentiert jedoch, daß zumindest für Polen die "all excess demand hypothesis" statistisch verworfen werden müsse; vgl. PORTES, QUANDT, YEO (1988), insbesondere S. 293 f.; PORTES (1989), S. 42.

Tabelle V-D.1: Geschätzte Überschußnachfrage auf den Konsumgütermärkten in Polen, 1954 - 1986 (in Prozent des tatsächlichen Konsums)

Jahr	Portes/ Winter	PQWY[a]	CG[b]	Podka- miner[c]	Welfe[d]	Charemza (1989)[e]	Charemza (1990)
54	-1,57	/	/	/	/	/	/
1955	-0,18	/	/	/	/	/	/
56	0,53	/	/	/	/	/	/
57	-6,89	-3,6	/	/	/	/	/
58	-4,07	-3,9	/	/	/	/	/
59	0,15	1,0	/	/	/	/	/
1960	-4,12	-4,4	6,42	/	/	/	/
61	-5,51	1,4	6,25	/	/	-13,0	/
62	-7,05	-2,0	5,74	/	/	36,4	/
63	-9,05	-0,6	4,43	/	/	6,5	/
64	-4,16	-1,6	4,82	/	/	11,9	/
1965	-9,10	1,8	5,04	1,0	/	13,8	/
66	-3,73	1,0	5,53	/	/	11,2	/
67	-5,85	-0,7	5,07	/	/	20,0	/
68	-5,46	2,5	4,51	/	/	34,9	/
69	-5,02	0,2	3,34	/	/	19,4	/
1970	-6,47	-1,0	2,84	7,0	/	17,6	/
71	2,52	2,5	5,81	/	/	9,9	/
72	2,74	7,0	8,08	/	/	6,6	/
73	1,26	2,7	9,30	/	/	21,3	/
74	-6,77	1,2	10,34	/	/	30,1	/
1975	-8,13	2,8	9,27	14,0	48,32	37,4	7,65
76	/	-2,9	8,48	/	47,84	40,2	8,77
77	/	-0,1	7,72	/	48,63	38,7	10,84
78	/	-8,7	6,51	15,0	49,85	40,0	11,61
79	/	1,2	6,81	15,0	50,20	39,2	10,00
1980	/	1,2	7,74	16,0	52,83	47,3	10,21
81	/	/	/	21,0	62,75	65,8	10,52
82	/	/	/	20,0	46,49	47,3	11,73
83	/	/	/	15,0	40,12	43,6	13,41
84	/	/	/	17,0	40,61	46,3	15,26
1985	/	/	/	20,0	44,18	47,6	16,25
86	/	/	/	20,0	/	53,5	18,40

[a] Werte aus Modell Vb von PORTES, QUANDT, WINTER, YEO (1987).
[b] Werte aus CHAREMZA, GRONICKI (1988).
[c] Werte aus "Italian Data".
[d] Arithmetisches Mittel aller sektoraler Überschußnachfragen; dito.
[e] Arithmetisches Mittel der Höchst- und Niedrigstwerte aus Modell B2.

Quelle: PORTES, WINTER (1980), S. 150; PORTES, QUANDT, WINTER, YEO (1987), S. 34; CHAREMZA, GRONICKI (1988), S. 67; PODKAMINER (1988), S. 51; WELFE (1989), S. 235; CHAREMZA (1989), S. 309; DERS. (1990), S. 338.

geführte Untersuchungen.[82] Sie verdeutlichen, daß durch Ungleichgewichte auf dem makroökonomischen Konsumgütermarkt bedingte Rationierungen der Haushalte - und dadurch ausgelöste konjunkturelle Arbeitslosigkeit - nicht (wie von keynesianischer Seite behauptet) allenfalls kurzfristige und durch Erwartungsirrtümer der Planbehörde verursachte Erscheinungen sein können. Vielmehr leiden diese Volkswirtschaften unter chronischen Nachfrageüberschüssen, die auf andere Ursachen als wirtschaftspolitische Irrtümer zurückzuführen sind und systemimmanente Ursachen haben. Damit bestätigen diese empirischen Untersuchungen die Ergebnisse sehr viel einfacherer Schätzungen, die Existenz und Ausmaß der Überschußnachfrage auf dem gesamtwirtschaftlichen Konsumgütermarkt am Wachstum des Kassenhaltungskoeffizienten, d.h. des Anteils der Geldbestände der privaten Haushalte am Einkommen oder Transaktionsvolumen, nachweisen. Dieser weist in allen sozialistischen Planwirtschaften einen hohen Wert auf.[83]

Weniger eindeutig ist der empirisch feststellbare Zusammenhang zwischen solchen Nachfrageüberschüssen auf dem makroökonomischen Konsumgütermarkt und dem gesamtwirtschaftlichen Arbeitsangebot, weil dafür kaum Daten vorliegen. HOWARD stellt für die ehemalige Sowjetunion nur geringe Arbeitsangebotsreaktionen fest und kommt zu dem Ergebnis, daß sowjetische Haushalte während der Periode 1955 bis 1967 auf eine Rationierung auf den Konsumgütermärkten primär mit einer Erhöhung ihrer Ersparnisse (in Form erhöhter Spareinlagen) und sekundär mit einer steigenden Nachfrage auf den freien (Bauern-)Märkten, jedoch nur in geringem Umfang mit einer Reduktion ihres Arbeitsangebots reagiert haben, was er auf die Existenz von "Anti-Parasiten-Gesetzen" zurückführt, die zu hohen Anpassungskosten auf den Arbeitsmärkten führten.[84] Zu anderen Ergebnissen kommt jedoch eine jüngere Untersuchung, die den Zusammenhang zwischen einer wachsenden Konsumgüterrationierung und den Arbeitsangebotsreaktionen der privaten Haushalte für die ehemalige CSFR, die ehemalige DDR, Polen und Ungarn überprüft.[85] Die Autoren schätzen für diese Länder je eine Sparfunktion und eine Produktionsfunktion, die die Entwicklung der Arbeitsproduktivität als eine Funktion der Kapitalin-

---

[82] Vgl. COLLIER (1986), S. 26 ff., der den Nachfrageüberschuß in der ehemaligen DDR auf 13 Prozent des tatsächlichen Konsums im Jahre 1977 schätzt, sowie HULYAK (1989), S. 258, für Ungarn.

[83] Vgl. u.a. CASSEL (1985), S. 265 f.; HARTWIG (1987b), S. 81.

[84] Vgl. HOWARD (1976), S. 876; DERS. (1979), S. 90.

[85] Vgl. BRADA, KING (1989), S. 174 ff.

tensität und eines Zeittrends beschreibt. Anschließend ermitteln sie die Residuen um die geschätzte Sparfunktion, wobei sie positive Residuen als Indiz für einen Anstieg der Konsumgüterrationierung werten, und prüfen, inwieweit diese Residuen Abweichungen der Arbeitsproduktivität von ihrem längerfristigen Trend erklären können. Sie stellen fest, daß für alle vier Planwirtschaften eine inverse Beziehung zwischen der Entwicklung der Arbeitsproduktivität und den Ungleichgewichten auf dem makroökonomischen Konsumgütermarkt besteht, und folgern daraus, daß das Arbeitsangebot der privaten Haushalte mit steigender Konsumgüterrationierung fällt.

E. Die ordnungstheoretische Dimension der Beschäftigungsprobleme sozialistischer Planwirtschaften

Wenngleich die in diesem Kapitel (und in den vorhergehenden Kapiteln) präsentierte empirische Evidenz lückenhaft ist, dürfte jedoch deutlich geworden sein, daß Arbeitslosigkeit in sozialistischen Planwirtschaften keine bloß vorübergehende, durch Anpassungsfriktionen an den mikroökonomischen Strukturwandel in dynamischen Volkswirtschaften verbundene Erscheinung ist. Sie ist vielmehr Ausdruck einer dauerhaften Verschwendung eines knappen Produktionsfaktors, weil Arbeitskräfte nicht an den Ort ihrer höchsten marginalen Produktivität wandern und wegen chronischer Rationierungen auf dem makroökonomischen Konsumgütermarkt ihr Arbeitsangebot einschränken. Verantwortlich für diese Verschwendung sind nicht alleine institutionalisierte Kündigungsschutzregeln, entwicklungspolitisch motivierte "angespannte" Planvorgaben oder mit makroökonomischen Fehlplanungen verbundene Störungen des güterwirtschaftlichen Gleichgewichts. Verantwortlich für die diagnostizierte Arbeitslosigkeit ist vielmehr ein Verhalten der staatlichen Betriebe, die ihre Informations-, Entscheidungs- und Handlungsspielräume dazu nutzen, um Arbeitskräfte zu horten und einen Nachfragesog auszulösen, der sich über verschiedene Kanäle auf den privaten Sektor überträgt und das Leistungsprinzip zerstört.

Solch ein Verhalten der Betriebe ist innerhalb der realisierten Formelemente einer zentralplanerischen, auf Gemeineigentum an den Produktionsmitteln beruhenden Wirtschaftsordnung einzelwirtschaftlich rational, weil die Betriebe wegen des "Planerfüllungs"- und "Ratchet-Prinzips" danach streben, "weiche", möglichst leicht zu erfüllende Planvorgaben zu erhalten und eine Sicherheitsreserve an Inputs, vor allem an Arbeitskräften aufzubauen. Sie werden daran auch nicht durch finanzielle Kontrollen oder durch steigende Lohnkosten gehindert, weil die Planbehörde jede Verschlechterung der betrieblichen Liquiditäts- und Rentabilitätslage abdecken und die staatlichen Betriebe vor dem Konkurs bewahren muß. Diese faktische Konkursunfähigkeit ist Folge des Mißbrauchs wirtschaftlicher Macht in Systemen zentraler Planung und Lenkung: Die Planbehörde benutzt die bestehende Wirtschaftsordnung, um lenkend in den Wirtschaftsprozeß einzugreifen und eine ihren außerwirtschaftlichen Zielen entsprechende Güterproduktion und Ressourcenallokation herbeizuführen. Solange aber eine vollständige Subordination der Einzel- unter dem zentralplanerischen Willen nicht gewährleistet ist oder die Planausführenden die Ziele der Zentrale nicht vorbehaltlos zu ihrem eigenen Anliegen machen, beraubt sich die Planungsbehörde der Macht, die staatlichen Betriebe für alle an der finanziellen Situation ablesbaren Ineffizienzen haftbar zu machen. Zentrale Planung und die letztlich in der Institution des Staatseigentums begründete de facto Konkursunfähigkeit lösen damit ein betriebliches Verhalten aus, das nicht mehr an der Lösung der bestehenden Knappheitsprobleme ausgerichtet ist und dessen wichtigste Erscheinung die ungenügende Nutzung des Faktors Arbeit ist. Aus diesem Grunde leiden sozialistische Planwirtschaften systemimmanent unter dauerhafter Arbeitslosigkeit, die allerdings nicht offen auftritt, sondern versteckt wird.

Ergebnisse

In der vorliegenden Arbeit wurde das Ausmaß der Beschäftigungsprobleme sozialistischer Planwirtschaften mit Hilfe verschiedener Indikatoren aufgezeigt und deren Ursachen einer systematischen Analyse unterzogen. Dabei wurde gezeigt, daß alle untersuchten Planwirtschaften unter hoher Arbeitslosigkeit, verstanden als Unterauslastung des Produktionspotentials, leiden, die allerdings in anderer Erscheinungsform als in marktwirtschaftlichen Systemen auftritt und offiziell allenfalls zu einem geringen Teil (oder überhaupt nicht) statistisch erfaßt wird. Sie drückt sich selten in einem Verlust des offiziellen Beschäftigungsverhältnisses aus, wenngleich sich auch solche Formen externer Arbeitslosigkeit in einzelnen Planwirtschaften nachweisen lassen. Der überwiegende Teil der Arbeitslosigkeit wird vielmehr verdeckt, indem unbenötigte Personen zwar weiterhin über ein formales Beschäftigungsverhältnis verfügen, faktisch jedoch nicht vollständig in den Produktionsprozeß eingegliedert sind. Diese "versteckte Arbeitslosigkeit" zeigt sich in einem niedrigen Niveau und einem abnehmenden Wachstum der Faktorproduktivitäten.

Arbeitslosigkeit läßt sich damit empirisch auch in planwirtschaftlichen Systemen nachweisen, obwohl in den meisten theoretischen Analysen die Existenz solch einer Unterbeschäftigung des Faktors Arbeit bislang geleugnet wurde. Diese Analysen beruhen zumeist auf dem Idealtyp einer Zentralverwaltungswirtschaft, in der Arbeitskräfteaufkommen und -verwendung zentral erfaßt und geplant werden und durch die Bilanzierungsmethode so zum Ausgleich gebracht werden können, daß eine (gemessen an den außerwirtschaftlichen Zielen der politischen Führung) effiziente Arbeitskräftenutzung erfolgt. Die Verwirklichung solcher Arbeitseinsatzpläne erfordert jedoch, daß staatliche Betriebe und private Haushalte die zentralen Pläne vorbehaltlos zu ihrem eigenen Anliegen machen, oder setzt eine vollständige "Militarisierung" des Arbeitskräfteeinsatzes voraus. Beide Voraussetzungen sind jedoch in der Realität niemals erfüllt, so daß die staatlichen Betriebe nicht als bloße Verwender der von den privaten Haushalten der Planbehörde widerstandslos zur Verfügung gestellten Arbeitsleistungen angesehen werden können; vielmehr verfügen staatliche Betriebe und private Haushalte im Realtyp einer sozialistischen Planwirtschaft über zahlreiche Entscheidungs- und Handlungsspielräume, die sie nutzen, um zur Durchsetzung ihrer eigenen, vom zentralplanerischen Willen weitgehend unabhängigen, Ziele dezentral über die Höhe der nachgefragten und angebotenen Arbeitsleistungen zu bestimmen.

Das oberste Ziel der staatlichen Betriebe besteht in der Maximierung ihrer Prämienzahlungen, deren Höhe an die Erfüllung bestimmter Aufgaben gebunden ist, die den Betriebsleitern von der Planzentrale in Form allgemeiner und spezifischer Regeln vorgegeben werden. Für die betriebliche Arbeitsnachfrage von besonderer Bedeutung sind dabei die allgemeinen Regeln, die als "Planerfüllungsprinzip" und als "Ratchet-Prinzip" bezeichnet werden. Sie legen fest, daß die Leistung eines Betriebes nicht absolut, sondern durch Vergleich mit der zentralen Planvorgabe gemessen wird, und daß die Planvorgabe einer Periode t nach Maßgabe der tatsächlichen Planerfüllung in der Vorperiode (t-1) bestimmt wird. Beide Regeln sind mit erheblichen statischen und dynamischen Anreizproblemen verbunden und bewirken, daß die Betriebe nach "weichen", leicht zu erfüllenden Plänen streben, indem sie mehr Arbeitskräfte beschäftigen, als zur Planverwirklichung erforderlich wäre, und diese Arbeitskräfte horten, indem sie sie während der Planverwirklichungsphase nur unvollständig auslasten. Die Betriebe sind zu dieser Arbeitskräftehortung imstande, weil sie wegen des Gemeineigentums an den Produktionsmitteln faktisch konkursunfähig sind und die mit der Beschäftigung unbenötigter Arbeitskräfte verbundenen Verletzungen finanzieller Restriktionen nicht zu berücksichtigen brauchen.

Das oberste Ziel der privaten Haushalte besteht in der Maximierung ihrer Nutzen, so daß für ihr Verhalten als Arbeitsanbieter prinzipiell dieselben Determinanten von Bedeutung sind, wie für die Haushalte in anderen Wirtschaftssystemen. Eine Besonderheit besteht allerdings darin, daß die privaten Haushalte in sozialistischen Planwirtschaften - wie die Erfahrung lehrt - erheblichen Rationierungen auf den Konsumgütermärkten unterliegen, die sie bei der Bestimmung ihres Arbeitsangebots berücksichtigen werden. Steigende Rationierungen führen dabei ceteris paribus bei gegebenen Reallöhnen genauso zu einer Abnahme des effektiven Arbeitsangebots, wie wachsende Reallöhne bei gegebener Konsumschranke. Die Haushalte vermindern in diesen Fällen ihre Arbeitsleistungen, weisen häufigere Fehlzeiten auf oder treten im Rahmen eines Lebenszyklusmodells später ins Erwerbsleben ein oder scheiden früher aus dem Erwerbsleben aus. Dies gilt auch, wenn man die Existenz spontaner Güter- und Arbeitsmärkte betrachtet.

Diese auch empirisch belegbaren Hypothesen zum Verhalten der staatlichen Betriebe und privaten Haushalte als Nachfrager und Anbieter von Arbeitsleistungen können dazu genutzt werden, um die eingangs diagnostizierte Unterbeschäftigung zu erklären, wobei hinsichtlich der Ursachen der Arbeitslosigkeit einer Systematik gefolgt werden kann, wie sie auch für marktwirtschaftliche

Systeme üblich ist. Dabei dürfte vorübergehende ("natürliche") Arbeitslosig-keit, die durch Anpassungsfriktionen im Strukturwandel bedingt und mit einem Gleichgewicht auf dem makroökonomischen Arbeitsmarkt vereinbar ist, für so-zialistische Planwirtschaften - entgegen einer in der Literatur vertretenen Auf-fassung - kaum von Bedeutung sein, weil die betrieblichen Interessen darauf ausgerichtet sind, Arbeitskräfte zu horten und selbst bei fehlendem Bedarf nicht freizusetzen. Von weitaus größerer Bedeutung ist dagegen dauerhafte Arbeits-losigkeit, die mit einer Überschußnachfrage auf dem makroökonomischen Ar-beitsmarkt verbunden ist und die in strukturelle und konjunkturelle (nachfrage-bedingte) Arbeitslosigkeit unterschieden werden kann: Strukturelle Arbeitslo-sigkeit entsteht in sozialistischen Planwirtschaften, wenn Betriebe in schrump-fenden Sektoren die zur Erfüllung der sinkenden Planaufgaben nicht mehr benötigten Arbeitskräfte weiter beschäftigen, so daß es zu einer Abnahme der gesamtwirtschaftlichen Arbeitsproduktivität kommt, die als versteckte Ar-beitslosigkeit interpretiert werden muß, der ein Arbeitskräftemangel in wach-senden Sektoren mit steigenden Planaufgaben entgegensteht. Konjunkturelle Arbeitslosigkeit hat ihre Ursachen in negativen Angebotsreaktionen der pri-vaten Haushalte, die wegen wachsender Rationierungen auf dem gesamtwirt-schaftlichen Konsumgütermarkt ihr effektives Arbeitsangebot dauerhaft ein-schränken. Beide Formen der Arbeitslosigkeit lassen sich für sozialistische Planwirtschaften auch empirisch nachweisen und sind nicht - wie in Teilen der Literatur behauptet - lediglich Folge institutionalisierter Kündigungsschutzre-geln, entwicklungspolitisch induzierter "angespannter" Pläne oder makroöko-nomischer Fehlplanungen des güterwirtschaftlichen Gleichgewichts. Sie sind vielmehr in den mit der zentralen Planung verbundenen Anreizsystemen und in der Institution des Gemeineigentums an den Produktionsmitteln begründet, die ein Verhalten von staatlichen Betrieben und privaten Haushalten verursachen, das nicht mehr auf die Lösung des bestehenden Knappheitsproblems ausgerich-tet ist. Dauerhafte Arbeitslosigkeit ist damit in sozialistischen Planwirtschaften eine systemimmanente Erscheinung.

Literaturverzeichnis

Monographien und Aufsätze

AAGE. H. (1987), Labour Incentives and Collective Wage Systems in Soviet Industry, in: S. HEDLUND, ed., Incentives and Economic Systems, London, Sydney, S. 79-104.

ADAM, J. (1979), Wage Control and Inflation in Soviet Bloc Countries, London.

ADAM, J. (1980), The Present Soviet Incentive System, in: Soviet Studies, 32, S. 349-365.

ADAM, J. (1982), Similarities and Differences in the Treatment of Labour Shortages, in: J. ADAM, ed., Employment Policies in the Soviet Union and Eastern Europe, 2.A., London 1987, S. 127-148.

ADAM, J. (1984), Employment and Wage Policies in Poland, Czechoslovakia and Hungary since 1950, New York.

ADIRIM, I. (1989), A Note on the Current Level, Pattern and Trends of Unemployment in the USSR, in: Soviet Studies, 41, S. 449-461.

AMES, E. (1965), Soviet Economic Processes, Homewood, Ill.

AUTORENKOLLEKTIV (1982), Lexikon der Wirtschaft. Arbeit, Bildung, Soziales, Berlin(O).

AUTORENKOLLEKTIV (1987), Ökonomik der Arbeit, Berlin(O).

AUTORENKOLLEKTIV (1989), Sozialistische Volkswirtschaft, Berlin(O).

BALASSA, B. (1959), La Théorie de la Firme Socialiste, in: Economie Appliquée, 12, S. 535-570.

BARBER, J. (1986), The Development of Soviet Employment and Labour Policy 1930-1941, in: D. LANE, ed., Labour and Employment in the USSR, Brighton, S. 50-65.

BARONE, E. (1908), Il Ministro della Produzione nello Stato Colletivista, in: Giornale degli Economisti; zitiert nach: The Ministry of Production in the Collectivist State, in: F.A. von HAYEK, ed., Collectivist Economic Planning, London 1935, S. 245-290.

BARRO, R.J.; GROSSMAN, H.I. (1971), A General Disequilibrium Model of Income and Employment, in: American Economic Review, 61, S. 82-93.

BARRO, R.J.; GROSSMAN, H.I. (1974), Suppressed Inflation and the Supply Multiplier, in: Review of Economic Studies, 41, S. 87-104.

BARRO, R.J.; GROSSMAN, H.I. (1976), Money, Employment and Inflation, London.

BELWE, K. (1984), "Weniger produzieren mehr". Probleme der Freisetzung von Arbeitskräften in der DDR, in: Deutschland Archiv, 17, S. 496-509.

BENNETT, J. (1989), The Economic Theory of Central Planning, Oxford.

BENNETT, J.; PHELPS, M. (1989), The Supply Multiplier with a Self-Employed Private Sector, in: Economics of Planning, 23, S. 101-108.

BERGSON, A. (1944), The Structure of Soviet Wages, Cambridge, Mass.

BERGSON, A. (1948), Socialist Economics, in: H.S. ELLIS, ed., A Survey of Contemporary Economics, Homewood, Ill., S. 412-448.

BERGSON, A. (1964), The Economics of Soviet Planning, New Haven.

BERGSON, A. (1968), Planning and Productivity under Soviet Socialism, New York.

BERGSON, A. (1983), Technical Progress, in: A. BERGSON; H.S. LEVINE, eds., The Soviet Union: Toward the Year 2000, London, S. 34-78.

BERGSON, A. (1987), Comparative Productivity. The USSR, Eastern Europe, and the West, in: American Economic Review, 77, S. 342-357.

BERLINER, J.S. (1957), Factory and the Manager in the U.S.S.R., Cambridge, Mass.

BERLINER, J.S. (1964), The Static Efficiency of the Soviet Economy, in: American Economic Review, 54, Suppl., S. 480-490.

BERLINER, J.S. (1976), The Innovation Decision in Soviet Industry, Cambridge, Mass.

BERLINER, J.S. (1983), Education, Labor-Force Participation, and Fertility in the USSR, in: Journal of Comparative Economics, 7, S. 131-157.

BERLINER, J.S. (1988), Continuities in Management from Stalin to Gorbachev, in: J.S. BERLINER, Soviet Industry from Stalin to Gorbachev. Essays on Management and Innovation, Aldershot, S. 269-297.

BERLINER, J.S. (1989), Soviet-Fermale Labor Participation: A Regional Cross-Section Analysis, in: Journal of Comparative Economics, 13, S. 446-472.

BESTERS, H. (1988), Erklärungsansätze zur Entstehung und Entwicklung der Arbeitslosigkeit, in: B. LEBEN, Hg., Arbeitslosigkeit und Arbeitsmarktstatistik. Sind unsere Arbeitslosenziffern falsch?, München, S. 13-32.

BESTERS, H. (1990), Hindernisse für Vollbeschäftigung, in: Aus Politik und Zeitgeschichte. Beilage zur Wochenzeitung Das Parlament, B18/90, S. 26-38.

BEVERIDGE, W.H. (1944), Full Employment in a Free Society. A Report, London.

BONIN, J.P. (1976), On Soviet Managerial Incentive Structures, in: Southern Economic Journal, 42, S. 490-496.

BONIN, J.P.; MARCUS, A.J. (1979), Information, Motivation and Control in Decentralized Planning: The Case of Discretionary Managerial Behavior, in: Journal of Comparative Economics, 3, S. 235-253.

BORNSTEIN, M. (1985), Unemployment in Capitalist Regulated Economies and in Centrally Planned Economies, in: M. BORNSTEIN, ed., Comparative Economic Systems. Models and Cases, 5.A., Homewood, Ill., S. 337-344.

BOULDING, K.E. (1941), Economic Analysis. Volume I: Microeconomics, 4.A., New York 1966.

BRADA, J.C. (1971), Taut Planning and the Allocation of Investment in a Stochastic Economy, in: Economics of Planning, 11, S. 81-94.

BRADA, J.C. (1978), Plan Execution and the Workability of Soviet Planning: Comment, in: Journal of Comparative Economics, 2, S. 65-69.

BRADA, J.C. (1989), Technological Progress and Factor Utilization in Eastern European Economic Growth, in: Economica, 86, S. 433-441.

BRADA, J.C. (1992), Allocative Efficiency - It isn't so, in: Soviet Studies, 44, S. 343-347.

BRADA, J.C.; KING, A.E. (1986), Taut Plans, Repressed Inflation and the Supply of Effort in Centrally Planned Economies, in: Economics of Planning, 20, S. 162-178.

BRINCKMANN, C.; KLAUDER, W.; REYHER, C.; THON, M. (1987), Methodische und inhaltliche Aspekte der Stillen Reserve, in: Mitteilungen aus der Arbeitsmarkt- und Berufsforschung, 20, S. 387-409.

BROWN, A.A.; NEUBERGER, E. (1976), Dynamic L-shaped CES Functions in Eastern Europe, in: J. THORNTON, ed., Economic Analysis of the Soviet-Type System, Cambridge, S. 296-315.

BROWN, E.C. (1960), A Note on Employment and Unemployment in the Soviet Economy in the Light of Technical Progress, in: Soviet Studies, 12, S. 231-246.

BROWN, E.C. (1966), The Soviet Labor Market, in: E.C. BROWN, ed., Soviet Trade Unions and Labor Relations, Cambridge, Mass.; zitiert nach: M. BORNSTEIN; D. FUSFELD, ed., The Soviet Economy: A Book of Readings, 3.A., Homewood, Ill. 1970, S. 217-220.

BUCK, T. (1982), Comparative Industrial Systems. Industry under Capitalism, Central Planning and Self-Mangement, London, Basingstoke.

BUCK, T. (1990), Enterprise Liquidation in a Socialist Economy, in: Jahrbuch der Wirtschaft Osteuropas, 24, S. 85-99.

BURKETT, J. (1988), Slack, Shortage and Discouraged Consumers in Eastern Europe, in: Review of Economic Studies, 55, S. 493-506.

CAMERON, N.E. (1981), Economic Growth in the USSR, Hungary, and East and West Germany, in: Journal of Comparative Economics, 5, S. 24-42.

CARLBERG, M. (1988), Theorie der Arbeitslosigkeit. Angebotspolitik versus Nachfragepolitik, München.

CASSEL, D. (1980), Inflation, in: D. BENDER; u.a., Vahlens Kompendium der Wirtschaftstheorie und Wirtschaftspolitik, Bd. 1, 4.A. München 1990, S. 265-312.

CASSEL, D. (1985), Inflation und Inflationswirkungen in sozialistischen Planwirtschaften, in: H.J. THIEME, Hg., Geldtheorie. Entwicklung, Stand und systemvergleichende Anwendung, 2.A., Baden-Baden 1987, S. 263-294.

CASSEL, D.; THIEME, H.J. (1976), Verteilungswirkungen von Preis- und Kassenhaltungsinflation, in: D. CASSEL; H.J. THIEME, Hg., Einkommensverteilung im Systemvergleich, Stuttgart, New York, S. 101-121.

CASSEL, G. (1918), Theoretische Sozialökonomie, 6.A., Darmstadt 1968.

CHAPMAN, J.G. (1979), Recent Trends in Soviet Industrial Wage Structure, in: A. KAMAN; B.A. RUBLE, eds., Industrial Labor in the USSR, New York, S. 151-183.

CHAREMZA, W. (1988), Maximum Likelihood Methods of Estimation for Disequilibrium Models in a Centrally Planned Economy, in: Economics of Planning, 22, S. 87-99.

CHAREMZA, W. (1989), Disequilibrium Modeling of Consumption in the Centrally Planned Economy, in: R. DAVIES; W. CHAREMZA, eds., Models of Disequilibrium and Shortage in Centrally Planned Economies, London, New York, S. 283-315.

CHAREMZA, W. (1990), A Quantity-constrained Expenditure System: A Note on Podkaminer's Disequilibrium Computations, in: Journal of Comparative Economics, 14, S. 327-339.

CHAREMZA, W.; GRONICKI, M. (1988), Plans and Disequilibria in Centrally Planned Economies, Amsterdam.

CHARLESWORTH, H.K. (1956), The Economics of Repression, London.

COLLIER, I.C. (1986), Effective Purchasing Power in a Quantity Constrained Economy: An Estimate for the German Democratic Republic, in: Review of Economics and Statistics, 68, S. 24-32.

DANILIN, V.I.; MATEROV, I.S.; KNOX LOVELL, C.A.; ROSEFIELD, S. (1985), Measuring Enterprise Efficiency in the Soviet Union. A Stochastic Frontier Analysis, in: Economica, 52, S. 225-233.

DAVIES, R.W. (1986), The End of Mass Unemployment in the USSR, in: D. LANE, ed., Employment and Labour in the USSR, Brighton, S. 19-35.

DAVIES, R.W.; WHEATCROFT, S.G. (1986), A Note on the Sources of Unemployment Statistics, in: D. LANE, ed., Labour and Employment in the USSR, Brighton, S. 36-49.

DELHAES, K. VON (1978), Allokationsmängel als Ursache inflationärer Prozesse in Zentralverwaltungswirtschaften, in: Jahrbuch für Socialwissenschaft, 29, S. 38-54.

183

DESAI, P. (1976), The Production Function and Technical Change in Postwar Soviet Industry: A Reexamination, in: American Economic Review, 66, S. 372-381.

DESAI, P. (1985), The Factor Productivity in Postwar Soviet Industry and Its Branches, in: Journal of Comparative Economics, 9, S. 1-23.

DESAI, P. (1987), Soviet Growth Retardation: Causes and Consequences, in: P. DESAI, ed., The Soviet Economy. Problems and Prospects, Oxford, S. 7-60.

DESAI, P.; MARTIN, R. (1983a), Efficiency Loss from Resource Misallocation in Soviet Industry, in: Quarterly Journal of Economics, 98, S. 441-456; zitiert nach: P. DESAI, ed., The Soviet Economy. Problems and Prospects, Oxford 1987, S. 117-129.

DESAI, P.; MARTIN, R. (1983b), Measuring Resource-Allocational Efficiency in Centrally Planned Economies: A Theoretical Analysis, in: P. DESAI, ed., Marxism, Central Planning and the Soviet Economy, Cambridge, Mass., S. 91-109.

DICKINSON, H.D. (1939), Economics of Socialism, London.

DLOUHY, V. (1989), Disequilibrium Models of the Czechoslovak Economy, in: R. DAVIES; W. CHAREMZA, eds., Models of Disequilibrium and Shortage in Centrally Planned Economies, London, New York, S. 181-204.

DOBB, M. (1948), Soviet Economic Development since 1917, London.

DOLAN, E.G. (1970), The Teleological Period in Soviet Economic Planning, in: Yale Economic Essays, 10, S. 3-41.

DOMAR, E. (1974), On the Optimal Compensation of a Socialist Manager, in: Quarterly Journal of Economics, 88, S. 1-18.

DYKER, D.A. (1981), Planning and the Worker, in: L. SCHAPIRO; J. GODSON, eds., The Soviet Worker. From Lenin to Andropov, 2.A., London, Basingstoke 1984, S. 39-76.

EASON, W.G. (1957), Labor Force Materials for the Study of Unemployment in the Soviet Union, in: C.D. LANG, ed., The Measurement of Unemployment, Princeton.

ELLMAN, M. (1971), Soviet Planning Today, Cambridge, Mass.

ELLMAN, M. (1973), Bonus Formulae and Soviet Managerial Performance: A Further Comment, in: Southern Economic Journal, 39, S. 652-653.

ELLMAN, M. (1979), Full Employment - Lessons from State Socialism, in: De Economist, 127, S. 489-512.

EUCKEN, W. (1939), Die Grundlagen der Nationalökonomie, 6.A., Berlin 1950.

EUCKEN, W. (1952), Grundsätze der Wirtschaftspolitik, 2.A., Tübingen, Zürich 1955.

FALLENBUCHL, Z.M. (1982), Employment Policies in Poland, in: J. ADAM, ed., Employment Policies in the Soviet Union and Eastern Europe, 2.A., London 1987, S. 27-54.

FAN, L.-S. (1975), On the Reward System, in: American Economic Review, 65, S. 226-229.

FARRELL, J. (1975), Bank Control of the Wage Fund in Poland: 1950-1970, in: Soviet Studies, 27, S. 265-287.

FEARN, R.M. (1964/65), Control over Wage Funds and Inflationary Pressures in the USSR, in: Industrial and Labor Relations Review, 18, S. 186-195.

FEIWEL, G.R. (1965), The Economics of a Socialist Enterprise. A Case Study of the Polish Firm, New York, Washington, London.

FEIWEL, G.R. (1974), Causes and Consequences of Disguised Unemployment in a Socialist Economy, in: Soviet Studies, 26, S. 344-362.

FELDERER, B.; HOMBURG, S. (1984), Makroökonomik und Neue Makroökonomik, 5.A., Berlin, u.a. 1991.

FESHBACH, M.; RAPAWAY, S. (1973), Labour Constraints in the Five Year Plan, in: Joint Economic Committee, Soviet Economic Prospects for the Seventies, Washington, S. 538-541.

FOX, U. (1977), Versteckte Arbeitslosigkeit in Polen, in: Osteuropa Wirtschaft, 22, S. 1-20.

FRANZ, W. (1987), Die Beveridge-Kurve, in: Wirtschaftswissenschaftliches Studium, 16, S. 511-514.

FRANZ, W. (1991), Arbeitsmarktökonomik, Berlin, u.a.

FRERIS, A. (1984), The Soviet Industrial Enterprise. Theory and Practice, London, Sydney.

FRIEDMAN, M. (1962), Price Theory, 2.A., Chicago 1976.

FRIEDMAN, M. (1968), The Role of Monetary Policy, in: American Economic Review, 58, S. 1-17; deutsch: Die Rolle der Geldpolitik, in: M. FRIEDMAN, Die optimale Geldmenge und andere Essays, Frankfurt 1976, S. 135-156.

FUCHS, D. (1979), Vollbeschäftigungsziel und Recht auf Arbeit in alternativen Wirtschaftssystemen, in: H.J. THIEME, Hg., Gesamtwirtschaftliche Instabilitäten im Systemvergleich, Stuttgart, New York, S. 161-171.

GALBRAITH, J.K. (1947), The Disequilibrium System, in: American Economic Review, 37, S. 287-302.

GALENSON, W. (1963), Wage Structure and Administration in Soviet Industry, in: J.L. MEIJ, ed., Internal Wage Structure, Amsterdam 1963, S. 300-334.

GLOECKNER, E. (1986), Underemployment and Potential Unemployment of the Technical Intelligentsia: Distortions Between Education and Occupation, in: D. LANE, ed., Labour and Employment in the USSR, Brighton, S. 223-236.

GOLDFELD, S.M.; QUANDT, R.E. (1988), Budget Constraints, Bailouts, and the Firm under Central Planning, in: Journal of Comparative Economics, 12, S. 502-520.

GORDON, R.A. (1968), Employment and Unemployment, in: International Encyklopedia of the Social Sciences, Vol. 5, New York, S. 49-59.

GORLIN, A.C.; DOANE, D.P. (1983), Plan Fulfillment and Growth in Soviet Ministries, in: Journal of Comparative Economics, 7, S. 415-431.

GOSSEN, H.H. (1854), Entwicklung der Gesetze des menschlichen Verkehrs und der daraus fliessenden Regeln für menschliches Handeln, Braunschweig.

GRAESER, P. (1988), Human Capital in a Centrally Planned Economy: Evidence, in: Kyklos, 41, S. 75-98.

GRANICK, D. (1954), Management of the Industrial Firm in the USSR. A Study in Soviet Economic Planning, New York.

GRANICK, D. (1960), The Red Manager, New York.

GRANICK, D. (1975), Enterprise Guidance in Eastern Europe. A Comparison of Four Socialist Economies, Princeton.

GRANICK, D. (1980), The Ministry as the Maximizing Unit in Soviet Industry, in: Journal of Comparative Economics, 4, S. 255-273.

GRANICK, D. (1987), Job Rights in the Soviet Union, Cambridge, New York, Sydney.

GREGORY, P.R. (1975), Some Indirect Estimates of Eastern European Capital Stocks and Factor Productivities, in: Soviet Studies, 27, S. 71-85.

GREGORY, P.R. (1982), Fertility and Labor Force Participation in the Soviet Union and Eastern Europe, in: Review of Economics and Statistics, 64, S. 18-31.

GREGORY, P.R. (1983), Soviet Theories of Economic Demography: A Survey, in: Journal of Comparative Economics, 7, S. 105-113.

GREGORY, P.R. (1987), Productivity, Slack and Time Theft in the Soviet Economy, in: J.R. MILLAR, ed., Politics, Work, and Daily Life in the USSR. A Survey of Former Soviet Citizen, Cambridge, Mass., S. 241-275.

GREGORY, P.R.; COLLIER, I.L. (1988), Unemployment in the Soviet Union: Evidence from the Soviet Interview Project, in: American Economic Review, 78, S. 613-632.

GREGORY, P.R.; DIETZ, B. (1991), Soviet Perceptions of Economic Conditions During the Period of Stagnation: Evidence from Two Diverse Emigrant Surveys, in: Soviet Studies, 43, S. 535-551.

GREGORY, P.R.; STUART, R.C. (1980), Soviet Economic Structure and Performance, 3.A., Cambridge, u.a. 1986.

GROSSMAN, G. (1977), The Second Economy in the USSR, in: Problems of Communism, Sept./Oct., S. 25-40.

GUTMANN, G. (1965), Theorie und Praxis der monetären Planung in der Zentralverwaltungswirtschaft, Stuttgart, u.a.

GUTMANN, G. (1979), Beschäftigungsprobleme im Sozialismus, in: Wirtschaftsdienst, 59, S. 135-140.

GUTMANN, G. (1981), Volkswirtschaftslehre. Eine ordnungstheoretische Einführung, Stuttgart, u.a.

HAFFNER, F. (1978), Systemkonträre Beziehungen in der sowjetischen Planwirtschaft. Ein Beitrag zur Theorie der mixed economy, Berlin.

HAMERMESH, D.S.; REES, A. (1988), The Economics of Work and Pay, New York.

HANSON, P. (1986), The Serendipitous Soviet Achievement of Full Employment: Labour Shortage and Labour Hoarding in the Soviet Economy, in: D. LANE, ed., Labour and Employment in the Soviet Union, Brighton, S. 83-111.

HARE, P. (1987), Supply Multipliers in a Centrally Planned Economy with a Private Sector, in: Economics of Planning, 21, S. 53-61.

HART, O. (1983), Optimal Labour Contracts under Assymmetric Information: An Introduction, in: Review of Economic Studies, 50, S. 3-35.

HARTWIG, K.-H. (1982), Output- und Beschäftigungseffekte einkommens- und währungspolitischer Maßnahmen in sozialistischen Planwirtschaften: Ein rationierungstheoretischer Ansatz, in: Zeitschrift für Wirtschafts- und Sozialwissenschaften, 102, S. 363-380.

HARTWIG, K.-H. (1983), Involuntary Liquid Assets in Eastern Europe: Some Critical Remarks, in: Soviet Studies, 35, S. 103-105.

HARTWIG, K.-H. (1987a), Monetäre Steuerungsprobleme in sozialistischen Planwirtschaften, Stuttgart, New York.

HARTWIG, K.-H. (1987b), Inflation in sozialistischen Planwirtschaften, in: Bankhistorisches Archiv, S. 71-89.

HARTWIG, K.-H.; THIEME, H.J. (1985), Determinanten des Geld- und Kreditangebots in sozialistischen Planwirtschaften, in: H.J. THIEME, Hg., Geldtheorie. Entwicklung, Stand und systemvergleichende Anwendung, 2.A., Baden-Baden 1987, S. 217-239.

HAUSLOHNER, P. (1984), Managing the Soviet Labor Market: Politics and Policy making under Brezhnev, University of Michigan.

HAYEK, F.A. VON (1935), The Nature and History of the Problem, in: F.A. VON HAYEK, ed., Collectivist Economic Planning, London, S. 1-40.

HAYEK, F.A. VON (1940), Socialist Calculation: The Competitive 'Solution', in: Economica, 7, S. 125-149.

HEDLUND, S. (1987), Soft Options in Central Control, in: S. HEDLUND, ed., Incentives and Economic Systems, London, Sydney, S. 126-150.

HENSEL, K.P. (1954), Einführung in die Theorie der Zentralverwaltungswirtschaft, 3.A., Stuttgart, New York 1979.

HENSEL, K.P. (1964), Art. "Planwirtschaft", in: Handwörterbuch der Sozialwissenschaft, Bd. 8, Stuttgart, Tübingen, Göttingen, S. 325-338.

HENSEL, K.P. (1972), Grundformen der Wirtschaftsordnung, 3.A., München 1978.

HEWETT, E.A. (1988), Reforming the Soviet Union. Equality versus Efficiency, Washington.

HINDS, M.C. (1990), Issues in the Introduction of Market Forces in Eastern European Socialist Economies, Washington (World Bank), March 1990.

HIRSCH, H. (1957), Mengenplanung und Preisplanung in der Sowjetunion, Basel, Tübingen.

HOFFMANN, W. (1956), Die Arbeitsverfassung der Sowjetunion, Berlin.

HOLZMAN, F.D. (1962), Soviet Taxation. The Fiscal and Monetary Problems of a Planned Economy, Cambridge, Mass.

HOWARD, D.H. (1976), The Disequilibrium Model in a Controlled Economy: An Empirical Test of the Barro-Grossman Model, in: American Economic Review, 66, S. 871-879.

HOWARD, D.H. (1979), The Disequilibrium Model in a Controlled Economy, Lexington, Mass.

HULJAK, K. (1989), Macroeconomic Disequilibrium Models of Hungary, in: C. DAVIES; W. CHAREMZA, eds., Models of Disequilibrium and Shortage in Centrally Planned Economies, London, New York, S. 247-260.

HUNTER, H. (1961), Optimum Tautness in Development Planning, in: Economic Development and Cultural Change, 9, S. 561-572.

HUTCHINGS, R. (1968), The Ending of Unemployment in the USSR, in: Soviet Studies, 19, S. 29-52.

ICKES, B.W. (1986), On the Economics of Taut Plans, in: Journal of Comparative Economics, 10, S. 388-399.

International Labour Office (ILO) (1982), Labour Force, Employment, and Underemployment, Genf.

IRELAND, N.J.; LAW, P.J. (1980), Incentives and Efficiency in the Kosygin Reforms, in: Journal of Comparative Economics, 4, S. 33-39.

KATSENELINBOIGEN, A. (1977), Colored Markets in the Soviet Union, in: Soviet Studies, 29, S. 62-85.

KAUTSKY, K. (1902), Die soziale Revolution, 3.A., Berlin 1911.

KAUTSKY, K. (1922), Die proletarische Revolution und ihr Programm, 2.A., Stuttgart, Berlin.

KEMME, D.M. (1984), Discriminating Among Alternative Production Functions in Polish Industry, in: Empirical Economics, 9, S. 59-66.

KEMME, D.M. (1987), Productivity Growth in Polish Industry, in: Journal of Comparative Economics, 11, S. 1-20.

KEMME, D.M. (1990), Losses in Polish Industry Due to Resource Misallocation, in: Jahrbuch für die Wirtschaft Osteuropas, 14, S. 139-158.

KEMME, D.M.; CRANE, K. (1984), The Polish Collapse: Contributing Factors and Economic Costs, in: Journal of Comparative Economics, 8, S. 25-40.

KEREN, M. (1972), On the Tautness of Plans, in: Review of Economic Studies, 39, S. 469-486.

KEREN, M. (1982), The Ministry, Plan Changes, and the Ratchet in Planning, in: Journal of Comparative Economics, 6, S. 327-342.

KEREN, M.; MILLER, J.; THORNTON, J.R. (1983), The Ratchet: A Dynamic Managerial Incentive Model of the Soviet Enterprise, in: Journal of Comparative Economics, 7, S. 347-367.

KILLINGSWORTH, M.R. (1983), Labor Supply, Cambridge.

KIRSCH, L. (1972), Soviet Wages: Changes in Structure and Administration since 1956, Cambridge.

KLACEK, J. (1990), Persistence of the Long-term Economic Trends in Czechoslovakia, Paper for the German-Czechoslovak Symposium, Wuppertal, August 1990.

KNAUFF, R. (1977), Die Funktionsmechanismen der Wirtschaftssysteme, in: H. HAMEL, Hg., Soziale Marktwirtschaft - Sozialistische Planwirtschaft, 5.A., München 1989, S. 61-110.

KORNAI, J. (1979), Resource-constrained versus Demand-constrained Systems, in: Econometrica, 47, S. 801-819; zitiert nach: J. KORNAI, Contradictions and Dilemmas, Cambridge, Mass. 1985, S. 6-32.

KORNAI, J. (1980a), The Economics of Shortage, 2 Bde., Amsterdam.

KORNAI, J. (1980b), "Hard" and "Soft" Budget Constraints, in: Acta Oeconomica, 25, S. 231-245, zitiert nach: J. KORNAI, Contradictions and Dilemmas, Cambridge, Mass. 1985, S. 33-51.

KORNAI, J. (1982), Growth, Shortage and Efficiency. A Macrodynamic Model of the Socialist Economy, Berkeley.

KORNAI, J. (1985), Efficiency and the Principles of Socialist Ethics, in: J. KORNAI, Contradictions and Dilemmas, Cambridge, Mass. 1985, S. 124-138.

KORNAI, J. (1986a), The Soft Budget Constraint, in: Kyklos, 39, S. 3-30.

KORNAI, J. (1986b), The Hungarian Reform Process. Visions, Hopes, Realities, in: Journal of Economic Literature, 24, S. 1687-1737.

KORNAI, J.; MATITS, A. (1987), The Softness of Budgetary Constraints - An Analysis of Enterprise Data, in: Eastern European Economics, 25, Summer, S. 1-34.

KOSTA, J. (1982), Manpower Problems in the GDR, in: J. ADAM, ed., Employment Policies in the Soviet Union and Eastern Europe, 2.A., London 1987, S. 55-77.

KRELLE, W. (1953), Über die Möglichkeit der Wirtschaftsrechnung in verschiedenen Wirtschaftsordnungen, in: Jahrbücher für Nationalökonomie und Statistik, 165, S. 123-160.

KUNIANSKY, A. (1983), Soviet Fertility, Labor-Force Participation, and Marital Instability, in: Journal of Comparative Economics, 7, S. 114-130.

LAMPERT, N. (1986), Job Security and the Law in the USSR, in: D. LANE, ed., Labour and Employment in the USSR, Brighton, S. 256-277.

LANE, D. (1987), Soviet Labour and the Ethic of Communism: Full Employment and the Labour Process in the USSR, Brighton.

LANGE, O. (1936/37), On the Economic Theory of Socialism, in: Review of Economic Studies, 4, S. 53-71 und S. 123-144; zitiert nach: B.E. LIPPICOTT, ed., On the Economic Theory of Socialism, New York, Toronto, London, 1938, S. 57-142.

LEIPOLD, H. (1976), Wirtschafts- und Gesellschaftssyteme im Vergleich. Grundzüge einer Theorie der Wirtschaftssysteme, 3.A., Stuttgart 1981.

LEVINE, H.S. (1966), Pressure and Planning in the Soviet Union, in: H. ROSTOVSKY, ed., Industrialization in Two Systems, New York, S. 266-285.

LIBERMAN, E.G. (1962), Plan, Profits, Bonuses, in: Pravda v. 9.9.1962; engl. Übersetzung in: M.E. SHARPE, ed., Planning, Profit and Incentives in the USSR, Bd. 1, White Plains, 1966, S. 79-87.

LINZ, S.J.; MARTIN, R.E. (1982), Soviet Enterprise Behavior under Uncertainty, in: Journal of Comparative Economics, 6, S. 24-36.

LIPPICOTT, B.E. (1938), Introduction, in: B.E. LIPPICOTT, ed., On the Economic Theory of Socialism, New York, Toronto, London, S. 3-38.

LIU, C.-N. (1982), The Ratchet-Principle: A Diagrammatic Interpretation, in: Journal of Comparative Economics, 6, S. 75-80.

LUCAS, R.E.; RAPPING, L.A. (1970), Real Wages, Employment, and Inflation, in: E.S. PHELPS, ed., Microeconomic Foundations of Employment and Inflation Theory, New York, S. 257-305.

MALINVAUD, E. (1977), The Theory of Unemployment Reconsidered, Oxford.

190

MALLE, S. (1987), Planned and Unplanned Mobility in the Soviet Union and the Threat of Labour Shortages, in: Soviet Studies, 39, S. 357-387.

MALLE, S. (1990), Labour Redeployment and Cooperatives in the Soviet Union, in: Recherches Economiques de Louvain, 56, S. 191-220.

MANEVAL, H. (1977), Art. "Arbeitslosigkeit", in: W. ALBERS; u.a., Hg., Handwörterbuch der Wirtschaftswissenschaft, Bd. 1, Stuttgart; u.a., S. 267-279.

MARTIN, J.M. (1976), Economic Reform and the Maximizing Behavior of the Soviet Firm, in: J. THORNTON, ed., Economic Analysis of the Soviet-Type System, Cambridge, Mass., S. 216-241.

MARX, K. (1875), Randglossen zum Gothaer Programm, in: Marx-Engels-Werke, Bd. 19, Berlin(O).

MARX, K. (1885), Das Kapital, 2. Bd., Krönersche Volksausgabe, Leipzig 1929.

MATHO, F.; MÖLLER, U.; SCHILLING, G. (1979), Die Legende von der "systemimmanenten Ineffizienz" des Sozialismus, in: Wirtschaftswissenschaft, 27, S. 1-20.

McAULEY, M. (1969), Labour Disputes in Soviet Russia 1957-1965, Oxford.

McAULEY, A. (1979), Economic Welfare in the Soviet Union, Madison.

MAYNARD, J. (1947), The Russian Peasant and other Studies, London.

MENGER, C. (1871), Grundsätze der Volkswirtschaftslehre, 2.A., Wien, Leipzig 1923.

MILLER, J.B.; THORNTON, J.R. (1978), Effort, Uncertainty and the New Soviet Incentive System, in: Sourthern Economic Journal, 45, S. 432-446.

MISES, L. VON (1920), Die Wirtschaftsrechnung im sozialistischen Gemeinwesen, in: Archiv für Sozialwissenschaft und Sozialpolitik, 47, S. 86-121.

MISES, L. VON (1924), Neue Beiträge zum Problem der sozialistischen Wirtschaftsrechnung, in: Archiv für Sozialwissenschaft und Sozialpolitik, 51, S. 488-500.

MUELLBAUER, J.; PORTES, R. (1978), Macroeconomic Models with Quantity Rationing, in: Economic Journal, 88, S. 788-821.

MYANT, M.R. (1989), The Czechoslovak Economy 1948-1988: The Battle for Economic Reforms, Cambridge, Mass.

NISHIMIZU, M.; PAGE, J.M. (1982), Productivity Growth, Technological Progress and Technical Efficiency Change: Dimensions of Productivity Change in Yugoslavia, 1961-75, in: Economic Journal, 92, S. 920-936.

NOVE, A. (1977), The Soviet Economic System, 3.A., London 1986.

NOVE, A. (1991), 'Allocational Efficiency' - Can it be so?, in: Soviet Studies, 43, S. 575-579.

NUTI, D.M. (1989), Hidden and Repressed Inflation in Soviet-Type Economies: Definitions, Measurement and Stabilization, in: C. DAVIES; W. CHAREMZA, eds., Models of Disequilibrium and Shortage in Centrally Planned Economies, London, New York, S. 101-146.

OFER, G.; VINOKUR, A. (1983), The Labor-Force Participation of Married Women in the Soviet Union: A Household Cross-Section Analysis, in: Journal of Comparative Economics, 7, S. 158-176.

OKUN, A.M. (1962), Potential GNP: Its Measurement and Significance, in: Proceedings of the Business and Economic Statistics Section of the American Statistical Association, S. 98-104.

OXENSTIERNA, S. (1987a), Bonuses, Factor Demand, and Technical Efficiency in the Soviet Enterprise, in: Journal of Comparative Economics, 11, S. 234-244.

OXENSTIERNA, S. (1987b), Labour Hoarding and Attempts at Labour Saving in the Soviet Economy, in: S. HEDLUND, ed., Incentives and Economic Systems, London, Sydney, S. 105-125.

OXENSTIERNA, S. (1990), From Labour Shortage to Unemployment? The Soviet Labour Market in the 1980s, Stockholm.

PARASKEWOPOULOS, S. (1979), Arbeitslosigkeit und Instrumente ihrer Bekämpfung, in: H.J. THIEME, Hg., Gesamtwirtschaftliche Instabilitäten im Systemvergleich, Stuttgart, New York, S. 147-159.

PIETSCH, A.-J. (1986), Shortage of Labour and Motivation Problems of Soviet Workers, in: D. LANE, ed., Labour and Employment in the USSR, Brighton, S. 176-190.

PIETSCH, A.-J.; VOGEL, H.; SCHROEDER, G. (1987), Displacement by Technological Progress in the USSR (Social and Educational Problems and Their Treatment), in: J. ADAM, ed., Employment Policies in the Soviet Union and Eastern Europe, 2.A., London 1987, S. 149-170.

PIGOU, A.C. (1933), The Theory of Unemployment, London.

PIGOU, A.C. (1937), Socialism versus Capitalism, London.

PODKAMINER, L. (1982), Estimates of the Disequilibrium in Poland's Consumer Markets 1965-1978, in: Review of Economics and Statistics, 64, S. 423-431.

PODKAMINER, L. (1988), Disequilibrium in Poland's Consumer Market: Further Evidence on Intermarket Spillovers, in: Journal of Comparative Economics, 12, S. 43-60.

PODKAMINER, L. (1989), Theory of Investment Cycles in the Centrally Planned Economies. An Economic Reinterpretation, Wiener Institut für Internationale Wirtschaftsvergleiche, Forschungsbericht Nr. 158, Wien.

PORKET, J.L. (1984), The Shortage, Use and Reserves of Labor in the Soviet Union, in: Osteuropa Wirtschaft, 29, S. 8-24.

PORKET, J.L. (1985), Unemployment in the Midst of Labour Waste, in: Survey, 29, S. 19-28.

PORKET, J.L. (1986), How Much Unemployment in the Soviet Union?, in: Economic Affairs, 7, S. 44-47.

PORKET, J.L. (1989), Work, Employment and Unemployment in the Soviet Union, Oxford.

PORTES, R.D. (1969), The Enterprise under Central Planning, in: Review of Economic Studies, 36, S. 197-212.

PORTES, R.D. (1974), Macroeconomic Equilibrium under Central Planning or: "Should we Suppress Repressed Inflation?", Institute for International Economic Studies, Seminar Paper No. 40, Stockholm.

PORTES, R.D. (1977), The Control of Inflation. Lessons from East European Experience, in: Econometrica, 44, S. 109-130.

PORTES, R.D. (1979), Internal and External Balance and Disequilibrium in a Centrally Planned Economy, in: Journal of Comparative Economics, 3, S. 325-345.

PORTES, R.D. (1981), Macroeconomic Equilibrium and Disequilibrium in Centrally Planned Economies, in: Economic Inquiry, 19, S. 529-578.

PORTES, R.D. (1983), Central Planning and Monetarism: Fellow Travelers, in: P. DESAI, ed., Marxism, Central Planning, and the Soviet Economy, Cambridge, Mass., S. 149-165.

PORTES, R.D. (1989), The Theory and Measurement of Macroeconomic Disequilibrium in Centrally Planned Economies, in: C. DAVIES; W. CHAREMZA, eds., Models of Disequilibrium and Shortage in Centrally Planned Economies, London, New York, S. 27-47.

PORTES, R.D.; QUANDT, R.E.; WINTER, D.; YEO, S. (1984), Planning the Consumption Goods Market: Preliminary Disequilibrium Estimates for Poland, 1955-80, in: P. MALGRANGE; P.-A. MUET, eds., Contemporary Macroeconomic Modelling, Oxford, S. 254-271.

PORTES, R.D.; QUANDT, R.E.; WINTER, D.; YEO, S. (1987), Macroeconomic Planning and Disequilibrium: Estimates for Poland, 1955-1980, in: Econometrica, 55, S. 19-41.

PORTES, R.D.; QUANDT, R.E.; YEO, S. (1988), Tests of the Chronic Shortage Hypothesis. The Case of Poland, in: Review of Economics and Statistics, 70, S. 288-295.

PORTES, R.D.; WINTER, D. (1980), Disequilibrium Estimates for Consumption Goods Markets in Centrally Planned Economies, in: Review of Economic Studies, 47, S. 137-159.

POWELL, R.D. (1977), Plan Execution and the Workability of Soviet Planning, in: Journal of Comparative Economics, 1, S. 51-76.

PREISER, F. (1943), Das Rationalprinzip in der Wirtschaft und in der Wirtschaftspolitik, in: Jahrbücher für Nationalökonomie und Statistik, 158, S. 1-21.

RAMSER, H.J. (1978), Die Kontraktheorie als Beitrag zu einer ökonomischen Theorie des Arbeitsmarktes, in: Zeitschrift für die gesamte Staatswissenschaft, 134, S. 628-659.

RIESE, M. (1986), Die Messung der Arbeitslosigkeit, Berlin.

ROBBINS, L. (1935), The Great Depression, London.

ROBINSON, J. (1936), Disguised Unemployment, in: Economic Journal, 41, S. 225-237.

ROSEFIELD, S. (1981), An Assessment of the Sources and Uses of Gulag Labour 1929-56, in: Soviet Studies, 32, S. 51-87.

RÜRUP, B.; CREMER, R. (1981), Verdeckte Arbeitslosigkeit, in: Wirtschaftswissenschaftliches Studium, 10, S. 115-121.

RUSEK, A. (1989), Industrial Growth in Czechoslowakia 1971-1985: Total Factor Productivity and Capital-Labour Substitution, in: Journal of Comparative Economics, 13, S. 301-313.

RUTLAND, P. (1984), The Shchekino Method and the Struggle to Raise Labour Productivity in Soviet Industry, in: Soviet Studies, 36, S. 345-365.

SCHNEIDER, D. (1992), Die "Wirtschaftsrechnung im Sozialismus"-Debatte und die Lenkung über Preise in Hierarchien, in: H. RIETER, Hg., Studien zur Entwicklung der ökonomischen Theorie XII. Osteuropäische Dogmengeschichte, Berlin 1992, S. 111-146.

SCHROEDER, G. (1965), Labor Planning in the USSR, in: Southern Economic Journal, 32, S. 63-72.

SCHUMPETER, J.A. (1950), Kapitalismus, Sozialismus und Demokratie, 5.A., München 1980.

SCHUMPETER, J.A. (1965), Geschichte der ökonomischen Analyse, 2 Bde., Göttingen.

SEN, A. (1975), Employment, Technology and Development, London.

SHARPE, M.E., ed. (1966), Planning, Profit and Incentives in the USSR, 2 Bde., White Plains.

SIK, O. (1985), Vergleich der Produktivkräfteentwicklung in Ländern mit unterschiedlichem Wirtschaftssystem, in: Osteuropa Wirtschaft, 30, S. 201-217.

SNOWBERGER, V. (1977), The New Soviet Incentive System: Comment, in: Bell Journal of Economics, 8, S. 591-600.

SOHMEN, E. (1976), Allokationstheorie und Wirtschaftspolitik, Tübingen.

STAHL, D.O.; ALEXEEV, M. (1985), The Influence of Black Markets on a Queue-Rationed Centrally Planned Economy, in: Journal of Economic Theory, 35, S. 234-250.

STALIN, I.V. (1934), Voprosy Leninizma, 10.A., Moskau.

TAM, M.S. (1981), Reward Structures in a Planned Economy: The Problem of Incentives and Efficient Allocation of Resources, in: Quarterly Journal of Economics, 96, S. 111-128.

TAYLOR, F.M. (1929), The Guidance of Production in a Socialist State, in: American Economic Review, 19, S. 1-8; zitiert nach: B.E. LIPPICOTT, ed., On the Economic Theory of Socialism, New York, Toronto, London 1938, S. 41-54.

THIEME, H.J. (1977/78), Inflation in westlichen Marktwirtschaften und östlichen Planwirtschaften, in: List-Forum, 9, S. 290-309.

THIEME, H.J. (1980a), Probleme der Definition und Messung von Inflation in Systemen zentraler Planung, in: K.E. SCHENK, Hg., Lenkungsprobleme und Inflation in Planwirtschaften, Berlin, S. 45-70.

THIEME, H.J. (1980b), Wirtschaftssysteme, in: D. BENDER; u.a., Vahlens Kompendium der Wirtschaftstheorie und Wirtschaftspolitik, 4.A., München 1990, S. 1-49.

THIEME, H.J. (1983), Geldpolitik im Wirtschaftssystem der DDR, in: G. GUTMANN, Hg., Basisbereiche der Wirtschaftspolitik in der DDR, Asperg b. Stuttgart, S. 187-212.

THIEME, H.J. (1985), Produktions- und Beschäftigungseffekte monetärer Impulse in sozialistischen Planwirtschaften, in: H.J. THIEME, Hg., Geldtheorie. Entwicklung, Stand und systemvergleichende Anwendung, 2.A., Baden-Baden 1987, S. 295-318.

THIEME, H.J. (1987), Prozeßtheoretische Erklärungsansätze in systemvergleichender Perspektive, in: Forschungsstelle zum Vergleich wirtschaftlicher Lenkungssysteme, Hg., Ordnungstheorie: Entwicklungstendenzen und institutionentheoretische Entwicklungstendenzen, Arbeitsbericht zum Systemvergleich, Nr. 11, Marburg, S. 135-161.

THIEME, H.J. (1990), Geldangebotssteuerung bei unterschiedlichen Unternehmens- und Marktverfassungen, in: H.J. WAGENER, Hg., Monetäre Steuerung und ihre Probleme in unterschiedlichen Wirtschaftssystemen, Berlin, S. 77-95.

THORNTON, J. (1971), Differential Capital Charges and Resource Allocation in Soviet Industry, in: Journal of Political Economy, 79, S. 545-561.

THORNTON, J. (1976), On Maximizing Subject to a Planners' Feasibility Function, in: J. THORNTON, ed., Economic Analysis of the Soviet-Type System, Cambridge, Mass., S. 17-29.

TIMAR, J. (1982), Employment Policy in Hungary, in: J. ADAM, ed., Employment Policies in the Soviet Union and Eastern Europe, 2.A., London 1987, S. 103-124.

TISCH, K. (1932), Wirtschaftsrechnung und Verteilung im zentralistisch organisierten sozialistischen Gemeinwesen, Bonner Dissertation, Wuppertal-Elberfeld.

TODA, Y. (1976), Estimation of a Cost Function in the State of Structural Disequilibrium: The Case of Soviet Manufacturing Industry, 1960-1969, in: J. THORNTON, ed., Economic Analysis of the Soviet-Type System, Cambridge, Mass., S. 335-350.

TURCAN, G. (1977), Some Observations of Retail Distribution in Poland, in: Soviet Studies, 29, S. 128-136.

VAN DER LIJN, N.J. (1990), Repressed Inflation on the Consumption Goods Market: Disequilibrium Estimates for the German Democratic Republic, 1957-1985, in: Journal of Comparative Economics, 14, S. 120-129.

VINZENTZ, V. (1980), Über die Ausgestaltung von Prämiensystemen, in: G. HEDTKAMP, Hg., Anreiz- und Kontrollsysteme in Wirtschaftssystemen I, Berlin, S. 99-125.

VOGLER-LUDWIG, K. (1990), Verdeckte Arbeitslosigkeit in der DDR, in: Ifo-Schnelldienst, 24/90, S. 3-10.

VON DER LIPPE, P. (1973), Wirtschaftsstatistik, 4.A., Stuttgart 1990.

VORTMANN, H. (1985), Geldeinkommen in der DDR von 1955 bis zu Beginn der achtziger Jahre. Funktionelle und personelle Verteilung, Einkommensbildung und Einkommenspolitik, Berlin.

WAGENER, H.-J. (1979), Zur Analyse von Wirtschaftssystemen. Eine Einführung, Berlin, Heidelberg, New York.

WARD, B. (1967), The Socialist Economy. A Study of Organizational Alternatives, New York.

WEBER, M. (1921), Wirtschaft und Gesellschaft, Tübingen.

WEITZMAN, M.L. (1970), Soviet Post War Economic Growth and Capital-Labor Substitution, in: American Economic Review, 60, S. 676-692.

WEITZMAN, M.L. (1971), Iterative Multilevel Planning with Production Targets, in: Econometrica, 38, S. 50-65.

WEITZMAN, M.L. (1976), The New Soviet Incentive Model, in: Bell Journal of Economics, 7, S. 251-257.

WEITZMAN, M.L. (1980), The Ratchet-Principle and Performance Incentives, in: Bell Journal of Economics, 11, S. 302-308.

WEITZMAN, M.L. (1983), Industrial Production, in: A. BERGSON; H.S. LEVINE, eds., The Soviet Economy: Toward the Year 2000, London, S. 178-190.

WELFE, W. (1989), Macroeconomic Disequilibrium Models of Poland, in: C. DAVIES; W. CHAREMZA, eds., Models of Disequilibrium and Shortage in Centrally Planned Economies, London, New York, S. 205-246.

WHALLEY, I. (1973), Polish Postwar Economic Growth from the Viewpoint of Soviet Experience, in: Soviet Studies, 24, S. 533-549.

WHEATCROFT, S.G. (1981), On Assessing the Size of Forced Concentration Camp Labour in the Soviet Union, 1929-56, in: Soviet Studies, 32, S. 265-295.

WHITESELL, R.S. (1985), The Influence of Control Planning on the Economic Slowdown in the Soviet Union and Eastern Europe: A Comparative Production Function Analysis, in: Economica, 52, S. 235-244.

WHITESELL, R.S. (1990), Why does the Soviet Economy Appear to be Allocatively Efficient?, in: Soviet Studies, 42, S. 259-268.

WIESER, L. VON (1889), Der natürliche Werth, Wien.

WILES, P.J.D. (1971/72), A Note on Soviet Unemployment on U.S. Definitions, in: Soviet Studies, 23, S. 619-628.

WILES, P.J.D. (1977), Economic Institutions Compared, Oxford.

WILES, P.J.D. (1981), Wage and Income Policies, in: L. SCHAPIRO; J. GODSON, eds., The Soviet Worker. From Lenin to Andropov, 2.A., London, Basingstoke 1984, S. 15-38.

WILLEKE, E. (1956), Art. "Arbeitslosigkeit" (I). Allgemeines, in: Handwörterbuch der Sozialwissenschaften, Bd. 1, Stuttgart, u.a. 1956, S. 305-312.

WINIECKI, J. (1985), Portes ante Portas: A Critique of the Revisionist Interpretation of Inflation under Central Planning, in: Comparative Economic Studies, 27, S. 25-52.

WORLD BANK (1984), Hungary. Economic Developments and Reforms, Washington.

WORLD BANK (1987), Poland. Reform, Adjustment, and Growth, Vol. I, Washington.

ZUSLAVSKY, V.; LURYI, Y. (1979), The Passport System in the USSR and Changes in Soviet Society, in: Soviet Union, 6, S. 137-153.

Periodika

International Labour Office (ILO), Year Book of Labour Statistics, Genf, versch. Jge.

Staatliche Zentralverwaltung für Statistik, Statistisches Jahrbuch der Deutschen Demokratischen Republik (Stat. Jb. DDR), Berlin(O), versch. Jge.

United Nations, Economic Commission for Europe (UNECE), Economic Survey of Europe, versch. Jge.

ORDO
Jahrbuch für die
Ordnung von Wirtschaft
und Gesellschaft

Begründet von W. Eucken
und F. Böhm

Herausgegeben von
Prof. Dr. H. O. Lenel, Mainz;
Prof. Dr. H. Gröner, Bayreuth;
Prof. Dr. W. Hamm, Marburg;
Prof. Dr. E. Heuss, Nürnberg;
Prof. Dr. E. Hoppmann, Freiburg/
i.Br.; Prof. Dr. E.-J. Mestmäcker,
Hamburg; Prof. Dr. W. Möschel,
Tübingen; Prof. Dr. J. Molsberger,
Tübingen; Prof. Dr. A. Schüller,
Marburg; Prof. Dr. C. Watrin, Köln;
Prof. Dr. H. Willgerodt, Köln

Band 44
1993. XVI, 419 S., kt. DM 118,–

Inhalt: Die europäische Wirt-
schaftsunion • eine Gefahr für die
Marktwirtschaft? • Europäische
Währungsordnung • Die Liberalisierung der Postmärkte • Gen-technik-
novelle und Gemeinschaftspolitik:
Von gestern? • Die rechtliche Ordnung des europäischen Kapital-
marktes: Defizite des EG-Konzepts
einer Kapitalmarktintegration durch
Rechtsvereinheitlichung • Handels-
bezogener Schutz geistigen Eigen-
tums („TRIPs") im GATT: Ein neues Stück Weltmarktwirtschaft durch
die GATT-Uruguay-Runde? •
Konzeption und Praxis der EG-In-
dustriepolitik: Eine Bestandsauf-
nahme aus ordnungspolitischer
Sicht • Von der Steuerbarkeit des
Fortschritts: eine Analyse der
„Euro-MITI"-Konzeption • Die Theorie der „contestable markets" • ein
Leitbild für die Wettbewerbspolitik?
• Zur Legitimation ordnungspolitischer Ausnahmeregelungen •
L'appetit vient en mangeant: Über
zwei Meister des externen Unter-
nehmenswachstums • Verbrau-
cherschutz in der Marktwirtschaft •
dargestellt am Beispiel des Konsu-
mentenkredits II • Interpreting de-
terministic chaos in terms of Pro-
fessor von Hayek's epistemology •
Kontextsteuerung • Alternative zu
Dirigismus und Laissez-Faire? •
Autokratische Mobilitätspolitik: Zur
politischen Ökonomie der Berliner
Mauer und des Eisernen Vorhangs
• Aktive Ordnungspolitik in der
Transformation: Konstruktivismus
oder Voraussetzung freiheitlicher
Entwicklung? • Privatisierung und
externe Liberalisierung: Probleme
der Systemtransformation in Polen
• Bevölkerung, Entwicklung und
Wohlfahrt

Preisänderungen vorbehalten.

GUSTAV FISCHER

GUSTAV FISCHER

Zeitfracht Medien GmbH
Ferdinand-Jühlke-Straße 7
99095 Erfurt, Deutschland
produktsicherheit@kolibri360.de